즐거운 반란

지은이 김지선(金志宣, Kim, Ji-Sun)은 한양대학교 국어국문학과를 졸업한 이후 같은 대학원에서 석사·박사학위를 받았으며, 현재 한양대와 서울과학기술대에서 문학과 글쓰기 관련 강의를 하고 있다. 2003년 계간 『시와 반시』에 평론 『자아의 안과 밖, 이중부정의 미학』을 발표하여 평론활동을 시작하였다. 현재 문예 계간지 『서시』의 편집위원으로 활동하고 있다.

즐거운 반란 김지선 평론집

초판 인쇄 2012년 4월 10일 **초판 발행** 2012년 4월 20일
지은이 김지선 **펴낸이** 공홍 **펴낸곳** 케포이북스
출판등록 제22-3210호 **주소** 서울시 서초구 서초동 1599-2 엘지에클라트 302호
전화 02-521-7840 **팩스** 02-6442-7840 **전자우편** kephoibooks@korea.com

값 19,000원

ISBN 978-89-94519-24-1 03810

김지선 평론집

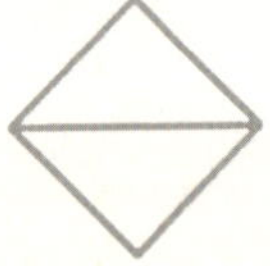

즐거운 반란

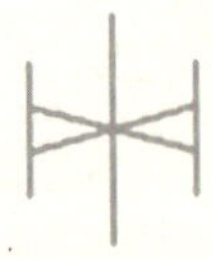

케포이북스
KEPHOIBOOKS

| 책머리에 |

나는 시의 공리를 말할 자격이 없는 사람이다. 오랫동안 나는 나라는 존재의 무게에 붙들려 있느라 아무것도 보이지 않았고 어떤 소리도 들리지 않았다. 시는 나라는 개체를 위로하기 위한 사적 전유물일 뿐, 우리라는 공동의 범주에 미치는 시의 영향이나 가능성 따위는 염두에 없었다.

시는 '재현 불가능한 것들의 재현'이다. 정체를 알 수 없는 것의 실체를 드러내고자 언어의 몸을 쥐어짜는 것이 시의 존재론이다. 그러니까 시의 기조는 자아의 심연에 가라앉은 부스러기 한 조각까지 전달하고자 하는 소통의 욕망이라 할 것이다. 불완전한 언어기호로 표현하고 살아가는 우리는 늘 미끄러지는 의미의 망 속에서 외계와 단절되는 고독을 느낄 수밖에 없다. 그러나 시적 언어는 어느 정도의 불가능성을 감내하는 일상 언어를 뛰어넘으려 한다. 여기에서 시적 언어의 비극이 비롯된다. 일상의 언어를 비틀고 왜곡시킨 시적 언어는 의미로부터 미끄러져 먼 곳으로 나아간다. 우리 내면의 한 방울까지도 소통시키려는 의지는 일상적 소통이 불가능해지는 지점을 감내하며 발휘되는 것이다. 이 이중의 모순에 처한 것이 시의 운명이며 실존이다.

나는 시에게 지나치게 가혹했다. 출구가 막힌 이중의 감옥 앞에서

오래 절망하고, 좌절하는 것만이 진지한 자세라 믿었다. 가볍게 세계를 부유하는 시의 아름다운 모습 따위는 낭만성이라는 얄팍한 감상으로 치부하고 경시하였다. 내가 추구하는 시는 진지하고 무거운 모습을 띤 젊은 날의 나의 자화상과 닮아 있었다. 존재론적 고독에 천착하는 오정희 소설의 문장처럼 적막함속에서 나의 시는 자랐다. 그리하여 문학은, 시는 언제부터인가 나에게 또 다른 의미의 억압이었다. 질식할 것 같은 현실의 억압으로부터 벗어나기 위해서, 아니 억압의 정체를 파헤쳐 그 실체에 닿기 위해 잡았던 문학은 도리어 나의 목을 졸랐다. 시는 세계와의 불화와 절망, 콤플렉스에 사로잡힌 나라는 텍스트를 재현하는 텍스트였다. 김현이 말하는 "억압 없는 것의 즐거움"은 문학 초년생의 나에게는 너무나 요원하였다.

그러나 "문학은 억압하지 않으므로 쾌락을 우리에게 느끼게 해준다"는 김현의 말처럼 문학은, 시는 자유롭다. 나라는 좁은 정체성의 가두리를 벗어날 수만 있다면, 사회적 필요성, 실용적 목적으로부터 멀리 벗어나 비상하는 시의 자유를 느낄 수 있지 않을까? 불온한 언어인 시는 하나의 견고한 체계를 부수고 나아가려는 의지였다. 그것이 중심이라는 아르케를 향한 의지였을 때 언제나 이율배반이 던지는 고통만을 부여할 뿐이다. 이제 '언어로 재현할 수 없는 것을 재현하는 것'이 시적 언어라는 믿음은 시적 언어에 자유를 부여하는 말로서 전이되어야 한다. 이를 깊이에 대한 강요, 세계의 부정성에 대한 통찰, 진지한 사유의 우월성이라는 좁은 뜻으로 호도하는 것은 시에 대한 가장 커다란 무례이며, 시의 즐거움을 지워버리는 어리석은 행위이다. 그러나 '감각의 흐름에 맡기는 시'라는 말이 긴장이 흩어진 느슨한 시라는 말과 동어의는 아니다. 시의 언어는 탈주를 꾀

한다. 인식의 틀 사이를 비집고 빠져나가 포착할 수 없는 세계의 미묘한 부분에 닿으려 한다.

존재의 내부와 바깥을 유동적으로 흐르는 엑세이테는 이성과 논리로는 포착할 수 없는 근원적이고 분자적인 흐름이다. 이는 물질적이며 형이하학적 차원의 신체로 통하는 감각이며, 우주와 세계를 하나로 잇는 에네르기와 같다. 가시적이고, 표면적이며, 형이상학적인 차원의 인식이 우리를 사회와 현실의 가두리에 가두며, 사유를 견고하게 만드는데 반해 시의 유동적 감각들은 우리를 자유롭게 한다. 시를 읽는다는 것은 감각의 표층을 꿰뚫어 그 밑에 유동하는 심층의 감각을 포착하려는 노력과도 같다. 시의 내부에서 일어나는 감각의 파장이 바깥의 타자에게로 흘러갈 수 있는 또 다른 흐름을 형성하는 것은 시를 쓰고, 읽는 중요한 이유이다. 그리고 그것이야말로 시와 평론이 공존하며 나란히 갈 수 있는 이유이자 가능성이라 생각한다. 일 개체의 존재성이 송두리째 다른 개체로 온전히 전달되기란 불가능하겠지만 사유와 언어를 넘어 전해지는 느낌의 파장 하나, 감각의 한 조각이 우리에게 다르지만, 다르지 않은 하나의 공동체로 가는 트임을 열어놓는 것은 아닐까? 이것이 내가 깨달은 시의 공리이다. 시적 감각의 소통을 통해 기성이 되어버린 익숙한 모든 것들의 폭력에 대처하기를 꿈꾼다. 여성의 신체가 히스테리를 통해 억압과 부당함에 저항하듯이, 시적 감각은 논리적인 사유와 인식으로부터 온몸의 저항을 할 것이며, 그렇게 진화해갈 것이다.

등단 후 처음으로 그동안 썼던 글들을 한 자리에 모아본다. 짧지 않은 기간 동안 생각과 가치의 변화를 경험했지만 시를 보는 눈이나 사고를 글로 옮기는 재주는 같은 곳을 맴돌았을 뿐 앞으로 한 걸음

도 나아가지 못한 것 같다. 이 지루하고 진부한 기록들이 유동하는 시의 감각들을 단절시키지나 않을지 두려워 몇 번이나 책으로 묶는 것을 망설였다. 이런 두려움은 백지 공포증이다. 아무 것도 망치고 싶지 않아 하얀 도화지 앞에서 단 하나의 선도 긋지 못하는 아이처럼 언제까지 머물 수는 없을 것이다. 망치다 울다 다시 그리며 노력할 수 있는 시간이 아직까지는 허용되지 않을까 하는 작은 용기를 감히 내본다. 깨알 같이 많은 시간을 함께 해주었고 앞으로도 함께 갈 모든 분들께 진심으로 감사드린다.

2012년 4월

| 차례 |

/3부/

/4부/

1부

불화의 시가 걸어가는 길

현대와 도시
탈주없는 삶

그로테스크 시대

다성의 목소리들

자의적 은폐의 시간
젊은 시들

사이의 서정, 풍자의 확장

불화의 시가 걸어가는 길

1. '분리된 노동과 예술'의 매트릭스 해체

시는 불화를 노래한다. 이 불화는 세계와 자아 간에 발생하는 갈등으로 촉발되기도 하고, 극도로 자본화된 사회 속 소외된 노동의 현실로 인해 비롯되기도 한다. 특히 후자와 같은 불화를 노래하는 시에 우리는 노동시라는 장르적 범주를 설정한다. 그러나 최근 노동시의 범주와 특성이 달라지고 있다. 무엇보다 노동의 범주가 확대되고 있다. 노동은 임노동의 좁은 테두리를 벗어나 비물질적이며, 지적인 정동적 노동(affective labor)으로 언어활동이나 관계를 생산하는 데에까지 이른다. 서구사회에서 이런 현상은 1960년대를 기점으로 나타나고 있으나 우리 사회의 경우 후기 자본주의적 양상이 심화된 1990년대부터 일어난 현상으로 볼 수 있을 것이다.

전태일 40주기를 기념하여 출간된 『서울과 노동시』(실천문학사, 2010년)에 실린 노동시의 스펙트럼은 매우 넓다. 계급 자체의 인식보다 계급의 욕망이 도시라는 공간을 중심으로 어떻게 나타나는가 또한 매우 중요하다는 고명철의 발언이 시사하는 바와 같이, 노동시의 범주는 확대되어 있다. 김수이는 젊은이들의 시에 에피소드의 형식으로 삽화된 노동의 장면을 지적한다. 그는 노동이 삶의 에피소드로 변주되는 이런 양상을 시적 형상화의 미학적 트렌드로 규정하며, 이런 젊은 시인들의 미학적 모험을 자본주의 시스템이 양산하는 감각과 질서에 대한 무의식적 저항의 속성이라고 의미 부여한다.(「얼굴없는 노동, 자본주의의 역습」, 『창작과비평』, 2006년 겨울) 노동시의 의미가 확대되고 있는 이러한 양상은 두 가지 측면에서 진단해볼 수 있다. 한편으로는 사회적 실천을 주도하는 운동으로서의 노동시가 보였던 위상이 위축되어 버린 것이며, 또 한편으로는 심화된 자본주의의 사회 속에서 노동의 현실에 매인 계층의 범위가 확장된 것이다. 문제는 착취와 수탈의 단순구도가 적용될 수 없는 복잡하게 얽힌 사회 속에서 살아가는 우리들의 내면이다. 우리는 자본주의적 욕망에 의해 지배당하며, 후기 자본주의의 시스템이 내재화된 삶을 살아간다. 소외와 차별은 바깥으로부터의 문제가 아니라 내면의 자아로부터 촉발된다.

일각에서 벌어지고 있는 대안세계화 운동은 우리의 일상적 사유와 감각을 해체하고자 하는 시도라 할 것이다. 네그리와 랑시에르는 예술을 정동적 노동으로 확장시킴으로써 우리 사회의 모순을 극복하고자 한다. 네그리는 살아 있는 노동으로서의 예술이 행동하는 주체의 잠재력을 끌어올려, 공동의 인식을 깊이 있게 만드는 다중이

되기를 바라는 것이다. 랑시에르는 예술이야말로 감각을 재배치하고 불일치된 감성을 통해 기존의 매트릭스를 해체하는 가능성으로 작용하기를 기도한다. 이때의 예술은 우리의 삶 또는 노동과 분리된 미학으로써 자리매김했던 기존의 위치를 벗어나 삶과의 긴밀한 관계를 회복하게 된다.

하지만 지금은 노동자가 글을 쓰는 주체가 되는 것만으로 사건이 되는 세상은 아니다. 그러한 시대는 이미 80년대를 기점으로 하여 끝이 났다고 해도 과언이 아닐 것이다. '비록 예술성은 떨어지지만'이라는 단서를 붙여서 노동자가 시를 쓰는 사건 자체만으로 놀랍다는 칭송(사실상의 비하)도 통용되는 시기는 아니다. 한때 엘리트들의 전유물인 시쓰기의 고급문화에 노동자들이 참여하는 것만으로도 공고한 계층에 균열을 낸다고 생각했으나, 그것은 또 하나의 기만에 불과하다. 예술과 문화를 고급한 계층의 전유물로 한정시키려는 의도라 할 것이다. 하지만 그러한 전략은 후기자본주의의 사회 구도 속에서 스스로 무너져버렸다. 지금 예술은 대중들의 문화적 향유물로 하향 평준화되었다. 대안세계화 운동은 이러한 시대성 속에서 오히려 예술이 삶의 정치로서 작용하기를 기도한다. 평범한 개인들이 다중이 되어 주체적으로 살아 있는 노동인 예술을 주도해야 한다. 이러한 점에서 다시금 노동자 시인들이 부각될 수 있다고 생각한다. 물론 기존의 노동시의 역할이나 중요성과 똑같은 좌표 내에 노동자 시인들이 위치해야 한다는 의미는 아니다. 여기에서 다중은 획일화된 전체가 아니라 개성을 지니고 있으면서도 공동체를 이루는 존재라는 점을 잊지 말아야 할 것이다. 따라서 노동의 현장 내부에서 구심을 이루고 있는 노동자 시인들 한 사람 한 사람의 인식과 미학이

어떻게 드러나는가를 살펴보는 것은 간과해서는 안 되는 중요한 측면이다. 우리는 노동시를 바라보는 획일화된 시선을 거두어야 한다. 같은 지향을 향해간다고 해도 시인 개인의 독자적인 미학적 특성을 살펴보는 것이야말로 중요하다. 최종천의 시의 의의는 특히 이러한 지점에서 발현된다.

2. 실재와 상징, 불일치의 응시

무엇보다 최종천의 시가 주목하는 불화는 상징과 실재 사이의 간극이다. 이 상징과 실재라는 시어를 복잡한 관념과 개념을 담은 것으로 이해하지 않아도 좋을 듯하다. 대부분의 최종천의 시들이 그렇듯이 이 두 시어도 간명한 의미를 담고 있다.

열 개의 손가락에서 노동은 시들어버렸다
열 개의 열려 있는 입을 나는 주체할 수가 없다
모든 필요를 만들어내던 손
인간의 유일한 실재인 노동보다
입에서 쏟아지는 허구가 힘이 되고 권력이 된다니

나의 손은 이제

실재의 아무것도 만들지 않으며
허구조작에 전념하고 있다
나는 노동을 잃어버리고

허구가 되어간다
상징이 되어간다

—「가엾은 내 손」 부분, 『나의 밥그릇이 빛난다』

시적 화자는 노동을 통해 필요를 만들어내던 손이 열 개의 열려 있는 입(즉 언어를 조작하는 손의 비유적 의미로 읽을 수 있는 입)을 통해 허구를 조작하는 데 기우는 현재적 상황을 반성한다. 이 자기반성은 우리의 보편적 상황으로 확장시킬 수 있다. 상징이란 사물 그 자체(지시물)가 아니라 그것을 지시하는 대리적 언표이다. 언어뿐만 아니라 화폐, 수(數)등과 같은 상징은 생산과 상관없이 교환가치를 지닌 것이다. 후기자본주의 사회에서 상징적이고 교환적인 가치는 실재를 넘어서는 지점에서 작동하는 가치가 되었다. 최종천의 많은 시들은 이런 상징과 실재 사이의 불일치를 형상화한다. 하지만 예술의 원리로써의 상징이란 기존의 교환가치들과는 기본적으로 조금 다른 지점에 서 있다. 아래의 시는 예술의 독자적이고 애매한 위치를 형상화한다.

독수리에게 소녀는 상징이 아니라 실체다
소녀를 먹을 수밖에는 없다
베토벤의 교향곡은 허구여서 전파를 타고

소녀의 귀에 들리기도 했으리라
빵은 허구가 아니기에 전파를 타고 전송되지 않는다
아프리카의 사막에는 빵과 밥의 상징도 있고
독수리가 먹을 쥐나 뱀도 있다
그러나 독수리도 소녀처럼 상징은 먹을 수가 없다
많은 사람들은 남을 돕기 전에
자신의 먹이를 주고 예술이라는 허구를 산다
우리들은 독수리의 상징 혹은 동업자인 것이다
그런데, 이 사진작가는 소녀를 구하지 않았다는
비판을 견디지 못하고 자결했다고 전해진다
셔터를 누른 즉시 독수리를 쫓아버렸는데도 말이다
이렇게 하여 우리가
독수리라는 사실은 부인되었다

—「독수리 소녀」 부분, 『나의 밥그릇이 빛난다』

인용시는 1994년 퓰리처 상을 수상한 캐빈 카터의 사진 「수단의 굶주린 소녀」를 모티프로 한다. 사막의 한 가운데 한 소녀가 굶주림에 쓰러져 있다. 말라비틀어진 소녀의 죽음을 노리며 독수리 한 마리가 서 있다. 이 순간을 포착한 사진은 공개된 뒤 커다란 논란을 불러일으킨다. 과연 예술을 위해 소녀의 위태로운 순간을 방치한 예술가의 태도는 옳았을까? 한 장의 사진이 수단의 수많은 굶주림을 구하는 계기가 될 수 있었다는 측면에서 예술의 위력을 발휘한 것일까? 이 논란 속에서 우리는 녹록치 않은 화두를 발견할 수 있다. 예술과 현실은 어떤 식으로 관계를 맺는 것일까? 굳이 리얼리즘과 모더

니즘을 끌어들이지 않더라도 예술의 자율성 문제는 그리 단순하지 않다. 하지만 시가 문제 삼는 것은 예술과 삶, 상징과 실재의 관계에 대한 심각한 고민이 없는 사람들의 태도 자체이다. 사람들은 예술의 가치를 다른 재화와 마찬가지로 취급한다. 특히 예술은 잉여가치이며 시의의 산물이다. 그렇기에 위대한 것으로 추대되기도 쉽고, 추락하기도 쉽다. 마지막 두 행은 남을 비난함으로써 자신의 정당성을 쉽게 확보하려하는 사람들을 응시한다. 예술적 욕망과 윤리성 사이에서 번민하며 자책하고 목숨을 끊은 사진가보다 그를 비난한 자들이 더 윤리적인가?

최종천은 예술과 현실, 상징과 실재 사이의 본래적 근원을 상정하고 그 간극에 비판의 시선을 보내기보다는 상징과 현실의 불일치를 심화시키는 우리의 현재성에 주목하고 있는 듯하다.

> 용접을 다 해 놓은 구조물은
> 모래알만큼 많은 스파타가 눌러 붙어있다
> 그걸 말끔히 제거해야 기계가 완성 된다
> 그런데 이 작업은 상당히 공포스러운 것이다
> 아무리 턴다고 털어도 페인트를 칠해 놓고 보면
> 눈에 띄기 때문이다. 이 작업을 할 때마다 나는
> 달변의 혀를 가진 미당이나 춘수가 생각난다
> 그 달변의 혀로 한 번 쓱싹 핥기만 하면
> 아주 말끔하게 청소될 것이 틀림없다
> 사람의 혀를 말하는 데만 사용하라는 법이라도 있는가
> 나도 시를 쓰지만 달변은 아니고 눌변이다

동료들 몰래 살짝 핥아 보았다 그러나
혓바닥에 녹만 묻어나올 뿐 스파타는 제거되지 않았다
시여 이제 말로만 하지 말고
얼굴에 깔아 붙인 철판을 핥아다오
달변의 혀로 시만 핥지 말고 이제
철공장에 들어와 원고료보다 조금 싼
일당을 받아 가다오

—「달변의 혀를!」 전문

노동은 신체를 통해 발화하는 정직한 언어이다. 그 몸짓은 종종 허위와 거짓으로 우리를 기만하는 관념의 언어와는 다르다. 하지만 눌변이든 달변이든 상징은 실체로서의 사물에 어떠한 역할도 할 수 없다. 미당과 춘수라고 하여 구조물의 스파타를 제거하지 못하리라는 것은 명약관화하다. 하지만 우리의 삶 속에서 관념과 허구의 시스템은 실체인 듯이 작동한다. 예술의 세계도 그렇다. 눌변과 달변을 규정짓고, 일류와 삼류를, 유명과 무명을 가르는 보이지 않는 차별의 시스템이 존재한다. “시여 이제 말로만 하지 말고 얼굴에 깔아 붙인 철판을 핥아다오”라는 구절은 그렇기에 더욱 힘이 실린다. 별다른 수식이 없이 노골적으로 던지는 이 말은 고상함에 처하려는 시단의 허위성을 적나라하게 까발린다. 그러나 최종천은 상징과 실재가 처한 운명, 영원한 불화를 그리고 있지 않다. 그가 “달변의 혀로 시만 핥지 말아달라”고 할 때 그 발화 속에는 예술이 원래의 순수기능을 회복하기를 바라는 소망이 내재되어 있다할 것이다. 최종천은 자본의 가치에 편승하지 않은 예술의 원래의 기능을 회복하기를 바

란다. 네그리 식로 말하자면 예술=노동이 되는, 즉 살아 있는 노동성을 회복한 예술을 꿈꾼다고 할 것이다. 예술이 기호가 아니라 사물성을 회복한 몸의 언어로 존재하기를 바라는 것이야 말로 시에 부과하는 시인의 꿈일 것이다.

3. 노동의 현실과 담담한 부정의 시

최종천의 시는 투명한 솔직함으로 가식과 허위 등의 포장을 무색하게 한다. 다소 거칠고 직설적인 표현들로 담담하게 툭 뱉어내는 듯한 화법은 그 어떤 수사보다 효과적으로 우리가 처한 현실을 인식하게 한다. 가령 다음과 같은 시를 보자. 단순한 비유 하나를 우직하게 밀고나가는 단조로움이 오히려 시적 인물들이 처한 상황을 극대화한다.

박형은 베어링을 찾으러 창고로 가고
김형은 나에게 오고 있다
그라인더는 다시 조립되고
모두 제자리로 돌아간다

저마다 하나의 나사가 되어

조여지고 있다

—「나사들」 부분, 『나의 밥그릇이 빛난다』

시는 사물화된 인간을 형상화하고 있다. 현대인들은 각자의 자리에 고정된 나사와 같은 존재들이다. 효용의 가치 속에 고정되어 자신이 처한 상황을 벗어나지 못하는 것은 단지 노동자들의 현실만은 아니다. 그것은 현실을 살아가는 현대인들이 처한 실존의 상황이다. 문제는 이러한 상황이 바깥으로부터 발생된 조건에서 비롯된 것이나 우리에게 너무나 당연시되어버렸다는 데에 있다. 아래 인용시는 자본의 노예가 되어 자연으로부터 소외된 기묘한 상황이 도리어 자연스러운 아이러니를 보여준다.

녀석들은 어느 날 갑자기 찾아 왔다,
점심을 먹고 있는데 니야옹! 하는 소리로 온 곳이다.
땅바닥에 엎질러준 생선대가리와 밥을 말끔히도 치웠다.
얼마 후엔 암컷도 같이 왔다.
공장장만 빼고는 일하는 사람 모두 장가를 못간
노총각들이어서 그런지 고양이 사랑이 엄청 크다
자본주의가 결혼 하라고 할 때까지
부지런히 돈을 모으는 상중이가 밥 당번이다
밥을 주면 수컷이 양보한다.
공장장은 한 때 사업을 하다 안 되어
이혼을 했다고 하지만
내가 보기엔 자본주의가 헤어지라고 하여

헤어진 것이 틀림없다.
사람의 새끼를 보면 한숨만 터지는데
고양이의 새끼를 보면 은근히 후회되는 것이다.
사람인 나는 못하는, 시집가고 장가가고
돈 없이도 살 수 있는 고양이의 마술이다.

—「고양이의 마술」 부분

시는 '동물보다 못한 현실'을 고발하고자 하는 게 아니다. 동물처럼 자연스러운 결합이 돈없는 인간에게는 불가능한 일이 되어버린 우리 사회의 조건과 그 조건이 내면화되어버린 사람들의 삶을 꼬집는다. 음양의 결합은 원래 자연의 법칙이다. 그럼에도 고양이의 자연스러운 결합을 마법이라고 생각하는 것은 돈에 의해 모든 것이 좌우되는 현실에 익숙해졌다는 것을 의미한다. 노동자들은 돈이 없으면 장가도 가지 못하고, 이혼을 당하게 되는 상황의 부조리에 분개하거나 항거하기보다 차라리 돈을 모으려고 애쓴다. 현실을 벗어나기도 녹록치 않고, 현실에 맞서기는 더 힘들어 보인다.

섣부른 유토피아를 기원하기 이전에 최종천의 시는 노동의 현실과 그에 처한 우리들의 상황을 형상화한다. 벗어나기에 녹록치 않은 무게와 부정의 시선을 형상화하는 것은 최종천 시의 대부분을 차지할 만큼 큰 시적 모티프이다. 하지만 그렇다고 해서 그의 시에 절망과 우울의 정조가 지배적으로 나타나지는 않는다. 그의 시는 담담하지만 어떤 끈기 같은 게 돋보인다. 그것은 희망의 끈을 놓치 않으려는 안간힘과도 조금 다르다. 현실적 상황을 직시하고 있기에 어떤 부정적 상황에도 담담한 여유 같은 게 배어 있다는 게 보다 정확한

표현일 것이다.

죽은 자들의 허깨비가 걷는 거리에
낙하하는 깃털이 있다
죽음을 준비하는 자는 조용히 걸어라
죽음이 가능한자는 말없이 걸어라
오후 세시—종소리의 음계를 밟고
맥없는 햇살이 계단을 오른다
우리를 고발하는 것이 너무나 많다
끈질기게 부정해 온 희망의 간계들
욕망을 정교하게 세공하여 세운 것들
낙하하여 그대로 서버린 것들
이 대지는 낙하를 방지하는 벽이다
살아남은 자는 죽음을 애매하게 만든다
삶과 죽음이 분별되지 않을 때
불안한 예감이 낙하한다
우리가 낭비한 말들 배설한 혼들을 위해
노래하지 않는 새의 깃털이 지상을 방문하다

—「낙하하는 깃털」 부분

낙하하는 깃털이란 정확이 무엇을 가리키는지는 투명하지 않다. 하지만 그것은 그다지 중요하지 않다. 시에서 지시의 대상보다 중요한 것은 낙하하는 깃털과 대지의 관계이다. 낙하하는 깃털과 낙하를 방지하는 벽인 대지와 관계는 아이러니한 상황 그 자체를 극대화시

킨다. 깃털은 대지에 떨어질 수밖에 없는 존재다. 하지만 존재 자체로 낙하를 방지하는 역할을 지닌 대지는 낙하를 허용하지 않는다. 죽음마저도 이 거대한 세계의 음모 속에서 희망이 되지 못한다. 그러나 시의 마지막 구절을 보자. 불안한 예감 속에서도 깃털은 낙하를 멈추지 않는다.

이러한 깃털 하나의 저항은 바로 최종천이 지속하는 시쓰기의 의미인지도 모르겠다. 노동과 자본, 현실과 예술, 사물화와 인간다움이 분리되어 작동하는 세계의 구도 속에서 묵묵히 노동의 순수성을 회복하기 위한 시쓰기를 지속하는 것. 우리의 저항이 깃털 하나의 무게만큼도 세상에 영향을 미치지 못한다 하더라도 그것만이 사물화에 대항하는 길이다.

현대와 도시

탈주없는 삶

1. 도시형 인간들의 탈주없는 삶

'정의'가 2010년 출판계를 강타하던 단어라면, 2011년 출판계의 키워드로 부상한 것은 위로와 공감이다. 이는 88만원 세대라 불리는 신세대로부터 기성세대인 40~50대에 이르기까지 현재 대한민국의 모든 사람들에게 공감과 위로가 절실하다는 방증일 것이다. 무엇하나 확실한 것이 없는 불확정적인 삶 속에서 불안을 벗어 버리기란 쉽지 않은 것이 아니겠는가? 다만 대대적으로 쏟아지는 공공의 위로와 공감이 얼마만큼의 실효가 있을지…… 취업난, 비정규직, 육아, 노후대책 어느 하나도 제대로 해결하지 못하는 우리 사회를 감싸는 불안이 가장 핫한 소비의 아이템으로 등장하는 것이 아이러니한 우리의 현실이다.

이에 더해 거대한 도시 속에서 개인의 내밀한 삶이란 과연 가능한 것일까에 대한 의문이 꼬리를 문다. 현대 사회는 정책과 경제, 소비 구조와 같은 외부가 개인의 심리, 감정과 같은 내밀한 부분과 연동하는 복잡한 메커니즘으로 이루어져 있다. 거대한 도시를 기반으로 같은 환경, 같은 토대 속에서 거미줄처럼 얽혀 서로에게 영향을 주고받는 네트워크를 이루는 것이 우리의 삶이다. 거기다 범람하는 SNS 덕분에 사적 공간은 이제 완전히 공적으로 전화(轉化)해버렸다. 어제 밤 심리적 압박과 고독을 못 견디고 한순간 털어놓은 고통의 기록은 순식간에 안면도 없는 모든 이들이 공유하는 섹스스캔들로 비화된다. 온전히 보호받는 개인의 사적인 삶이 불가능해진 것은 그 이전에는 유래를 찾기 힘든 21세기를 살아가는 우리 세대만의 고통이자 위협이 되었다.

이러한 삶의 양상을 굳이 도시에만 국한시키기도 어려운 것이 우리의 실정이다. 미디어와 교통수단의 급속한 발달이 부른 시공의 축소는 우리의 전 지역을 도시화시켰다. 시골과 전원으로의 공간적 이동은 그저 물리적 이동일 뿐 도시적 삶을 벗어나는 것은 아니다. 이제 도시는 우리에게 삶의 외적인 조건이 아니라 실존 그 자체이다.

한때 도시는 식민지 근대인들에게 방계의 삶을 사게 하는 외부였던 적이 있었다. 역동적인 도시의 건설에 그들의 몫은 없었다. 대신 그들은 사람들을 현혹시키는 근대적 도시의 경관을 의심하고 회의했다. 참여하는 사람은 기록하지 않고, 기록하는 사람은 참여하지 않는다고 했던 수전 손택의 말처럼 그들은 참여하지 않는 대신 근대의 부정적 풍광을 기록하였다. 생산의 인프라를 갖추기에 앞서 소비와 향락적인 퇴폐성을 먼저 갖춘 도시 경성은 그들에게 매력적이지

만 동시에 혼란과 충격, 공포의 대상이었을 것이다. 도시는 미처 유토피아를 꿈꾸기도 전에 이미 디스토피아가 되어 버린 일그러진 이방의 공간이었다.

> 나포리(Naples)와 아덴(ADEN)과 씽가폴(Singapore). 늙은 船員은 航海表와 같은 記憶을 더듬어본다. 海港의 가지가지 白色, 青色 작은 信號와, 領事館, 租界의 各가지 旗ㅅ발을. 그리고 제 나라 말보다는 남의 나라 말에 能通하는 稅關의 젊은 官吏를. (…중략…)
>
> 망명한 貴族에 어울려 豊盛한 賭博. 컴컴한 골목 뒤에선 눈ㅅ자위가 시푸른 淸人이 괴침을 훔칫거리면 길밖으로 달리어간다. 紅燈女의 嬌笑, 간드러지기야. 生命水! 生命水! 果然 너는 阿片을 갖었다. 港市의 青年들은 煙氣를 한숨처럼 품으며 억세인 손을 들어 墮落을 스스로히 술처럼 마신다.
>
> 榮養이 生鮮가시처럼 달갑지 않은 海港의 밤이다. 늙은이야! 너도 水夫이냐? 자—한잔, 한잔, 배에 있으면 陸地가 그립고, 뭍에선 바다가 그립다. 몹시도 컴컴하고 질척어리는 海港의 밤이다. 밤이다. 漸漸 깊은 숲 속에 올빰이의 눈처럼 光彩가 生하여 온다.
>
> — 오장환, 「海港圖」 중(『성벽』)

오장환이 주시하는 도시는 퇴폐와 향락만이 판치는 곳이었다. 항해했던 여러 도시의 기억을 굳이 떠올릴 것도 없이 식민의 공간에는 외부로부터의 흔적인 침탈의 깃발들이 들어차 있다. 밤의 도시는 아편과 알콜, 매춘의 쾌락만을 추구하며 질척한 타락의 공기로 가득하

다. 그러나 '이방인'이란 세계의 부정성에 깊이 개입하지 않은 경계에 놓인 자이기에 어떤 가능성을 지닌 자이기도 하다. 하나의 세계에 몸을 담지 못한 그 이중적 시선은 부정적 세상에 균열을 내는 역설로 작동할 수 있다. "漸漸 깊은 숲 속에 올빼미의 눈처럼 光彩가 生하여 온다"는 마지막 구절처럼 이방인의 니힐리즘은 세계의 처절한 몰락 끝에 오는 어렴풋한 광명을 꿈꾸게 한다. 어떤 면에서 타자화된 일그러진 근대성은 그것을 주시하며 탈근대적 경계인들의 미학적 대응을 가능하게 했다고 할 것이다.

그러나 21세기 현재 도시는 우리에게 선험적 조건이 되어버렸다. 현대적 시, 공간은 우리의 내면 깊숙이 자리잡고 있어 여기를 벗어난 삶이란 도대체 짐작하기도 어렵다. 그것은 우리의 안과 밖을 모두 지배하는 삶의 양상이다. 현재 신자유주의 발전논리는 심화되고, 물질은 물질 이상의 무엇으로 우리를 송두리째 뒤흔든다. 우리의 니힐리즘이란 폐허 이후를 꿈꾸게 하는 니체적 허무주의, 근대적 니힐리즘과 다르다. 우리에게 니힐리즘은 영원히 계속될 이 세계의 삶을 그저 견디는 것, 파괴와 위반이 더 이상의 탈주를 가능케 하리라는 낙관이 거세된 허무주의일 따름이다. 이 시대를 살아가는 현재 우리의 시인들은 이 오랜 지루한 삶을 그저 견디고 있는 것 이외에 어떤 기미를 보이지 않는다. 도시의 유폐된 삶에 대한 그들의 노래는 그저 조금씩의 변주만을 보이는 반복이다. 하지만 섣부른 탈주의 꿈 없이 거듭되는 부정의 양상들은 그 자체로 우리의 삶을 정확하게 재현하는 방식인지도 모르겠다. 기약할 수 없지만 언젠가 도달하게 될 어떤 새로운 세계가 열릴 때까지 그들의 시는 악몽의 노래를 지속적으로 부를 것이다.

2. 상징과 징후로서의 도시

이성복은 70년대 한반도를 '정든 유곽'이라 칭했다. 그의 시는 '이미 창녀가 된 아이들과 몇 년 후에 창녀가 될 아이'에 대한 예견과 악몽들이 들어차 있다. 물론 창녀와 유곽이 기형적 발전만을 추진하던 독재사회 당시의 비유라는 사실을 모르는 사람은 없을 것이다. 그는 비뚤어진 사회의 징후와 더불어 이에 대해 어떤 통증도 보이지 않는 세상의 불감증을 노래했다. 상황은 대략 10년이 지난 뒤의 기형도의 시집에서도 크게 다르지 않다. 그는 창녀가 될 아이들 대신에 공장 근로자의 삶을 예시(豫示)했을 따름이다. 부연 안개가 낀 것처럼 불투명한 삶을 헤치고 우리는 살아간다. 여기에 희망과 낙관이 개입될 여지는 없다. 명확한 것이 있다면 그것은 "여공들의 얼굴은 희고 아름다우며 / 아이들은 무럭무럭 자라 모두들 공장으로 간다."(기형도, 「안개」 중)는 구절처럼 기계사회의 부속품으로써 살아가게 될 운명이라는 점일 뿐이다.

두 시인이 노래하는 삶은 물론 군사독재, 산업사회를 기반으로 한 80년대 우리들의 보편적 삶의 모습이다. 그러나 이들 시의 멜랑꼴리는 거대한 외부의 적보다는 자기 내면에 기인하는 것 같다. 그들의 시에는 우울과 무기력, 자책감과 같은 자기 부정의 짙은 회의가 드리워져 있다.

그의 장례식은 거센 비바람으로 온통 번들거렸다
죽은 그를 실은 차는 참을 수 없이 느릿느릿 나아갔다

사람들은 장례식 행렬에 악착같이 매달렸고
백색의 차량 가득 검은 잎들은 나부꼈다
나의 혀는 천천히 굳어갔다, 그의 어린 아들은
잎들의 포위를 견디다 못해 울음을 터뜨렸다
그해 여름 많은 사람들이 무더기로 없어졌고
놀란 자의 침묵 앞에 불쑥불쑥 나타났다
망자의 혀가 거리에 흘러넘쳤다
택시운전사는 이따금 뒤를 돌아다본다
나는 저 운전자를 믿지 못한다, 공포에 질려
나는 더듬거린다, 그는 죽은 사람이다
그 때문에 얼마나 많은 장례식들이 숨죽여야 했던가
그렇다면 그는 누구인가, 내가 가는 곳은 어디인가
나는 더 이상 대답하지 않으면 안 된다, 어디서
그 일이 터질지 아무도 모른다, 어디든지
가까운 지방으로 나는 가야 하는 것이다
이곳은 처음 지나는 벌판과 황혼,
내 입속에 악착같이 매달린 검은 잎이 나는 두렵다

—기형도, 「입 속의 검은 잎」 중

'입 속의 검은 잎'이란 침묵하는 자를 향한 냉소적 비유이다. 세상의 부당함에 항거하고 맨 몸으로 부딪혔던 자들의 역사 앞에서 아무것도 하지 못한 자의 치욕을 드러낸다. 이것은 부정의 세계를 향한 이데올로기의 역설도 세계를 향한 응전의 태세를 길어올리는 정치적 도발도 아닌 그저 내면의 기록이다. 이는 "伐木당한 여자의 반복

되는 臨終, 病을 돌보던 / 靑春이 그때마다 나를 흔들어 깨워도 가난한 / 몸은 고결하였고 그래서 죽은 체했다"는 이성복의 악몽과 동궤에 놓인다. 그러나 80년대의 무기력과 냉소는 보편에 묻히지 않는 개체성의 증좌이기도 하다. 지식인으로서의 고민과 자기혐오, 내면에 끓어오르는 치욕이야말로 이들이 얼마나 강렬한 개체로서의 자의식을 지닌 존재였는가를 드러낸다. '휴머니즘'을 동반한 이런 고민들은 우리 시대와 비교해 볼 때 차라리 어떤 이상과 동경을 동반하고 있었던 것이라 할 수 있을 것이다.

3. '무럭무럭 자라서 공장으로 간 아이들'의 후일담

우리 시대의 고통은 개인만의 내밀한 고통이 존재하지 않는 것. 즉 개인이 보편의 삶으로 환원되는 지점에서 발생한다고 할 수 있다. 그것은 이성복과 기형도가 예견하던 삶 공장 노동자로 키워진 아이들이 맞게 된 삶의 후일담과도 비슷할 것이다. 그 아이들은 심화된 후기 산업사회의 구조가 완벽하게 내면화된 채로 성장한다. 부의 편재, 계층이 심화된 사회 속에서 도시의 빈민, 근로자로 성장한 아이들은 완벽하게 사회 맞춤형 인간으로 거듭난다. 사회적 구조의 틀이 강제한 대로 행위하는 것이 아니라 그들은 아비투스에 물든 존재들, 사회적 환경에 의해 획득된 성향과 판단, 행동의 체계를 내면화한

존재들이다. 나의 바깥에 적이 놓일 때 삶은 비루하지만 투쟁을 통해 고양될 수 있다. 하지만 자신의 내면에 부정의 원인이 놓여 있을 때 투쟁의 대상은 불분명해지고 우리의 삶은 미궁으로 빠져든다.

서효인의 시는 도시의 삼류 인생을 재현한다. 이 삼류 인생들은 영웅서사담과 함께 자라난 세대답게 대중문화의 코드에 몰입하는 시적 인물들로 그의 시 곳곳에서 출몰한다. 건담, 슈퍼마리오, 레슬러 마스크 X, 프레이저와 같은 대중물의 주인공들은 어른이 된 후에도 비주류 인생들이 감정이입하는 영웅적 존재들이다. 그러나 삼류 인생들이 자신의 존재성에 환치시키는 이 영웅서사담에는 지구를 구하는 서사가 빠져있다. 서사가 빠진 영웅이란 비범하기는커녕 평범보다 못한 존재들에 불과하다.

> 높은 천장과 깨끗한 조도를 가진 우주.
> 건담은 평화를 사랑한다. 거대한 서사의 시작은 늘 명징한 평화.
>
> 휴먼은 우주의 항로를 돈다. 조화롭게 진열된 별들을 우주선에 담는다. 무수한 별들의 쓰임을 모두 알 수는 없는 일. 그들은 혼돈을 즐긴다. 휴먼의 입맛에 맞게 가공된 숱한 은하들의 노선이 입맛대로 흐트러진다. 별들의 질서를 바로잡는 건담.
> (…중략…)
> 광활하고 신비한 우주에서 봉지에 별을 담는 정도는 스스로 해야 할 일. 썩지 않는 물질이 허공을 떠돈다. 봉지가 무겁다. 건담은 거대한 평화에 눌려 종아리가 붓고 발바닥이 딱딱하다. 어쨌든,

우주의 서사에서
건담은 늘
서 있으니까.

—「일어서, 건담」 중

건담은 우리의 어린 시절 우주를 지키는 최대의 영웅이었다. 그러나 오늘날의 건담은 그저 쇼핑몰의 직원에 불과하다. 건담은 궤도를 돌며 휴먼을 지키는 우주의 존재들이나 그들에게 주어진 일은 쇼핑센터의 안락하고 쾌적한 쇼핑을 위해 복무하는 것이다. 기껏해야 그들은 흐트러진 과자를 재진열하고, 바코드를 긁어 계산을 효율화하는 일에 불과하다. 건담들은 쇼핑몰이라는 같은 공간 내에서도 보이지 않는 계층으로 분리되어 그들만의 게토에 머무는 도시의 노동자들이다. 시는 부조리한 사회의 현실에 앞서 도시의 노동자들에게 새겨진 환상에 주목한다.

마리슈퍼, 구멍 뚫린 마리오의 버섯
주인공이 변신하는 동안의 불문율을 지키러
사람들은 천장이 높은 마트로마트로간다간다간다간다
왕국 사람들의 키는 자꾸만 낡아 간단다
(…중략…)
하이퍼바이오닉크리스탈에너지
그것을 감싸는 일수 대금과 명함판 대출 광고의
방어력증강붐붐매트릭스파워업
히어로를 향한 마리오의 변신은

사라진 단골과 마트의 대물을 넘고 넘어
날짜 지난 우유처럼 느리고 치명적이지
속에 품은 독버섯 심장을 꺼내 던지면
오래된 슬픔으로 연금한 마법 수류탄이
분노의 파편을 퍼킹, 퍼킹, 퍽, 퍽, 퍽
사람들을 구할 테니 두고 봐라

—「슈퍼 마氏」 중

마리슈퍼의 마 씨는 거대 자본을 지닌 대형마트를 상대로 한 결전에 대한 투지를 키운다. 어린 시절 지하로 파고들어가 왕국을 구해냈던 슈퍼마리오 게임의 캐릭터처럼 우리의 주인공 마 씨는 하이퍼바이오닉크리스탈에너지를 득템하며 능력을 확장시킨다. 그러나 그 득템의 실체란 실은 삶을 더욱 피폐하게 만들 일수와 대출금에 지나지 않는다. 슈퍼마리오와 슈퍼 마 씨. 글자 하나의 차이에 불구하지만 그는 슈퍼마리오가 될 수 없다. 애초에 싸움이 불가능하도록 구조화된 사회의 시스템 안에 자신이 놓여 있다는 사실을 우리의 주인공 캐릭터는 모른다. 아니 애써 모르는 척 자기만의 환상에 젖어 있는 존재이다.

지젝에 의하면 환상은 사회적 장이 구축될 때 중심이 되는 적대관계, 근본적인 분열을 은폐하는 상상적인 시나리오가 된다. 서효인의 시는 환상에 사로잡힌 우리 인식이 기만이며 착각이라는 사실을 꼬집는다. 건담과 휴먼의 기계적 호칭, 슈퍼 마씨의 투쟁은 우리의 내면으로부터 아로새겨진 자발적 복종, 사회의 구조에 길들여진 습성을 은유한다. 기계적 몰입의 행위를 영웅의 임무로 여기며, 고통의

원인을 사회적 성취에 도달하지 못하는 부족한 자기 능력에서 찾는 것은 사회의 요구에 따라 재구조화된 인식, 현재의 삶의 방식을 따르며 성취하는 것이 진리이며 기쁨이라는 환상에 절어 있는 현대 우리의 자화상이다.

우울한 도시를 노래하는 또 한명의 시인으로는 조동범을 꼽을 수 있다. 그의 시는 도시에 산재해 있는 죽음을 노래한다. 이 죽음은 끝없이 복제되는 무수한 죽음이며 소멸에 이르지 못하는 죽음이기에 제의적 의미를 지니지 못한다. 그가 노래하는 죽음은 도시의 속성인 기계적 반복으로부터 비롯되는 것이다. 사실 이런 주제는 영화 '모던 타임즈'에서 커다란 기계의 내부를 돌아다니던 찰리 채플린 때부터 되풀이 되어 온 것으로 새로울 것은 없다. 벗어날 수 없는 업무 속에서 생산의 부속품으로 전락해 버린 현대인들의 처지는 닳고 닳은 클리쉐가 되어 버린지 오래다.

조동범의 시는 이러한 현실의 심화를 노래한다. 시는 개인의 휴식과 놀이에도 개입하는 기계적 현실에 대한 재현에 초점을 맞춘다. 놀이동산, 동물원, 롤러코스터와 같은 휴식과 놀이의 대한 꿈조차 개인의 것이 하닌 현실을 환기시킨다. "세상은 온통 피크닉을 떠나는 자동차로 가득 채워졌다 / 피크닉을 가지 않는 일단의 사람들은 강제로 피크닉 기차에 태워졌다"(「피크닉의 날들」 중) 도시적 가치는 시의 구절처럼 놀이와 휴식에도 적용이 되어 우리의 등을 떠민다. 식사도 휴식도 쇼핑도 사회의 유행 코드를 따라 정해진 수순대로 밟는 것일 뿐 여기에 개인의 취향이란 애초에 허용되지 않는다.

도대체 이 반복을 끌어내는 주체가 누구인지에 대한 호기심 따위는 이미 시의 관심사가 아니다. 개체의 욕망 따위는 자리하지 않은

검은 빛의 도시 속에 주체가 존재하기란 불가능하다. 욕망의 견인차는 끝없이 달려가는 도시-기계의 메커니즘이지 특정한 외부의 적이 아니기 때문이다.

> 그것이 슬픔이라는 것은 명백했다. 빅브라더의 사랑과 슬픔이 입을 모아 사랑과 슬픔!을 외쳤다.
> 삼류 영화처럼 빅브라더의 사랑과 슬픔이 추억되었지만
> 누구도 빅브라더의 사랑과 슬픔 따위에 관심을 기울이지 않았다.
> 습관처럼 빅브라더의 사랑과 슬픔이 전시된 봄이었다.
> 팝콘처럼! 습관처럼! 상투적인 직유의 봄이었다.
>
> —「울고 있는 빅브라더」 중

절대적 감시자며 권력을 독점하던 빅브라더가 존재했던 시절이 있었다. 아니 그는 지금도 존재한다. 추억과 향수가 배인 문화 상품처럼 판매하기 위해서이거나 누군가의 습관적인 기억 속에 상투적으로 존재한다. 이 빅브라더는 공공연한 적이 될 수 없다. 이미 우리의 내면 안으로 잠입해서 벗어날 수 없는 세상의 메커니즘 자체이거나 그냥 나 자신이기 때문이다.

벗어날 수 없이 내면화된 현대문명의 어두움을 조동범의 시는 검은 빛의 죽음으로 상징한다. 그것은 우리의 전 문명에 드리워진 비판적 시선이며, 유폐된 현대인을 향한 묵시록적 경고이다.

> 길을 건너던 유령의 머리에서 천천히 피가 흘러나왔다
> 유령의 다리가 무섭고 고요하게 떨렸지만

유령은 슈트를 입고 있었으므로 숨을 거두기까지 누구도 유령을 본 사람은 없었다
몇 장의 현장 채증 사진과
도로 위에 단단하게 그어진 순백의 흔적이 선명했지만
그것은 이내 전설이 되어갈 뿐이었다

지하 역사의 불이 켜지고 가로등이 소등되었다
지난밤의 유령은 어느 곳에도 명백하지 않았다
평범한 사건과 평범한 사고가 이어졌고
무수히 많은 슈트와 구두가 도시를 뒤덮었다
유령이 숨을 거두었다는 소문이 돌았지만 유령은 도처에서 나타났고
또 나타났다

여전히 유령을 본 사람은 없었고
유령을 보려 한 사람 역시 없었지만

햄버거 하우스 이 층 창가에 앉아
피를 흘리며 햄버거를 먹고 있는
유령이,
유령이, 나타났다

— 조동범, 「유령」

유령이란 실체 없이 소문으로만 떠도는 존재이다. 그의 존재성은 원래 아무도 보지 못하기에 오히려 두려운 존재가 되는 것이다. 그

러니까 부재하지만 존재하는 묘한 경계에 서 있는 것이 유령의 위치이다. 그의 존재는 우리의 삶 저 너머에 있는 또 다른 피안을 증거함으로써 공포를 일으키는 묘한 정체성을 지닌다. 그러나 조동범의 유령은 다르다. 그는 무수히 많은 평범한 존재의 죽음에 뒤섞여 자신의 존재성을 피력하지 못한다. 현대적 삶에서 죽음은 일상의 너머에 있는 것이 아니라 그냥 일상 자체인지도 모르겠다. 매일매일 누군가와 다를 바 없이 행동하고, 잠자고, 일어나 다시 행동하는 순환의 삶에서 타자에 대한 관심은 개입할 여지가 없다. 나도 남도 그저 무관하게 흘러갈 뿐.

"조동범의 시는 전망을 봉쇄당한 현재적 환멸의 경험을 응축하고 있다"는 고봉준의 말(「검은, 축제의 나날들」)은 굳이 조동범의 시에만 국한되는 것 같지 않다. 그의 말은 고도로 발달한 문명의 디스토피아 속에서 탈주의 꿈조차 요원한 우리 모두를 감싸고 돈다.

4. 탈주의 꿈은 가능할 것인가?

도시에 대한 노래들은 언제나 부정적이었다. 그것은 늘 문명에 대한 경고와 회의적 시선들로 가득 차 있었다. 그러나 우리 시대 도시를 노래하는 시인들처럼 전망없는 미로에 갇혀 탈주조차도 꿈꿀 수 없었던 적은 없었다. 폐허에 대한 인식은 언제나 이후에 올 새로움

에 대한 기대와 낙관이 교묘하게 잠재되어 있었다. 우리 시대의 탈주는 애초에 출로 따위는 없는 스스로 만들어 낸 사방이 가로막힌 벽으로부터의 도망이다. 어떤 작가들은 숨 막힐 정도로 꽉 짜인 현대사회를 탈주해 계몽 이전의 원시적 삶으로 돌아가길 희구하기도 했으나 이것은 자기 자신에 대한 부정에 다르지 않다. 자기로부터의 탈주란 결국 처절한 죽음 이후에 맞게 되는 자유일 것이다. 그것이 개인의 죽음이든 이 미친 문명의 종말이든 간에 어떤 결말에 맞닥뜨리기 전까지 고통스러운 반복과 지속의 길 위에서 헤어나올 수 없는 운명을 묵시하고 감당하는 것은 우리의 몫으로 고스란히 남아 있다.

그로테스크 시대

1. 희석되고 확장된 그로테스크의 효과들

우리나라에서는 『환상특급』으로 방영된 미국 CBS 시리즈 『트왈라잇 존』의 한 에피소드에 성형외과 진료실에서 환자가 얼굴의 붕대를 풀고 있는 장면이 등장한다. 환자는 자신의 얼굴이 얼마나 아름다워졌을까 하는 기대감으로 들떠 있다. 그러나 붕대가 다 벗겨지고 거울을 들여다 본 환자의 얼굴에는 놀랍게도 돼지코와 외짝 눈이 달려 있다. 김혜련은 이 영상의 그로테스크한 분위기가 돼지코와 외짝눈이라는 비정상적이고 괴기스러운 형상이 아니라 환자의 표정으로부터 뿜어져 나온다고 설명한다.[1] 눈을 반짝이며 새롭게 세팅된

1 김혜련, 「그로테스크의 시각성과 존재론적 함의」(『가톨릭철학』 12호)에서 재인용. 김혜련은 『트왈라잇 존』의 이 에피소드를 현재 우리가 믿고 있는 아름다움의 기준이 뒤바

자신의 얼굴에 만족스런 미소를 띠는 모습에 우리는 우스꽝스럽고 어리둥절하면서도 왠지 모르게 섬뜩해지는 복잡한 감정을 느끼게 된다. 아마도 이는 미에 대한 확고한 기준으로 무장한 우리의 사고에 충격과 균열을 가져오기 때문일 것이다. 우리가 아름다움에서 배제시켜버린 것들이 존재할 수 있다는 가능성을 보여주는 것만으로 미적 충격은 일어난다. 이처럼 기이하고 우스꽝스러운 이미지, 흉측하고 황당한 괴기미가 일으키는 그로테스크의 추의 미학은 우리의 사고체계와 가치 편향된 미의식에 인식론적인 반성을 도모하는 계기를 마련해준다.

원래 그로테스크라는 용어는 로마황제 티투스의 목욕탕 지하통로와 네로의 황금궁 폐허에서 발견된 벽화 이미지에 기원을 둔다. 엽상 형태의 식물과 가면 형태의 인간 머리, 다양한 신화적 형상들이 혼합되어 있으며, 동물의 몸과 새들의 날개, 물고기 꼬리, 인간의 형상이 뒤섞여 있는 불합리한 형상들은 낯설음과 놀라움, 불편함, 공포의 감정을 주는 이질적이고 부조리한 것이었다. 인간과 기계, 동물이 구별될 수 없도록 혼융된 이미지는 그로테스크가 '사이의 미학'으로 확장될 가능성을 내재하고 있음을 보여준다.

카이저는 예술가의 꿈과 환상을 그로테스크의 주요 원천으로 이해하는 동시에 그로테스크가 관람자에게서 이끌어내는 정서적 반응을 중요한 면모로 다룬다. 괴물과 기형성이 환기하는 비현실성을

뀔 수 있다는 것을 그로테스크적으로 시각화한 흥미로운 사례로 제시하고 있다. 아름다움에서 배제된 것들이 존재의 비가시적 지평에 존재할 수 있음을 섬뜩하고도 익살스럽게 보여줌으로써 현실성과 잠재성을 동시에 보여주는 것이 그로테스크의 강력한 수사라고 설명한다.

통해 이해 불가능한 것에 대한 당혹감을 느끼고 사고 자체의 무기력을 의식함으로써 관람자로 하여금 현실 세계의 비가시적 빈틈의 존재를 느끼게 하는 것이 그로테스크의 효과라는 것이다. 카이저는 세계의 그런 빈틈을 사이 공간(space between) 또는 중간 영역(mid-region)이라고 부른다.[2]

카이저의 주장처럼 사이의 미학은 단순한 공간적 표징을 뛰어넘어 현실에 정박된 우리의 정체성과 신념을 교란시키는 데 기여한다. 가령 『프랑켄슈타인』의 만들어진 괴물이야말로 기계문명에 모든 운명을 걸고 있는 우리의 앞날에 드리워진 혼돈을 가중시킨다. 자연적 죽음을 받아들이지 못하고 기계문명이 만들어낸 프랑켄슈타인이라는 괴물은 발전의 속도, 자연과학이라는 진보에 모든 것을 건 인간의 미래가 가중시킬 혼란을 어렴풋이 깨닫게 한다. 이장욱은 이런 프랑켄슈타인이 환기하는 비극을 근대라는 시대의 기이하고 황량한 풍경으로 환치시킨다.[3] 사회적, 실존적으로 스스로를 낯설게 느낄 수밖에 없었던 근대적 인간의 딜레마를 나타내는 표징으로 프랑켄슈타인의 괴물이라는 상징을 해석해낸 그의 분석처럼 그로테스크는 우리의 인간성에 대한 신념과 믿음에 균열을 내고 빛과 어둠, 죽음과 삶, 지식과 무지를 감지하게 한다. 돌출되는 세계의 불가해한 사이를 비추는 것만으로도 그로테스크는 효력을 발휘한다.

하지만 오늘날 그로테스크하다는 말은 '사이의 미학'이라기보다는 기이하고 끔찍하거나 엽기적이라는 의미로 전화된 듯하다. 캄캄한 어둠 속에 불현듯 출몰하는 시체와 좀비, 유령들과 인간인지 괴

---

2 위의 글, 207쪽 인용.

3 이장욱, 「프랑켄쉬타인을 위하여」, 『나의 우울한 모던보이』, 창비, 2005.

물인지 모호하게 혼융된 정체모를 존재의 형상은 공포영화나 소설, 시, 애니메이션, 드라마 등에 빈번하게 등장하는 이미지들로 사용되고 있다. 이 빈번한 이미지는 그로테스크 효과의 충격을 완화시킨다. 그로테스크는 아이러니, 왜곡, 패러디, 풍자, 비하의 형상을 통한 우스꽝스러운 형상으로까지 무한히 희석되고 확장된 형태로 나타난다. 덕분에 사이를 꿰뚫어 우리의 사고에 무질서를 일으키고, 일상적 사유를 전복시키는 그로테스크의 반체제적 효과는 확실히 줄어들었다. 그로테스크는 이미 인식적 초월을 가져오는 전위적 기법 대신에 우리 주변에서 흔히 찾아볼 수 있는 보편적 이미지로 전유된 듯하다.

2. 음산하고 우울한 시들

90년대부터 2000년대에 이르기까지 그로테스크의 이미지들은 우리 시에 빈번하게 나타나고 있다. 신체 훼손적 이미지, 엽기적 이미지, 퇴폐적이고 성적인 이미지, 우울의 분위기, 기이하고 부정적인 이미지들이 언어의 재현성을 넘어 무의식의 욕망을 발현시키는 방법론으로 사용되고 있다. 하지만 그로테스크의 이미지는 이상(李箱)의 문학처럼 사회와 시대에 대해 전위성을 띠기보다는 내면의 황폐함, 방향감각을 잃고 방황하는 개인의 혼란스러운 정체성을 드러내

는 데 기여하고 있다.

여기에는 1990년대라는 우리의 특수한 실정이 배경으로 깔려 있다. 사회적 실천을 요구했던 80년대의 시대상황에서부터 벗어나 시인들은 목적과 방향의식을 잃어버렸다. 이는 80년대 사회가 요구하는 이상과 비전의 상실로부터 비롯된다. 격렬했던 항거에도 불구, 불완전하고 현실순응적인 타협들에 서서히 무너진 무력감의 징후들이 90년대의 어둡고 부정적인 분위기를 수놓는다. 1990년대는 비합리성의 원인이 자기모순으로부터 심화되는 시기였다. 자본주의와 사회주의의 구분이 바깥으로부터 붕괴되며, 고급문화와 대중문화의 경계가 해체되고 모호해진 현상은 정체성의 혼돈과 분열을 심화시키는 현상이었다.

박상순 시에 나타나는 그로테스크한 이미지들은 이러한 자아의 모순과 분열의 징후를 드러낸다. 「빵공장으로 통하는 철도」 시리즈는 세계 내의 존재로서 자아 밖의 세계에 널려 있는 상처와 소외, 타자성, 폭력 등의 부정성을 자신의 정체성 안에서 확인해 가는 과정을 드러내는 부정의 성장시라고 명명할 수 있을 것이다.

> 첫번째 기차가 아버지의 머리를 깨고 지나갔다
> 두번째 기차가 어머니의 배를 가르고 지나갔다
> 세번째 기차가 내 눈동자 속에서 덜컹거렸고
> 할머니의 피묻은 손가락들이 내 반바지 위에
> 둑둑 떨어지고 있었다
>
> 기차가 지나갔다

나는 뒤집힌 벌레처럼 발버둥쳤다
기차가 지나갔다
달리는 기차에 앉아
흰 구름 한 점 웃고 있었다
기차가 지나갔다

— 박상순, 「빵공장으로 통하는 철도」

시의 화법은 심플하다. 감정을 최대한 자제하고 무미건조하게 발화되는 어조야말로 세계를 공포스러운 공간으로 만든다. 시는 고요한 가운데 아무렇지도 않게 무심하게 폭력을 휘두르는 세계의 모습을 묘사한다. 이는 내 눈이라는 화면에 비치는 세계의 폭력이기에 나의 무력함을 더욱 심화시킨다. 신체가 절단되는 끔찍한 모습을 "둑둑"이라는 단순한 의태어로 마치 꽃잎이 떨어지는 정도로 절제하는 시적 표현은 그로테스크한 분위기를 자아낸다. 이는 마지막 연에 뒤집힌 벌레처럼 발버둥치는 나를 지나가는 세계의 무심함에서 더욱 심화된다. 달리는 기차에 앉은 구름을 의인화시키는 발상은 풍경과 같은 배경이 나를 지배하는 주체로 전이됨으로써 이질감을 배가시킨다. 세계는 나와 무관하게 흘러가는 곳이다.

세계 내에 자기 동일성을 확보하지 못하는 타자로서의 고통을 형상화시키는데 그치지 않고 박상순의 시는 자기 내부의 타자성을 드러낸다.

나는 내 몸 속에 갇혀 있다. 내 몸 속에서 나는 하루도 빠짐없이 나의 우상과 만난다. 나의 우상은 나를 만날 때마다 자신의 모습을 바꾸어 왔다.

때로는 철길 위에 뒤집혀 바둥거리는 두터운 각질의 벌레로, 자신의 눈물 방울을 두 손으로 받쳐든 소년으로, 잠든 아버지의 허리를 도끼로 잘라내 개들에게 먹이기 위한 비밀의 음모를 꿈꾸는 눈 뒤집힌 청년으로, 또 어느 날은 담요로 만든 거대한 모자로 자신의 얼굴을 감춘 채, 어두운 골목을 향해 휘청거리며 사라지는 늙은 원숭이의 모습으로 내 앞에 나타났다.

— 박상순, 「나는 더럽게 존재한다」 부분

시에서 '나의 우상'이라는 모호하게 지칭된 대상은 나의 다른 모습이다. 나는 벌레이며, 정체를 끊임없어 바꾸는 존재이며 더러운 자식이고 폭력적 성향을 지닌 청년이기도 하다. 이처럼 분열된 자신은 결국 세계로부터 소외되어 있을 뿐 아니라 자기 자신으로부터도 소외된 존재이다. 괴물처럼 자신을 형상화하고 있는 그의 시는 세계뿐 아니라 자신의 정체마저도 공포의 대상으로 형상화하고 있는 것이다.

남진우의 시에는 신비주의자의 비애가 물씬 풍겨난다. 신비주의란 비현실적이고 공상적인 것에 사로잡혀 현실로부터 발을 떼고 있는 분위기를 자아낸다. 속세를 초월하여 천상이나 피안의 세계를 지향하는 것이 일반적인 신비주의라면 남진우의 경우는 중세적 표상, 즉 과거와 죽음에 붙들려 있다. 영원히 부재하는 것에 대한 욕망으로 불타있는 시는 텅빈 허무를 심화시킨다. 그의 시의 이런 허무한 분위기는 로고스중심주의, 절대적 권위의 시대가 사그라졌음을 감지하고 있음에도 불구하고 여전히 그에 붙들린 자의 운명이라는 어두운 그림자를 느끼게 한다.

책이 김을 뿜는다
부우연 안개 같은 책무리가 책을 감싼다
사각의 관 속에서
흐느적거리며 솟아오르는 저 망령들

저승에서 마악 돌아온
죽은 저자들이
산 자의 귓가에 은밀한 주문을 속삭인다
책을 버리고 책 저편 아득한 곳으로 자기와 함께 떠나자고
아무리 읽어도 결코 도달할 수 없는
그런 세계로

죽은 저자가 뿜어내는 자욱한 입김을 헤치고
책 속으로 빨려들어가면
메아리처럼 들려오는 산 자들의 아우성

책 속으로 사라지며 남기는
또 하나의 책

— 남진우, 「비행접시」 부분

남진우의 시는 빈번하게 책을 주요 제재로 사용한다. 대부분 책은 인용된 시에서처럼 악령에 사로잡힌 이미지나 절망의 존재, 피로 얼룩진 고통, 불태우고 소멸시키는 재의 이미지로 등장한다. 흐느적거리며 솟아오르는 망령들이 감도는 책은 유령과 같은 존재로 환치된

다. 책의 기묘함은 책을 음산한 기운을 뿜어내는 죽은 자들로 그려내는 데에 머물지 않는 데에 있다. 책의 죽음을 알면서도 책에서 벗어나지 못하는 행위를 끝없이 반복하는 시적 화자의 행보야말로 니힐리즘을 부추긴다. 관념과 문자중심의 이성주의에 쏟아지는 불신을 감내하면서도 어쩔 수 없이 그에 붙들려 있는 자의 모습을 보이는 것은 문자나 이성, 합리성에 대한 확고부동한 믿음이 사라졌지만 그로부터 벗어나지도 못한 우리 시대의 편린을 반추하는 것이리라.

자아의 바깥과 안의 모순을 포착하여 그려내는 박상순이나, 허무한 신비주의 남진우와는 다른 지점에서 김언희의 시들은 그로테스크한 느낌을 생생하게 전달한다. 그녀의 시는 현대인의 황폐한 내면 풍경을 가학적으로 비틀린 성적 욕망을 통해 드러낸다. 그러나 이 성적 욕망은 대상을 상실하고 있다. 적극적으로 욕망하는 대상이 사라지고 욕망만이 남은 상태에서 삶은 황폐해지고, 인간은 비인간화된 기계와 같은 존재로 전락한다.

꼭대기층
마지막 방
낡아빠진 침대 스프링이
저 혼자 삐걱이며 자위를 하고
당겨올리면
착착 맞물려 올라오는 세기말의
크리넥스, 아버지, 나는
환생한 티슈에요

바르면

그 자리서 짐승이 되는 연고

작다고 느끼세요?

더 긴 시간 원하세요, 해면체 아버지?

— 김언희, 「HOTEL ON HORIZON」 부분

시는 위태로운 느낌을 자아내며 음산하게 저 홀로 성적 욕망을 발산하고 있는 침대 스프링을 포착한다. 혼자서 하는 성적 행위도 유쾌하지 않은데 침대 스프링의 의인화로 인간적 냄새가 지워진 것은 비정상적인 느낌을 배가시킨다. 시인은 마지막 부분에서 이런 비정상적이고 그로테스크한 성적 이미지를 아버지라는 욕망으로 치환시킨다. 아버지는 욕망 그 자체이고, 자아는 주체가 아니고, 그저 흔들리고 떠도는 자이다. 폭력과 억압의 주체로 그려진 아버지라면 저항과 항거가 따르겠지만 욕망 그 자체를 은유할 뿐인 아버지와 나는 이자적 관계로부터 나오는 자발적 복종만이 있을 따름이다. 김언희의 시에는 욕망의 대상이 무엇인지 실체를 모른 채 욕망에 휩쓸리는 시대의 자화상이 겹쳐있다.

3. 유쾌하게 떠도는 시들

90년대의 시들이 '음산하고 우울한 시대성'을 앓고 있는 병리학으로서 그로테스크한 이미지를 발산했다면 2000년대의 시들은 좀 더 경쾌하다. 욕망에 짓눌리는 자아를 고통스럽게 그려내는 대신 그들은 제멋대로 탈주하는 욕망 그 자체를 즐긴다. 그들은 절대적이고 고정된 이성을 갖춘 권위적 주체가 되고자 하는 욕망을 버린 대신에 욕망의 다양성을 인정하고 수만 수천의 주체를 인정한다. "나는 존재하지 않는 곳에서 생각하므로 나는 내가 생각하지 않는 곳에서 존재한다"는 라깡의 말처럼 타자성을 더 이상 고통으로 바라보지 않을 때 억압의 가두리를 벗어던진 자들의 부유하는 자유가 극대화될 것이다. 2000년대 시들이 전반적으로 가벼운 느낌과 불가해한 느낌을 주는 이유는 이런 욕망과 세계를 대하는 태도 때문일 것이다.

가령 정재학의 시는 몽롱한 환각, 착란 속에서 떠오르는 그로테스크한 이미지들의 분사(噴射)이다. 그는 「시원」이라는 시에서 빛의 파동에 집중하고, 온 몸에 공명하는 감각을 이미지로 길어내려는 시도야말로 자기 시가 시작되는 기원임을 밝힌다. 현실과 무관하게 미적 도취에만 몰두하는 그의 심미적 세계는 현실의 압력에 대한 무언의 저항이며 탈주의 욕망이다.

> 어머니, 눈이 아파요 그동안 얘기하지 못했지만 오래전부터 그랬어요 단지 담배 연기 때문인 줄 알았어요 눈동자가 하얗게 변하기 시작했어요 탈색이 되려나 봐요 흰수건에는 얼룩이 가득해요 이제 환자들도 오지 않

> 아요 검은색은 점점 선명하게 다가와요 모르시겠지만 세상은 이상한 윤곽을 가지고 있어요 어제는 거리에서 먹이를 쪼는 검은 닭을 보았어요 가까이 갔을 때 그것은 단지 검은 비닐 뭉치였죠 분명히 닭의 눈동자와 부리를 보았는데 (…중략…) 달빛의 장난이었나 봐요 전 어렸을 때 프리즘을 가지고 노는 것을 좋아했잖아요 눈동자가 없어져도 세상을 볼 수 있을까요? 그런 눈으로 절 보지 마세요 어디나 늘 같은 곳이에요 나를 둘러싼 벽은 너무 높기만 해요 제가 흰자위뿐이어도 저를 사랑하시죠? 엄마는 제가 아플 때마다 땅에서 샘솟는 맑은 물을 마시는 저를 보시지요?
>
> — 정재학, 「어느 안과 의사의 폐업 전야」

정재학 시에 등장하는 의사들은 자가당착의 상황에 빠진 자로 묘사된다. 그들은 깨진 거울로 자신을 비춰보는 신경증을 지닌 정신과 의사(「어느 老의사의 조각난 거울」)이거나 인용 시처럼 동공이 탈색되어 가는 안과의사이다. 시의 인물이 처한 역설적이고 출구없는 극단의 상황은 이들에게 현실을 거세시키는 대신 환상과 착란의 힘을 빌려 세계의 틈으로 잠입하는 것을 가능케 한다. 시간과 공간마저 수치로 환원시켜버리는 근대의 공간이 메워버린 견고한 틀 덕분에 세상에 존재하는 수많은 것들은 실체가 없는 허상이 되어버렸다. 근대가 허락하는 내에서만 우리는 사고하고 감각한다. 근대의 질서가 자리잡은 세계는 검은 봉지는 봉지일 뿐 달빛아래 움직이는 닭으로 보는 것을 인정하지 않는다. 따라서 눈동자의 상실은 주체적 시선의 탈각을 상징한다. 동공이 사라진 시적 자아는 의미의 틀을 해체하고, 감각마저 미분(微分)해버림으로써 주체의 시각을 벗어나 자유에 도달하기를 욕망한다.

2000년대를 주도하는 그로테스크한 느낌은 무엇보다 독자적인 문체와 화법에서 발생한다고 할 수 있다. 「그로테스크의 형식 · 내용 · 수용」이라는 글을 보면 표현 구조의 순수 형식적 요소로서 문체, 언어 그리고 사건의 진행에 의해서도 그로테스크한 정황은 이끌어질 수 있다. 자연적인 균형과 조화를 비틀어 해체하고 희화하는 데포르마시옹 문체는 그로테스크한 느낌을 배가시킨다. 전복적이고 전위적인 효과를 통해 기존의 시 공간적 구조와 개념은 분해되고 대신에 비현실적이고 환상적인 이미지가 그려진다. 인간 상호간의 중요한 의사소통 수단인 언어는 애매성이나 언어층위의 겹침, 언어 논리의 완전한 해체를 통해 왜곡되어지고 왜곡 정도가 심하면 언어를 통한 의사소통 자체도 의문시된다고 한다.[4]

2000년대의 젊은 시들이 그로테스크하게 느껴지는 것은 무엇보다 그들만의 독자적이고 새로운 화법과 문체를 토대로 감각을 극대화시키고 확장시키는데 주력하고 있기 때문일 것이다. 아래 인용한 함기석의 시는 즐거운 상상력으로 가득차 있다. 의미의 가두리에 결박되지 않는다면 시가 양산해내는 유머러스하고 위트있는 즐거운 세계에 잠입할 수 있을 것이다.

시간은 일곱 빛깔 아이스크림, 걸을 때마다 허리 라인이 바뀌는 모델고양이, 바람이 등나무 꽃그늘 속으로 들어가 보라색 코를 달고 나온다

유모차가 언덕 아래로 구른다 〈다음 문장〉이 언덕 아래로 구른다 참새

4 전영운 · 류신, 「그로테스크의 형식 · 내용 · 수용」, 『인문학연구』 31집, 152~153쪽.

들의 혀가 빨강에서 파랑으로 바뀐다 햇빛비가 수평으로 흐른다 새들이 새들의 배후로 날아간다

남자는 뛴다 유모차를 뒤쫓아 뛴다 아이스크림가게를 지난다 낱말약국을 지난다 빵집에 가려 보이지 않는 〈다음문장〉으로 들어간다

고양이가 허리라인 지우고 하이힐만 걷는다

—「Hi! Hi Hill」 부분

시는 가볍지만 이상한 세계를 자유자재로 만들어내고 있다. 몸체는 지워진 채 또각또각 걸어가는 고양이 머리와 하이힐, 보라색 코를 달고 있는 바람이 부는 이상한 세계 속에서 더욱 기이한 것은 사물화된 '문장'들이다. 이런 문장을 태운 유모차가 제멋대로 굴러가고 이를 잡지 못해 남자는 우스꽝스럽게 뛰어간다. 그는 문장을 제대로 다루지 못해 쩔쩔매는 시인의 자화상 같기도 하고, 시의 행간을 짚어내지 못해 언제나 딱딱하고 경직된 해석을 내놓는 헛다리 비평가의 모습 같기도 하다. 이 세계가 어떻게 굴러갈지는 모른다. 그것은 괄호 안에 들어있기 때문이다. 하지만 의미에 대한 고민에 골머리를 썩이기보다는 경쾌하고 가벼운 시의 분위기에 젖어드는 게 속편할 것 같다. 주체가 의미를 주관할 필요가 없는 세계, 내가 꼭 책임질 필요가 없는 세계 속에서 마음껏 비상하는 것. 상상만 해도 즐겁지 않은가!

2000년대의 시들은 지금까지와는 다른 방식으로 진화하는 듯하다. 그들의 유희성과 감각은 지나치게 무거운 삶을 살아왔던 우리들

에게 정체성이라는 감옥을 벗어버린 삶도 있다는 사실을 일깨워준다. 이는 분명 자유에 대한 또 다른 가능성으로 다가온다. 하지만 한편으로는 개인을 개체화시키고 다양성을 인정하는 듯 보이는 이들의 태도 너머에는 어쩐지 인간을 창을 가지지 않은 모나드(monad)처럼 닫힌 자로 취급하는 폐쇄성이 자리잡는다. 개별화된 존재들이 각자의 자폐적 공간을 뛰어넘어 서로 소통되는 것이 현재로는 요원해 보인다. 그러나 뉴웨이브로 칭해지는 젊은 시들이 몰두하고 있는 새로운 화법의 방식이나 새로운 감각적 실험이 탈영토화된 새로운 가능성으로 확장되기까지 아직 어떤 결론을 내리는 것은 성급해보인다. 아직까지 이들은 진화 중이다.

4. 그로테스크 시대의 징후를 포착하는 시

1990년대 그로테스크한 이미지는 정체성을 잃어버린 자아의 방황을 배가시키기 위한 장치로 나타나기도 했으며, 관념과 형이상학이 실효성을 잃어버린 것을 알면서도 여전히 그것에 붙들린 허무주의를 드러내기도 했다. 자신이 쫓는 욕망의 대상이 무엇인지 그 정체를 알지 못하면서도 욕망에서 헤어 나오지 못하는 모습은 그로테스크한 이미지가 보여주는 당대의 상징이라는 의미를 지닌다. 2000년대의 괴이하고 음산한 분위기는 90년대와는 확연히 갈라지는 시

대성을 드러낸다. 2000년대는 더 이상 형이상학과 형이하학의 이분법적 사유에 집착하지 않는다. 감각과 이성의 구별은 존재한다고 해도 그 사이에 위계질서는 더 이상 존재하지 않는다. 2000년대를 살아가는 젊은 시인들은 여전히 자기 욕망의 실체를 알지 못하며, 잃어버린 이상을 대신할 대안을 찾았다고 보기는 힘들다. 그러나 이들은 잃어버린 것에 집착하거나, 정체성이 무엇인가에 대한 고민에 더 이상 몰두하는 것 같지 않다. 그로테스크가 자아내는 어두움의 분위기를 고민하는 대신 이들은 그로테스크한 분위기 자체를 발산하며 감각 그 자체에 몰두한다.

확실히 우리 시대 그로테스크는 전위의 효과가 희석되어버린 듯하다. 대신 그로테스크는 시대의 특성을 대변하는 하나의 보편적 이미지가 되어버린 느낌을 준다. 사실 우리 시대는 그로테스크 자체라 할 수 있을 것이다. 팽창되는 자본주의의 사회 한 가운데를 88만원의 세대로 관통해야 하는 우리의 삶은 비루하고 암울하며, 자본이 전해주는 욕망에 충실한 삶을 사는 이들에게 공동을 위한 이상과 꿈은 자기기만에 불과해 보인다. 비전을 상실하고 그로테스크한 삶을 살아내는 우리 시대의 시인들의 시에서 이제 그로테스크는 전위로써의 가능성 대신 시대적 징후를 포착해내는 하나의 방식으로 자리 잡은 것 같다.

다성의 목소리들

1. 풍경의 틈 사이로 존재하는 차이의 주체들

전통적으로 서정시는 재현이 아니라 표현의 미학이다. 서정의 본질은 시적 자아의 내면을 표현하며 세계와의 합치를 꿈꾸는 데 있다. 우리는 모체로부터 이탈되는 순간 소외를 자각하고 결핍을 벗어날 수 없는 운명을 걸머진 존재이다. 소외된 자아가 세계와 하나로 융합된 서정의 순간을 통해 우리는 부드러워진다. 바슐라르의 몽상과 꿈의 시학처럼 시는 부드럽고 내밀한 꿈의 집결체다. 엄마의 자궁 속에서처럼 아늑한 세계의 공기에 편안한 호흡을 내쉬고, 고요한 전원의 한가로운 길을 걸어가는 나는 세계를 열어젖히고 화합하며 실존의 고통을 잊는다. 부유하는 공기처럼 자유롭게 변용되는 물질적 상상력은 나와 우리를 세계의 아름다움에 젖어들게 만든다.

그러나 이처럼 하나의 '이상으로서의 시'에 쏟아지는 회의와 의심은 이미 오래 전에 시작되어 부정의 결론에 도달한 것인지도 모르겠다. 세계와 자아의 근원적 동일화 속에는 타자가 아니라 자기를 중심으로 통합을 꾀하는 주체 중심적 사유가 도사리고 있다. 서정시라는 장르에 대한 굳건한 믿음 속에는 언제나 단일화, 획일화의 함정 속에 말려들 수 있는 위험이 도사리고 있다. 우리의 서정시들은 통상적으로 자연을 모성의 둥근 속성으로 해석하고, 차안과 피안을 이분법으로 구분하여 피안을 지향하는 도식적 상상력을 보이곤 했다. 또한 우주와 화합하는 원형적 상상력에 기대거나, 인간을 연민의 시선으로 바라보는 게 서정시라는 믿음 속에는 휴머니즘이라는 인간중심적 사고로 세계를 진단하고 해석하는 인식론적 틀이 형성되어 있다. 하지만 주체를 향한 신뢰와 진보에 대한 낙관은 이미 과거의 것이다. 근대사회가 형성되면서 이성과 합리성에 근간을 두고 생성된 주체개념은 물질적 풍요가 정신적 진보와 긴밀하게 유대관계를 맺고 있다는 낙관 속에서 나왔지만 우리에게 그 모순과 불확실성이라는 정체를 들킨지 오래다.

시간이라는 각자의 경험 영역에서만 지각할 수 있는 지극히 개인적인 내면의 체험을 산업사회는 분절시키고 추상화시켜 버렸다. 또한 경제적 수치로 환산되어버린 시간과 거리의 공간개념에 우리는 너무나 익숙해져버리고 말았다. 개별적 주체의식을 강조하는 우리 사회의 주체야말로 사회시스템에 맞도록 구조적으로 자동화되었다. 기든스는 후기 현대에 들어서 간접적 경험의 영역이 심화되어 만들어지는 우리의 자아정체성을 밝힌다. 그의 말처럼 직접적인 경험의 기회는 줄어들었다. 시각적인 대중매체를 통해 경험은 간접화

되었다. 이제 우리는 점점 능동적으로 사고할 수 있는 기능을 잃고, 욕망마저도 매체에 의해 결정된 물신화된 삶을 살고 있는지도 모르겠다. 기든스가 강조하는 것은 우리의 자아정체성의 영역 속에서 간접적 경험과 직접 경험의 영역을 조절할 수 있는 능동적 정신작용에 대한 가능성이다.

그러나 우리의 상황에는 합리성이나 주체적 정신의 작용에 대한 촉구라는 방법보다 차라리 호미 바바가 말했던 갈라진 혀에 대한 비유가 타당해 보인다. "식민자에 대한 저항과정에서 식민자의 내부에 외삽되는 이질성과 차이성, 다시 말해 타자성은 갈라진 혀로 말하는 것을 주체의 운명으로 새롭게 결정짓고야 만다. 차이를 받아들임으로써만 차이를 폭로하고 성찰하며 동시에 자기동일성을 유지할 수 있는 이상한 주체의 논리가 피식민자의 운명이 되는 것이다."[5] 호미 바바는 식민지 상황에 놓인 주체의 운명을 진단한 것이지만 이는 현재의 우리와 그리 무관해보이지 않는다. 정신의 식민 상태에 놓인 우리의 상황에서는 유토피아의 꿈을 노래하기보다는 부정의 실상을 보여주는 게 보다 의미있는 게 아닐까?. 분열되고 갈라진 주체의 모습을 있는 그대로 드러내는 것이 오히려 현실을 깨닫게 하는 전략으로 보이기 때문이다. 불확실한 사회에 대한 주체의 통합을 꾀하는 텍스트보다는 주체의 분열과 해체를 재현하는 양식이 더 실제적으로 보인다.

그렇다면 이제 전통적으로 향유되 온 서정시는 가능성이 없어 보인다. 서정시는 이제 완전히 물러나고 모더니즘 양식만이 더욱 발전

5 최현식, 「갈라진 혀, 차이, 그리고 동일성」, 『신생』 24, 2005.

해야할 유일한 미적 전유물이라는 주장이 무리가 아닐지도 모른다. 그러나 그렇게 단언하는 것 또한 폭력적이다. 확실히 모더니즘의 시는 차이를 가두고 획일화하는 동일성의 룰에 스며있는 휴머니즘의 폭력성을 비판했으며 단절과 부정을 미적으로 실천해왔다. 하지만 모더니즘의 계보를 잇는 현재의 시들이 추구하는 미적 형식은 어쩐지 우리의 실상을 드러내기에 충분해보이지 않는다. 동일성의 시학으로 환원시켜버릴 때 지적되는 서정시의 문제점만큼이나 환상시들 소위 미래파라 불리는 오늘의 전위적 시들은 기법적 오류에 빠져있는 듯이 보인다. 시적 어법의 전위는 이제 시 인식의 전위로까지 이어지지 못하며 복잡하고 난해한 기법에 비해 지나치리만큼 도식적인 상상으로 자동화된 것은 아닌가.

그렇다면 이제 모든 시적 양식에 대한 부정만이 남아 있을 뿐인 듯하다. 그러나 시학의 역사는 열린 역사이며, 시는 끊임없이 새롭게 진화해왔다. 고착된 것은 서정시가 아니라 동일성의 정의로만 서정시를 보려는 우리 인식인 것이다. 갈라진 주체, 분열되고 간접화된 추상적 존재로서 탈주체화된 삶을 살아가는 것은 모더니스트에게만 찾을 수 있는 징후는 아니다. 이는 후기 현대를 살아가는 우리 모두의 존재 기반이며 조건이 되어버렸다. 이러한 사회의 존재 기반을 사유하고 이것이 미적 전유로 이어지고 있는 현상은 이미 오래전부터 서정시에 나타나고 있었을지도 모른다. 가령 서정시에 드러나는 풍경은 언제나 시적 주체의 관념에 대한 비유이거나, 인간 주체를 빛내기 위해 배경화된 대상일 뿐이며, 시적 주체의 고정된 일점에서 투시된 세계의 묘사라고만 전제해놓은 것이야말로 지나친 오류이며 단순화된 미학적 기준이다. 서정시는 유토피아의 이상 세계

를 그려내는 동일성의 시학에 한정되지 않는다. 서정시나 모더니즘 시에 대한 장르적 개념화를 넘어서 시를 보는 시야를 넓히는 생산적 태도야말로 시급하다. 시가 내는 다성적 목소리에 귀를 기울이는 것이야말로 우리에게 요청되는 태도이다.

2. 주체의 시선이 거세된 풍경

날이미지의 시로 스스로 명명하고 있는 오규원의 후기시들은 풍경의 미학에 치중하고 있는 듯이 보인다. 오규원의 시가 90년대 전반까지 아이러니와 메타시라는 시적 형식의 실험적 전유를 통해 현대사회의 부조리와 나약한 소시민적 존재의 근성을 비판하는 시를 썼다는 점에서 이러한 변화는 굉장한 시적 변모로 보인다. 혹자는 이러한 날이미지의 시가 전통적 서정의 미학을 모사하는 데 그치고 있다는 부정적 평가를 내리기도 한다. 그러나 오규원이 묘사하는 풍경의 사이에는 시적 주체에 대한 자기반성을 넘어선 지점에서야 획득할 수 있는 존재와 대상의 관계에 대한 사유가 자리잡고 있다.

물에서 나온 사내가 강을 돌아보며
돌밭에 올라선다 강은
주저하지 않고 사내가 빠져나간 자리를 지운다 대신 땅에 박힌

돌이 사내의 벗은 몸을 세운다
얼굴을 닦으며 강 건너편을 바라보는
사내의 몸에서 몸으로 들어가지 못한 것들이
두 다리와 남근으로 각각 모여들어
몇 줄기 물을 이룬다
강 건너에서는 산으로 가던 길이
산속에서 몸을 숨겨버린다 처음도 끝도
숨기고 있는 길을 보며 사내는 곁에 있는
갯버들 가지를 움켜쥐고 턱 하고
꺾는다 하늘로 가던 나무의 길이
하나 사라지고 그와 함께 지상에서
그 길이 거기 있었다는
사실도 사라졌다

— 오규원, 「물과 길1」, 『길, 골목, 호텔 그리고 강물 소리』

시는 시간의 흐름에 따라 사내와 강 주변의 풍경의 변화를 치밀하게 묘사한다. 몇 개의 행위로 요약하면 장면은 아주 간단하다. 강에서 목욕을 마치고 나와 강을 바라보던 사내의 몸으로 물방울이 뚝뚝 떨어진다. 이윽고 사내는 나뭇가지를 꺾는다. 그러나 시에서 강조되는 것은 '사내'의 시선이 아니다. 강과 돌, 나뭇가지가 일으키는 현상이다. '사내가 딛고 서 있는 돌'이 아니라 '돌이 사내를 일으키고'있으며, 사내의 몸에서 떨어진 물은 사내와 상관없이 줄기를 이루어 물의 길을 만든다. 강이 산과 만나 만든 길은 인간과 물이 만나 생긴 길처럼 열렸다 순간적으로 닫히는 찰나의 현상일 뿐이다. 나뭇가지

가 꺾이어 나무가 하늘로 향하던 길의 흔적이 사라지는 것과 같은 과정의 하나일 뿐이다. 이 시에는 주체 중심적 시선을 배제한 순수 발견의 시학이라고 할 만한 무엇이 존재한다. 작은 현상적 '변화'에도 세상은 달라진다. 이는 주체가 목적을 갖고 바라보는 세상에서는 도저히 찾을 수 없는 시공의 변화가 만들어내는 순수현상에 대한 포착이다.

우리는 오규원 시의 풍경의 묘사 속에서 윤리적 이념이나 태도를 찾을 수 없다. 대사연을 통한 우주의 형이상학적 사유를 발견하기도 어렵다. 다만 시는 시간의 흐름이라는 현상에 따라 흘러가는 서정적 자아를 형상화하고 있는 것 같다. 그렇다면 이 시는 자연 사물에 대한 시적 자아의 감각적 체험을 체현하는 데 목적을 둔 서정시인가? 그러나 시에는 자아의 정서가 배제되어 있다. 뿐만 아니라 감각적 체현으로서의 풍경이라는 해석도 위의 시에는 맞지 않는다. 우리가 흔히 보편적 서정시라고 개념화시킨 시에서라면 나타나야 할 시선과 그것이 의도하는 인식을 위에서는 찾기가 힘들다. 인간의 인식의 틀에서 벗어나 세계의 유현함을 현현하려는 노력이 돋보일 뿐이다.

최하림의 근작 시 역시 풍경 속으로 스며들어가는 존재를 그려낸다. 그의 시가 여타의 서정적 시와 구별되는 지점은 풍경이 풍경으로써 존재하면서도 시적 주체의 가두리에 놓여 관조적 깨달음을 부각시키는 데 기여하지 않는다는 데에 있다. "천태산에서 율치로 넘어가는 / 능선에는 어느새 얼음꽃이 피어 / 반짝이고 나무와 나무 사이 / 서릿발들이 허옇게 일어서면서 / 겨울이 중심으로 이동해간다 / 지구는 멀리 궤도를 돌아간다 / 나는 산 밑을 돌아간다 / 마을 앞 삼거리에는 한 사내가 서성거리고 / 느티나무 아래 새들이 기다리고

바람이 / 물처럼 흘러 개울을 빠져나간다 / 어느새 날이 기울어 / 가고 있다 나무들이 / 낙조 속에 있다”(「나는 산 밑을 돌아간다」)에서 주체는 풍경의 하나로 대상화되어 있다. 주체는 응시의 주체가 아니라 세상의 응시 속에서 보여지는 주체로 화(和한)다. 주체가 응시한 풍경 속에는 가치판단이라는 인간주의적 시선이 배태되어 있지만, 주체의 응시를 거세한 그의 시는 반복과 순환, 소멸과 생성이라는 우주적 차원의 시간에 잠입되는 자아의 존재성을 포착할 따름이다.

> 시인 김혜겸이 서상(書床)을 하나 선물로 가지고 왔다 헐어낸 고가에서 나온 구멍 숭숭 뚫린 널빤지를 정성스레 다듬고 네 귀에 나무못을 박고 가운데 서랍을 단 것이었다 도예가 이동욱이 만든 것이라고 했다 마루의 서쪽 벽면이 어울릴 것 같아 그 아래 두고 모시천을 깔고 작은 사발을 가만히 올려놓았다 흰 그늘 같은 것이 흐르는 듯했다 다음날 아침에 보니 어디로 갔는지 사발이 보이지 않았다 다시 검붉은 기가 도는 갈색 꽃병을 올려놓았다 그것 역시 보이지 않았다 이번에는 시집을 한 권 올려놓았다 시집도 행방을 감추고 보이지 않았다 서상(書床)은 저 홀로 제시간에 흘러가는 어둠을 보고 싶은 듯했다 그리고 여러 날들이 지나갔다 우수도 지나가고 청명도 지나갔다 한식이 내일모레라는 날 나는 시를 쓰려고 이층 서재에서 파지를 수십 장 버리다가 작파하고 한밤에 층계로 한 걸음 한 걸음 내려갔다 나는 마루로 내려갔다 놀랍게도 마루에는 물과 같은 시간이 넘실거리면서 가고 있었다 서상(書床)은 시간 위에 둥둥 떠가고 있었다
>
> — 최하림, 「서상(書床)」, 『때로는네가보이지않는다』

최하림의 시에는 주체와 대상의 전도가 돋보인다. 시는 세상의 사

물을 대상으로만 한정짓지 않는다. 사물을 기능과 목적 중심으로 바라보는 주체 중심적 사유를 괄호치고 순수한 눈으로 보는 세상 속에서 예술은 진정한 예술의 아우라를 발휘할 수 있다는 발견이 돋보일 뿐이다. 시에서 장식품으로서의 예술의 기능에만 고착된 인간의 눈을 위해 올려놓은 사발, 꽃병, 시집은 서상과 잘 어우러지지 않는다. 진정한 예술품은 장식을 위한 것도 유희를 위한 것도 아니다. 자기 존재성을 스스로 지니고 있어 세상과 더불어 흘러가는 것 그것이 진정한 예술품의 기능임을 시는 드러낸다.

오규원과 최하림 시의 풍경은 막연하게나마 노자가 말하는 도의 작용에 대한 미적 형상화를 감지하게 한다. 세계는 부분과 전체가 화합하여 돌아가는 관계로 나타난다. 그러나 이는 단순히 부분의 합이 전체를 향하고 있다는 의미는 아니다. 지극히 작고 현묘한 사물의 움직임에도 세계는 변화하게 되고 또 세계의 모든 것들이 우주의 큰 원리 안에 포용되는 다르면서도 같고 같으면서도 다른 것들의 차이와 변화 속에 수용되는 유현함을 시는 현현할 뿐이다. 오규원과 최하림의 시는 인간 중심적 세계관에서 비롯된 일점원근법이 소멸되어 있다. 현상을 고정된 일점으로만 바라보려는 목적주의적 시선은 배제되어, 주체 중심적 시선이 전도된 풍경이야 말로 이성과 합리주의적 주체로는 도달할 수 없는 세계의 현상을 포착하려는 시도라 할 수 있을 것이다.

3. 다양한 풍경의 전유들

오규원, 최하림이 풍경을 통해 주체 중심적 시선을 전도시키는 데 주력했다면 신용목, 김선우 등의 젊은 시인들은 다원화된 목소리로 다양한 서정의 자장을 펼친다고 할 수 있다. 그들의 목소리는 관습화된 관념을 벗어난 데에서 울려나오는 미묘하고 색다른 맛을 지닌다.

신용목 시의 풍경에는 시적 자아의 절박하고 고독한 내면이 스며들어 메마르지만 아픈 삶의 통점을 고스란히 앓게 만드는 면이 있다. 이 아픔은 풍경을 통하여 전해지고 있으나, 상징의 의미, 알레고리, 의인화라는 비유로 전유되지 않은 순수 풍경을 통해 이루어진다.

새의 둥지에는 지붕이 없다
죽지에 부리를 묻고
폭우를 받아내는 고독, 젖었다 마르는 깃털의 고요가 날개를 키웠으리라 그리고

순간은 운명을 업고 온다
도심 복판,
느닷없이 솟구쳐오르는 검은 봉지를
꽉 물고 놓지 않는
바람의 위턱과 아래턱,
풍치의 자국으로 박힌

공중의 검은 과녁, 중심은 어디에나 열려 있다

둥지를 휘감아도는 회오리
고독이 뿔처럼 여물었으니

하늘을 향한 단 한 번의 일격을 노리는 것
새들이 급소를 찾아 빙빙 돈다

환한 공중의, 캄캄한 숨통을 보여다오! 바람의 어금니를 지나
그곳을 가격할 수 있다면

일생을 사지 잘린 뿔처럼
나아가는 데 바쳐도 좋아라,
그러니 죽음이여
운명을 방생하라

하늘에 등을 대고 잠드는 짐승, 고독은 하늘이 무덤이다, 느닷없는 검은 봉지가 공중에 묘혈을 파듯
그곳에 가기 위하여

새는 지붕을 이지 않는다

—신용목, 「새들의 페루」, 『바람의 백만번째 어금』

담담한 어조에도 불구하고 그의 시에 연민과 아픔의 정서가 농밀

하게 배어있는 것은 풍경의 바깥을 감지하고 오롯이 삶을 꿰뚫을 수 없는 존재의 생을 인지하는 데에 있다. 바람의 어금니로 은유되고 있는 존재의 삶을 가격하는 운명은 삶의 바깥으로부터 오는 것인지 삶의 내부로부터 기인한 것인지 명확하지 않다. 다만 실존의 틈, 갈라진 삶의 심연이 존재하고 있어 우리 삶의 어느 순간 문득문득 마주치게 될지 모른다는 점만이 암시될 뿐이다. 의미있는 점은 새가 가격하려 하는 대상의 정체에 대한 궁금증보다는 도전의 행위와 과정에 시적 관심이 집중되어 있다는 사실이다. 이 시적 몰두는 끊임없는 시도와 반복되는 실패, 끊어버리려 해도 끊어버릴 수 없는 무엇, 삶에 드리운 죽음의 그림자, 이것이 우리 앞에 놓인 생의 도저한 아이러니임을 성찰하게 한다. 그러나 시를 풍부하게 하는 것은 시적 인식이나 시의 주제를 넘어선다. 보이지 않는 것들에 육체를 부여하는 신선한 감각, 현상의 내면을 투시할 줄 아는 시선으로 인해 시는 미적 성취를 이룬다. 바람의 육체, 대상의 보이지 않는 내면, 세계의 타자성을 풍경의 묘사만으로 이루어낼 줄 아는 시인의 관찰력이 놀라울 따름이다.

김선우가 펼치는 풍경은 앞의 시들과는 달리 시적 주체의 적극적 해석이 개입되어 있는 느낌을 준다. 그러나 이 해석은 독특하여 여타의 시들과는 다른 질감의 재미를 선사한다. 그의 시에 풍경은 여성의 몸으로 형상화되지만 차별화된 그만의 독특한 세계를 그린다. 보통 우주와 여성을 형상화한 시들이 우주적 생성과 신비의 형이상학적 관념의 시로 나아가고 있다면 그녀의 시는 배설의 육체를 통해 열락을 긍정함으로써 대자연의 생명력과 기운을 내뿜는다.

하루가 저물어간다, 참 잘 곰삭은 저 저녁 풍경이 실은 천연스레 뒤를 보이고 앉아 볼일 보는 크낙한 엉덩이라면 저물녘 저 태양이 문이라면 금빛 항문—어슴푸레 열리는 새벽으로부터 한낮 지나 저물녘에 이른 우리의 하루가 뒤를 보이고 앉아 시름없이 일을 보는 크낙한 엉덩이의 한 오분 시원한 용변과 같다면 수성이랄지 목성은 그녀의 젖가슴쯤 명왕성이랄지 천왕성은 쌔근거리는 정수리 문쯤이 될까 금빛 거웃 바람결에 흔들려드문드문 하늘자리 젖는 저 풍경이 우리가 셈하지 못할 어떤 하루의 한 오분 마지막 순간이라면 서물어간다, 허방지방 거미줄 치고 있는 목마른 나의 하루는 긴가 너무 짧은가 아득한 물병자리 옆얼굴이 슬몃 보였는데 뭉게구름 느릿느릿 금빛 항문을 닦아주며 흐르는데

—김선우, 「어느날 석양이」, 『도화 아래 잠들다』

김선우 시의 풍경은 에로틱한 생명력으로 가득 차 있다. 석양 무렵의 짙어지는 노을을 여자의 크낙한 엉덩이로 묘사하며, 질펀하게 싸지르는 용변으로 서술하는 과감한 그의 상상력은 여성의 육체와 자연, 이 모두에 대한 긍정에 도달하게 만드는 힘을 지녔다. 말로 설명할 수 없는 야릇한 쾌감과 충족감으로 우리를 트이게 하는 그 풍경의 '오분'은 형이상학적이고 관념적인 신비와는 다르다. 몸에 새겨진 생생한 경험을 기억하게 하는 순간을 통해 시는 감각의 전이를 이루어낸다.

흙살 속에 오롯하니 흰 뿌리 드리우듯
아래로 스며드는 발음인 '나'를
다치지 않게 살짝만 당겨 올리면서

햇살을 조물락거리듯
공기 속에 알주머니를 달아주듯
'이'를 궁글려 '새'를 건너가게 하는

그 '나새이',
허공에 난 새들의 길목
울 엄마와 할머니와 순이와 내가
봄 들녘에 쪼그려앉아 두 귀를 모으고 듣던
그 자그마하니 수런수런 깃 치는 연둣빛 소리를
그 짜릿한 요기(尿氣)를

— 김선우, 「나생이」, 『도화 아래 잠들다』

억지스럽게 대자연에 대한 경도와 찬탄이라는 미적 반응을 끌어내지 않는다는 점에서 시는 생태시로서의 가능성을 보인다. 자연의 조화로운 아름다움을 역설하는 대신 시는 언어와 자연, 추억을 자연스럽게 하나로 융화시키며 기억을 떠오르게 한다. '나, 새, 이'처럼 혀짧은 서투른 발음으로 나생이를 발음하던 순간, 옹기종기 모여있던 가족들의 포착을 통해 자연은 무엇과도 바꿀 수 없는 유년의 따뜻함으로 다시 탄생된다. 이 추억은 자연에 신비의 베일을 벗기며, 인간의 삶과 더불어 생성되는 자연의 활기를 복기시키고 있다.

생태시라고 불리는 시들의 문제점이라면 그 필요성에 경도되어 미학적 성취와는 상관없이 지극히 오만한 시적 주체의 시선을 만들어 내고 있다는 것이다. 가령 훼손된 자연과 인간의 오만함을 비유하고 풍자하고 있거나, 지극히 선한 존재인 자연을 찬미하거나, 자

연을 이상세계로 그려내는 방식은 그 도식적 상상력만큼이나 자연환경의 귀중함이라는 가치판단을 이끌어내지 못할 것이다. 그러나 김선우의 위의 두 시에서 풍경을 바라보는 주체의 시선은 어느 순간 풍경을 재단하고 판단하지 못하는 엄청난 거리를 갖게 된다. 이 거리야말로 그녀의 시를 투명하게 의미화할 수 없는 모호한 지점으로 데려가지만 이 부분을 통해 우리는 대자연의 무한함에 매혹된다.

신용목과 김선우의 시에는 주체가 아닌 세계의 타자성을 감지하게 하는 요소가 놓여 있다. 주체 스스로 중심이 되려는 열망을 벗어버렸다기보다는 전체를 사유하고 세계를 온전히 파악하는 것이 불가능한 주체의 위치를 직시하고 있기 때문일 것이다. 이런 의미에서 그들의 시에 포착할 수 없는 모호하고 불투명한 시간과 공간이 형상화되는 것은 현대성의 성취이며 지금 현재의 우리 존재를 솔직하게 형상화하는 것이라고 생각할 수 있을 것이다.

4. 풍경에 의한 풍경의 언어들

장르는 원래 역사적인 것이다. 그것은 생성과 소멸, 변화를 거듭한다. 문학사에서 늘 기존에 우위를 점하던 장르는 이후에 오는 새로운 장르와 충돌하고 갈등을 빚어왔으며 이를 통해 문학은 고정점에서 벗어나 다양한 변모를 거듭할 수 있었다. 문학의 내부에는 기

존에 형성된 인식의 틀을 거부하고, 기성 사회를 부정하는 정신이 내포되어 있다. 특히 문학 작품 속에 기존의 장르를 넘어서고 해체하려는 시도가 두드러지는 것은 작가의 반성적이며, 성찰적 태도와 직결한다. 이는 불변하는 고정된 실체로서 기존의 문학 장르가 누리는 특권을 거부하고 보다 새로운 시학을 찾으려는 전위적이고 적극적인 태도이며 예술의 고착화를 거부하는 자기반성의 정신이다.

서정시는 이미 이러한 시의 본령에 충실했다. 모더니즘의 시만 진화한 것은 아니다. 서정시는 동일성만을 담아내는 고정되고 안정된 그릇은 아니며 서정시가 형상화하고 있는 주체의 위치는 한결같이 고정된 지점으로 투사되는 것은 아니다. 우리의 삶이 그렇듯이 서정의 영역은 이미 오래전에 확장에 확장을 거듭해왔다. 변하지 않은 것은 다만 시를 보는 우리의 눈과 고집이었을지도 모른다. 일견 같아 보이는 풍경의 형상 속에 내재된 다양한 시적 주체들의 시선과 위치를 변별하며, 풍경을 형상화하는 시인의 개별적 상상력이 닿으려는 지향점에 대한 세세한 미학적 차이들을 밝히는 것이야말로 우리의 고정된 인식의 지평을 넓힐 계기가 될 것이다.

자의적 은폐의 시간

젊은 시들

1

아도르노는 서정시의 죽음을 외쳤지만, 우리의 서정시는 아우슈비츠 이후로도 오래도록 융성했으며, 지금도 여전히 건재하다. 적어도 질과 상관없이 양적이라는 측면에서는 그렇다. 매해 쏟아지는 시 전문 문예지들과 시인들의 수는 엄청나지만 실제 시를 읽는 독자의 층은 얄팍하다. 좋은 시에 대한 견해는 서정과 다른 서정으로 갈려 대립의 각을 이루며, 시가 나아가야 할 방향에 대한 대안도 분분하다. 우리 시대의 시에 대한 진단 또한 그렇다. 한편에서는 80년대라는 시의 황금시대 이후 우리 시는 거대담론을 잃고 가야할 방향을 잃었다고 했으며, 또 한편에서는 90년대 이후 시는 다양해졌으며, 시의 관심은 표층으로 옮겨 왔다고 한다. 한데 이 표층의 시란 말이

심층이란 말보다 매력적으로 들리고 내면성이라는 말의 어감이 이미 유행이 한참 지난 고루한 낡은 느낌을 주는 것은 시대의 변화를 체득하고 육화해야 살아남는다는 본능적 지략 때문인지도 모르겠다. 전략적 보수와 전략적 진보의 대립 속에서 현명하게 이 둘의 장점만을 취해 유리한 자리를 선점하려는 노력이 판치는 현실의 구도처럼 시 역시 서정과 탈서정의 화법을 전략적으로 취해 따라가는 게 현재에 맞는 처세일지 모르겠다.

오늘의 가장 큰 문제는 세계와 타협하는 지점이 자기 스스로 타락하는 지점에 맞물리기 쉽다는 데 있다. 기성(旣成)이 되어간다는 것이 스스로 화해와 타협의 자리를 찾아 몸을 낮추고 양비(兩非)가 아닌 양시(兩是)에 초점을 맞추는 데에 있는 것인지도 모르겠다. 그러나 쉽사리 자기모순과 기존의 예술이 지닌 문제를 구조적으로 드러내겠다는 부정의 야심 또한 만만찮은 일이다. 90년대만 해도 종종 모습을 드러내던 메타시가 어느덧 자취를 감춘 현상은 이를 방증해주는 증거가 아닐까?

오늘날 이구동성으로 외치는 사실은 단 하나의 진리가 이미 사라졌다는 현상이다. 거대 담론과 이데올로기를 향해, 이미 결정된 세상의 이상점을 향해 따라가야 할 지표가 사라졌다는 것이다. 따라서 이 세상에는 재탕도 많고 복제도 많으며, 심지어 자기복제를 통해 살아가는 시인들도 많다. 패러디는 우리 시대 가장 보편화된 미적 양식이지만 한편으로 표절과 지적 저작권의 분쟁이 많은 논란이 되고 있다. 오늘의 시대는 복잡하고 모순적이다. 쉽사리 타협이 이루어지지만 그 타협이 어느 지점에서 다시 불거져 문제시될지 모른다. 우리의 노래는 존재 자체가 미덕이 되는 시대에 있지 않으며, 개인

화된 노래가 보편화된 삶의 상징으로 승화되는 시대는 더더구나 아니다. 미학의 시대적 가치는 하향 평준화되어 시인의 존재는 성향과 취향의 문제로 환원된다.

이러한 시대 속에서 우리의 젊은 시인들은 어떤 마음으로 시에 몰두하고 있으며 그들 시의 두드러지는 특징은 무엇일까? 혹자는 개인화된 미시적 시선을 극대화시키거나, 혹자는 고상한 미학 취미에 탐닉하는 모습을 찾아 볼 수 있다. 이들의 공통된 지점을 찾기는 어렵다. 아이러니하게도 이들의 이상과 지향은 모호하고 불확실하다는 점만이 뚜렷할 뿐이다. 젊은 시인들의 시의 어법은 부옇게 흐려진 탁한 창 너머의 시계를 형상화하듯 미묘한 추상의 흔들림을 자아낸다. 실재가 느껴지지 않는다는 점이 바로 젊은 시인들이 인식하는 세계의 실재인지도 모르겠다. 그러나 이 추상성, 불투명성, 어디로 향해야 할 지 몰라 멀리 발걸음을 떼지 못하고 서성이는 제자리걸음이야말로 시의 젊음이며, 실존일지도 모르겠다는 생각이 든다. 적어도 어설픈 확실성이나 믿음이 만들어내는 폭력성보다는 진화의 가능성을 내포한 게 아닐까?

2

끝없이 내리는 비처럼 말들은 흘러 종이컵으로 들어가고 / 그 말이 지나는

동안 스르르 미끄러져 저 우주를 지나 어느덧 사라져 버리지 / 한 움큼의 슬픔과 기쁨의 물결이 나의 열린 마음을 떠돌고 있네 // 날 사로잡고 어루만지면서 / 선지자이시여, 진정한 깨달음을 주소서 / 나의 세상을 변화시킬 수 있는 건 아무것도 없어 / 수백만의 눈(目)처럼 내 앞에서 춤추는 부서진 빛의 영상 / 저 우주를 지나와서 날 계속해서 부르고 있어 / 생각은 편지함 속에서 정처없이 헤매고 / 저 우주를 지나 자신의 길을 가다 눈이 먼 것처럼 뒹굴고 있어

— 비틀즈, 「Across The Universe」 중

젊음은 자의적 은폐의 시간을 거느린다. 이 심리적 시간은 세상의 속도와 어긋난 간극을 지닌다. "나의 세상을 바꿀 수 있는 건 아무것도 없다"는 비틀즈의 시적인 노랫말처럼 그 시간은 외계로부터의 단절과 자유의 선언이 이루어지며, 내면의 세계를 창조하는 낱말들로 끓어오르는 순간이다. '나'라는 폐쇄적 존재가 자기 정체성을 최대한 확장시키는 시간을 통해 우리는 퇴행과 진화의 기로에 서게 된다. 상징계로 진화되기 직전의 이러한 임계상황은 자기라는 환상에 갇히거나 우주로 폭발하는 힘으로 전화(轉化)되는 선택의 정점이다. 이는 위태로운 긴장감을 동반하지만 그 경계에서 서성거리는 것은 젊음만이 지니는 매혹적인 특권일 것이다.

어제 저녁 K는 내 말의 속도가 다시 느려졌다고 했어.
아마 그대가 말했듯 우리들 인연마다
통조림처럼 유통기한이 뚜렷하게 보이는 거였다면
나도 내 속도를 이 세상 속도의 가감에 맞추어 조절할 수 있었을 거야.
그러나 이것 봐, 이렇게 스산해지는 계절인데 ……

다음 계절은 얼마나 흔들리며 나부낄지.

雨中의 나이

비 내리는 틈에도 젖지 않는 땅처럼 나는 커다란 우산을 쓰고 있었지.

그러나 나는 이 푹 젖은 빗속의 자유 또한 온전히 받아들이고 있어.

그대로선 이해할 수 없는 온전한 나의 시간들을 이리 저리 공굴려보며

세계와 나 사이의 긴장과 견고함에 대해서 생각하곤 하지.

저물녘 사람들의 발걸음 속도를 찬찬히 바라보며

엊저녁 잃어버린 시집을 되읊으며

도무지 안 되겠다는 듯이 커피를 마시고 말이야.

(…중략…)

잘 가. 난 함께 갈 수 없어.

내 시계는 자기장 너머 저 편에 던져져 있거든.

— 김이강, 「검은 구름은 모두가 검은 구름이다」 부분

김이강의 시에는 우울한 센티멘탈리즘이 바탕에 깔려 있다. 거기에는 서로에 대한 열망에도 불구하고 닿을 수 없는 타자성에 대한 예감과 자발적인 고독의 상황으로 자신을 밀어 넣는 자의식이 존재한다. 그러나 감정을 낭비하지 않고 적당하게 절제하는 시의 어조에는 감정의 균형을 흩어뜨리지 않는 의지가 엿보인다. 위 시에서 속도는 가장 효과적이고 적절한 장치로 보인다. 타인의 빠른 속도감에 대비되는 시적 화자의 시간은 슬로우로 흘러가는 정지의 미학을 만들며 공허의 분위기를 만드는 데 기여한다. 스산하게 불어오는 바람과 빗방울, 나와 너의 만남과 이별이 주는 감상적 분위기가 어쩐지 익숙하게 느껴지긴 하지만, 시에는 나 자신의 미숙했던 시절을 떠올

리고 안쓰러움에 공감하게 만드는 무언가가 존재한다. 시의 화자는 완전한 성숙의 단계로 접어든 자는 아닌 듯하다. 김이강의 시를 자의식으로 팽창된 나르시시즘의 한 가운데를 통과하는 하나의 "성장시"로 해석하는 것이 지나친 일은 아닐 것이다. 대상의 이용가치나 교환가치와 무관하게 만드는 행위 자체에 집중해 있는 시간의 형상화야말로 젊음만이 간직한 고민의 시적 육화일 것이다. 이런 "자기장 너머 저 편에 던져진" 순수 집중의 시간을 통해 존재는 자신의 존재성을 납득하게 된다. 인간의 존재성이란 결코 완전하게 인식될 수 없는 것이겠지만 이러한 과정을 통해 우리는 실존의 감각을 익히고 세계로 나아가 한바탕의 결전을 치르게 될 것이다.

폐가 벽 위에 오도카니 서 있는 뻐꾸기시계가 왜 하나같이 필사적으로 시간을 움켜쥐고 있는지에 대해 당신은 이제 기록될 것이다 나는 그 기록의 방식이 얼마나 방어적이지 못한 자위임을 이 자리에서 증명하게 될 것이다 그리하여, 부들부들 버드나무 가지처럼 땀을 뻘뻘 흘리는 당신은 열심히 필사될 것이다.

(…중략…)

자! 당신의 눈꺼풀은 백만 근의 천추를 달았다고 치자 당신은 당신이 미리 설치해 둔 촘촘한 삼백예순의 망상 속으로 고요히 침잠할 것이다 침잠은 침몰의 유약한 비문일 뿐이다 나의 내밀함이 당신의 안구에 깊숙이 투영되고 우리는 이제 시공을 초월할 자세가 되었다 그리하여, 이 별에 왔던 총체적인 모든 기록을 당신이 앉은 안락한 의자 하나가 떠받치고 있다고 치자

나는 이제 당신을 들어 올린다 당신은 또 다른 별로 이탈을 꿈꾸고 나는 그 순간을 놓치지 않고 주문을 왼다 태초에 최면술사들은 그 순간, 겁에 질려 바지에 오줌을 지렸다고 한다 당신의 일그러지는 미세한 주름 사이로 내가 건넜을 발자국이 흐트러져 있다 공중섬에 점점이 찍힌 무수한 익룡의 발자국은 지금 어디서 무엇을 하고 있을까 그렇다 밤비 내리기 직전의 습함은 도무지 섬뜩하다

—김산, 「최면술사」 부분

김산의 위의 시는 이질적이고 음산한 분위기로 가득 차 있다. 시의 가장 첫 줄 "나의 전생은 회복불능이므로 내 육신을 통과한 내 생은 초탈의 다른 이름이다"(생략부분)라는 문장과 마지막 문장 "나는 어떠한 종으로도 구분될 수 없는 당신이 선택한 불온한 탈의 다른 이름이다"(생략부분)가 나와 당신이 동일한 존재이며, 지내온 나의 시간을 있는 그대로 떠올리는 것이 불가능하다는 사실을 명확하게 설명하는 데에도 시의 의미는 애매하고 행간을 자꾸 놓치게 만든다. 최면술사인 내가 당신의 시공이탈을 돕고 있으며, 시가 주력하고 있는 것이 시공을 이탈하기 직전 발산되는 공포와 두려움에 대한 묘사라는 비교적 뚜렷한 정황에도 불구하고 시가 가 닿으려는 지점은 모호하기만 하다. 그러나 두려움의 실체와 시공을 이탈하려는 근원적 이유가 시의 표면에 직접적으로 떠올랐다면 시의 매력은 한결 감해졌을 것이다. 아주 어렴풋하게 이어지는 단서를 뒤져 독자가 찾아낼 수 있는 것이라곤 최면술사의 행위가 기록과 필사와 관계되어 있지 않을까하는 짐작이다.(최면을 거는 시적 화자의 행위를 자아의 내부를 글로 형상화하는 작업과 동일시하려는 나의 독법이 시의 의미를 축소시켜 시의 미학적 파

장이 뻗어나가지 못하게 만드는 훼손 행위일지도 모르지만) 여기에는 기록(쓰기뿐만 아니라 읽기의 행위로 볼 수도 있으리라)에 대한 절망적 인식과 두려움이 내재되어 있다. 수천갑자를 돌아 먹구름으로 환생한 당신이라는 존재를 들었다 놓은 내 기록의 방식은 성공할 것인가? 부들부들 떠는 그 절정의 순간은? "공중섬에 점점이 찍힌 무수한 익룡의 발자국"과 같이 낯익은 표현에도 불구하고 시는 아슬아슬한 땀방울, 비의의 순간 팽팽한 긴장을 적절하게 만들어 낸다. 하지만 아쉬운 것은 마지막 문장이다. 나와 당신이 마주하는 지점을 통해 당신을(혹은 나를) 기록으로 포착할 수 없다는 불가능의 인식이 "나는 어떠한 종으로도 구분될 수 없는 당신이 선택한 불온한 탈의 다른 이름이다"와 같은 정언적 명제로 이루어지지 않았다면 어땠을까?

달력을 보았다.

오늘은 비가 온다.
오늘은
날짜와 요일이 없었다.

나는 공들여 숨을 쉬었다.
두 번씩 세 번씩
생각을 했다.

어제는 화요일.
내일은 수요일.

오늘은 비가 온다.
아무것도
태어나거나 죽지 않는다.

다른 일이 일어난다.
나는 비를 맞지 않는다.

생일을 조금 빌려 일기를 쓰고 싶다.
뒷면이라도 충분하지만

오늘은 나를 지나가지 않는다.

—신해욱, 「임시휴일」 전문

신해욱 시의 매력을 간결함이라 할 수 있을 것이다. 위의 시 또한 간결한 문체로 실존의 시간을 형상화하고 있다. 그녀가 그려내고 있는 시간은 숫자로 추상화되기 이전의 시간, 순수한 자의식의 시간이다. 이 지나가지 않는 시간에 대한 의식은 여타의 시간을 사유하는 시와 다르지 않은 듯 다르다. 시간을 공간화하며, 추상화하는 현대에 대한 비판으로 흐르지도 않으며, 자의식에 과잉의 의미를 부여하지도 않는다. 화요일과 수요일의 사이, 무엇으로도 의미화되지 않은 현재에 정지해 있는 순수 시간은 꾸밈도 장식도 문채(文彩)도 없는 단조로움으로 무미건조한 시적 자아의 내면을 그저 보여줄 뿐이다. 시적 자아의 내면은 정지되어 있다. 시는 단지 그것만을 문제시 할 따름이다. 인간의 의식이 불가역적인 시간의 가역성을 상상하는 것

은 기억과 회상이라는 의식의 형태로만 가능한 것이다. 그러나 시적 자아의 시간은 회상도 기억도 미래에 대한 관심도 없다. 여타의 구체적 공간과 관계 맺지 못하는 시적 자아의 순수지속의 단조로운 시간이야말로 인간인 우리에게는 가장 큰 공포라는 사실을 시는 환기시키지 않는가?

세계와 관계 맺지 못하는 순수 자의식의 시간을 살아내는 신해욱의 시와 달리 아래의 시는 시간과 공간에 대한 우리의 보편적 관념을 회의한다. 신해욱의 시가 몸이 감각하는 실존의 시간을 그려내는 감성적 측면이 전경화된다면, 김록의 시는 시간과 공간에 대한 우리의 의식을 인식하려는 노력이 돋보인다.

모래가 흘러가는 것을 보면서 풍성한 알곡을 볼 수 있다면
보면서 볼 수 있다면
시간의 공간이 보는 것은 다 종자가 된다
그러나 시간은, 공간의 이쪽에서 저쪽으로
공간의 높은 곳에서 낮은 곳으로
공간의 중심에서 구석으로
흐르는 것이 아니다
흐르다가 없어지는 것도 아니다

그런데 왜 선인장은 시간이 없다고
잎의 시간 — 잎의 공간 — 이 없다고 할까
잎의 시간은 가시의 공간이 되었다
잎의 없음은 가시의 있음

가시의 태도는 잎의 태도

시간은 물과 불과 해와 모래와
손목과 탁상과 벽과의 융합
공간은 물거품의 시간
공간은 재의 시간
공간은 석양과 모래성의 시간
공간은 빈, 손목과 탁상과 벽의 시간
공간은 시간을 아우르는 시간에 대한 반응

잎과 가시의 대립은
보면서 볼 수 없는 마음의. 좁은 공간에서만 직면한다

— 김록, 「공간의 태도」

김록의 시는 시간과 공간의 관계를 사유한다. 유동하는 시간의 이미지를 우리는 공간 안에서만 사유할 수 있다. 씨앗이 풍성한 알곡으로 익어가는 시간의 흐름은 공간의 변화를 통해서만 포착된다. 그러나 이 공간화는 과연 시간과 동일시될 수 있는 성질의 것인가? 공간에 따라 시간을 측정하는 것은 일상적인 것이 되었다. 그러나 시간이란 우리의 자의식 속에서 순수 지속을 거듭하는 것인지도 모른다. 시간은 우리의 안에 있고 공간은 우리의 밖에 있기에 우리는 시간을 볼 수 없으며 오로지 공간만을 인식할 수 있는 있는 것인지도 모른다. 그리하여 우리는 시간을 공간화한다.

김록의 시는 우리의 이러한 일상적 인식을 회의함으로써 전복시

키고자 한다. 시에서 "보면서 볼 수 있다면"이라는 진술은 부정의 의미를 표면에 담고 있지 않음에도 불구, 시간을 볼 수 없다는 사실을 부각시킨다. 바깥으로 보이는 것만을 전부로 인식하는 우리의 사유에 대한 부정을 시는 선인장의 비유로 밀고 나간다. 잎과 가시는 변화와 변화하지 않는 것으로 대립되며, 선인장의 불변함만을 사유하는 우리에게 선인장의 시간은 보이지 않는다. 그러나 가두리에 갇힌 사유를 회의하는 것이야말로 시의 본령일 뿐이다. 이 시가 재미있는 것은 적당한 반복과 이탈을 거듭하는 리듬감이 느껴지기 때문이다. 흐르면서 흐르지 않는, 보면서 보지 못하는, 트일듯하면서 트이지 못한 우리의 좁은 마음을, 벗어날듯 벗어나지 못하는 미묘한 선율이 시의 추상성을 상쇄시킨다.

우린 아무도 들어올 수 없는 모래의 나라를 세웠어요 손을 잡고 우리들만의 긴 여행을 떠났지요 비브라토, 슈만의 평화, 빛나는 한숨을 건네고 재가 가득한 보석함을 열어 보였어요 태어나자마자 죽어가는 걸 믿을 수 없었지만 노래하며 살고 싶었어요

물속으로 들어가 살은 더욱 매끄러워졌지요 그렇게 눈물을 배웠어요 비탈, 소음, 입국 금지령, 세계는 온통 알 수 없는 것뿐이었지요 우린 무척추동물처럼 오그라들었고 우리가 만든 유배지에서 조용한 외침을 작곡했어요

땅과 하늘이 뒤집히고 있었어요 나비넥타이를 매고 허공을 떠도는 진주와 감람석 사이로 날아갔지요 버섯들의 숲속에선 포자를 날리고 스팽글과 깃털이 흩어지는 햇빛 속에 우리가 있었어요, 사랑하지 않으면 살 수 있을

거야, 물에 젖은 이파리를 디딜 때마다 고지식하고 풋내나는 왕들이 되어 갔어요

계절이 바뀌고 있었지만 우린 끝내 아침이 오지 않는 나라에서 서쪽으로만 자전할 것 같았거든요 영원히 아무도 만나지 못할 것 같았지요, 느리게 칸타빌레, 다시 브람스로, 먼 곳에서 웃고 있는 그대들은 어떻구요 장미창으로 평생 쓰지 못할 것 같은 가장 아름다운 물감이 흘러내렸어요.

— 박상수, 「장미 십자회 중창단의 여름」

박상수 시의 어투는 삭막한 낭만으로 가득 차 있다. 세워지는 순간 무너지는 모래의 나라를 여행하는 시적 화자는 무모함을 체득하고 있지만 소란스런 세계 밖으로 나가기보다는 고요한 평화, 조용한 선율의 음악과도 같은 자폐의 아름다움을 선택한다. 영원히 바깥의 세계와 만나지 못하는 고독이라는 값을 치루고 시적 화자들이 택한 내밀하고 섬세한 감각의 아름다움은 우리 시대 젊은 시인들이 선택한 길을 대변하는 듯 느껴지기도 한다.

아름답지만 고독한, 이해받지 못할 비의로 가득 찬 고독한 내면의 세계로 떠나는 여행이야말로 젊은 시인들이 거듭하는 토포스(topos)이다. 보편성과 상투성이라는 토포스가 지닌 이중적 가치가 긍정적 의미로 전화될 때는 내면으로의 여행이라는 시적 테마가, 우리 시대 젊은 시인들이 보여주는 미학적 탐닉이 자의식에 결부되어 있는 방식을 더욱 치열하게 파고들 때가 아닐까?

3

젊은 시인들의 시는 매혹적이다. 나아갈 바를 결정짓지 못한 방황, 불확실하고 불투명한 세계를 꿰뚫어 볼 수 없다는 솔직한 고백들, 고민의 파장이 힘겹지만 감각의 깊이를 만들어내기 때문일 것이다. 이들의 시는 직접적이든 간접적이든 간에 성장의 모티프를 내재하고 있다. 여기에 끌리는 이유는 이들의 시에 성숙에 이르는 과정이라는 윤리적 실천이 나타나기 때문이 아니다. 비합리적이고 불합리한 실존의 삶을 받아들이기까지의 통각(痛覺)이 유혹적이기 때문이다. 하지만 언제까지 머물러 있기에 고뇌와 번민을 허락하는 젊음의 시간은 한정적이다. 그들의 몽환적이며, 유폐된 나르시스적 세계가 어떤 삭도로 나아가게 될 것인가? 그들의 시들이 어떠한 방식으로 실존의 감각을 보여줄 것인지 자못 궁금하다.

사이의 서정, 풍자의 확장

1

바야흐로 풍자의 시대다. 개그콘서트의 정치 풍자와 각종 패러디 포스터, 플래시몹, 〈나는 꼼수다〉, 〈나는 꼽사리다〉와 같은 팟캐스트에 이르기까지 대중들은 비틀고, 과장하며, 때론 직설화법으로 적극적 의사표현을 하는 데 망설임이 없다. 정권 말의 레임덕 현상이 정치권을 넘어 일상과 대중에게까지 봇물 터지듯 나타나기를 이렇게까지 실감하기는 유례가 없던 일이다. 이는 저항과 대항의 정치적 표명을 뛰어넘어 축제와 유희로까지 확장되고 있는 듯하다. 물론 그것은 현재의 시점에 갑자기 솟아오른 특이성은 아니다. 탄핵정국을 촛불시위라는 집단적 퍼포먼스로 돌파한 이래로 부조리, 사회적 모순에 대항하는 놀이의 방식은 2000년대를 관통하는 연속적 사건으로

이어져왔다. 혹자는 이러한 현상을 폭력과 쟁투로 얼룩진 비극적 역사의 상처로부터 얻어낸 성숙으로 해석하기도 한다. 고통을 유머와 해학으로 전도시켜 즐길 정도로 우리의 시민의식은 진보하고 문화적 수준이 고양되었다는 것이다. 하지만 한편으로 역동적이고 자유로운 주체로 보이는 이들에게서 결속의 구심점을 찾기 힘들며, 그만큼 깊이를 결여하고 있다는 데에 대한 우려의 목소리 또한 공존한다.

하나의 결절점이 사라지고 난 이후를 우려하는 목소리는 풍자의 양식적 특성을 고려해 볼 때 충분히 납득 가능하다. 풍자는 사회적 이원구조의 해체를 꾀한다. 즉 하위구조가 상부구조를 공격하는 수단으로 사용되며 기존사회의 모럴이나 체제가 비틀린 권위를 유지할 때 새로운 사회를 꿈꾸는 자들이 거센 반발과 공격적인 태도를 취하게 된다. 전통적 사회에 대한 반성과 개혁이 거센 시기에 문학의 풍자적 요소가 두드러졌다는 사실 또한 이에 대한 증좌라 할 것이다. 그러나 풍자는 비판적 어조가 상황의 변화를 감지하지 못하고 일관되게 나아갈 때 위험해지기도 한다. 김준오는 “풍자는 있음과 있어야 함의 날카로운 분리의식에서 탄생된다. 다시 말하면 있어야 함의 당위적 세계를 지향하는 개선의 의도가 풍자의 본질이다. 풍자가 애호되고 문제양식이 되는 시대는 역시 문제적 시대”라고 언명한다.[6] 그의 말처럼 분리의식과 당위에 대한 지향은 풍자의 기본속성이다. 다원적이고 다층적이며 상호주관적으로 복잡하게 얽혀있는 우리 시대의 양상을 간과하고 배타적이고 고정된 시선으로 세계를 주시할 때 비극은 더욱 배가될 수 있다. 풍자적 인물이 존재하고

---

6 김준오, 『도시시와 해체시』, 문학과비평사, 1992, 187쪽.

풍자의 대상이 뚜렷하게 보일수록 자신의 위치를 재고할 필요가 있을 것이다. 사회적 상황에 따라, 역사적 변혁의 물결 속에서 자신이 처한 좌표는 역동적으로 흔들리기 마련이다. 뚜렷한 주체라는 환상을 버려야만 우리 사회를 기율하는 대타자 이후를 꿈꿀 수 있지 않을까?

이제 논의를 시 장르로 돌려보자. 기이하게도 우리 시는 현재 우리 사회에 부는 풍자 열풍의 열외에 있는 것 같다. 지난 몇 년간 우리 사단에 불었던 시의 정치성에 대한 수많은 담론과 논쟁에 비해 시의 풍자성에 대한 무관심은 뜻밖의 일로 보인다. 사실 우리의 시문학사에서 풍자가 시적 양식의 중심으로 부상했던 시기는 7,80년대였다. 김지하의 담시 「오적」이나 황지우, 박남철, 김영승 등의 해체시는 강렬한 어조로 당대를 풍미하던 대표적 풍자시들이다. 저항은 당대의 시대적 요청이었으며, 그만큼의 위험을 감수하는 시는 계도적 위치로 부상하였다. 그러나 90년대 이후 시의 풍자적 특성은 거세되고, 민중시가 기각시킨 시의 내면성에 대한 복구에 몰입하였다. 서정시와 반서정(주로 모더니즘 계열의 시) 사이의 반목은 이때부터 2000년대에 이르기까지 지속된 시문학사의 첨예한 논쟁거리였다.

주목할 만한 것은 2000년대 말부터 불기시작한 시의 정치성에 관한 관심이다. 이는 참여시에 대한 요청도 아니였고, 사회에 대한 직접적 반영에 시가 몰두해야 한다는 의미도 아니다. 현재 논의되는 시의 정치성은 구별하기 매우 모호하기는 하지만 작가의 정치나 사회적 투쟁에 대한 실천적 참여로 설명될 수 있는 게 아니다. 우리 시단에 문학(시)의 정치성에 대한 담론의 시발점이 된 랑시에르에 의하면 "정치행위는 감성의 분할을 새롭게 구성하게 하고 새로운 대상

들과 주체들을 공동무대 위에 오르게 한다. 또한 정치 행위는 보이지 않았던 것을 보이게 하며, 킁킁대는 동물로 취급되었던 사람을 말하는 존재로 만든다."[7] 매우 추상적으로 들리는 이 말을 내 식으로 과감하게 전유하면 기존의 사회체제와 질서가 만들어놓은 감성의 매트릭스를 재편하는 것이야말로 시의 정치여야 할 것이다. 현재 우리 시가 지닌 고민의 파장은 여기에까지 미치고 있다.

그러나 넓은 의미에서 본다면 여전히 시는 풍자적 가능성을 지닌다. 세계를 회의하고 미학적 성취를 반성한다는 의미에서, 화석화된 세계의 지(知)가 도달할 수 없는 사이와 틈의 영역을 되비춘다는 의미에서 그렇다. 랑시에르의 표현대로라면 기존의 시간과 공간, 말과 소음, 가시적인 것과 비가시적인 것의 구획에 시가 개입하여 비추지 못했던 것들을 비춰야 한다. 나는 송경동의 시가 이러한 지점에서 특히 문제적이라 생각한다. 그의 시는 차라리 '자기를 향한' 풍자이거나, 풍자를 통해 무관심의 영역으로 버려져 있던 '사이의 감각'을 복귀시키는 데 주력한다.

7 자크 랑시에르, 『문학의 정치』, 인간사랑, 2009년, 12쪽.

2

송경동의 시는 서정적이다. 시에서 시의 본령인 서정을 발견했다고 호들갑을 떠는 행위 자체가 아이러니한 일이지만 그의 시에 나타나는 서정은 확실히 기존의 노동시에 대한 편견을 불식시킨다는 점에서 의미를 지닌다. 시는 현실의 부조리를 재현함으로써 공격성만을 직접적으로 드러내기 때문이 아니라, 아름답지만 서글픈 존재의 보편성을 담지하고 있기에 큰 반향을 준다.

어느날
한 자칭 맑스주의자가
새로운 조직 결성에 함께하지 않겠느냐고 찾아왔다
얘기 끝에 그가 물었다
그런데 송동지는 어느 대학 출신이오? 웃으며
나는 고졸이며, 소년원 출신에
노동자 출신이라고 이야기해주었다
순간 열정적이던 그의 두 눈동자 위로
싸늘하고 비릿한 막 하나가 쳐지는 것을 보았다
허둥대며 그가 말했다
조국해방전선에 함께하게 된 것을
영광으로 생각하라고
하지만 난 그 영광과 함께 하지 않았다

수년이 지난 요즈음
다시 또 한 부류의 사람들이 자꾸
어느 조직에 가입되어 있느냐고 묻는다
나는 다시 숨김없이 대답한다
나는 저 들에 가입되어 있다고
저 바닷물결에 밀리고 있고
저 꽃잎 앞에서 날마다 흔들리고
이 푸르른 나무에 물들어 있으며
저 바람에 선동당하고 있다고
가진 것 없는 이들의 무너진 담벼락
걷어차인 좌판과 목 잘린 구두,
아직 태어나지 못해 아메바처럼 기고 있는
비천한 이들의 말 속에 소속되어 있다고
대답한다 수많은 파문을 자신 안에 새기고도
말없는 저 강물에게 지도받고 있다고

—「사소한 물음들에 답함」

인용문은 그의 유명한 시 「사소한 물음들에 답함」 전문이다. 1연은 확실히 풍자적이다. 사회의 모순을 타파하기 위해 좌파 운동에 몰두한다고 나서는 인물의 기만적인 태도를 폭로한다. 우리는 확실히 사회의 부조리에 분개하지만 기성의 사회가 축조한 어느 것 하나에는 붙들려 있는 존재들이다. 그것이 부에 대한 집착이든 학벌에 대한 집착이든. 그러나 인물의 내면에 은폐된 이중성을 파헤치는 데 목적이 있다고 보기에 시적 화자의 어조는 지나치게 담담하다. 이

담담함은 세계가 만들어 놓은 사소한 가치에 붙들리지 않는 자가 지닌 자부심에서 배어나온다. 시는 들과 꽃잎과 바람에 기입되기를 꿈꾸며, 도구적 가치가 지배하는 세계가 사장시켜버린 것들의 가치를 알고 있는 자의 당당한 목소리를 지닌다. 세계가 폐기처분해버린 감각의 복구를 이토록 아름답게 노래하는 저항시란 정말 흔치 않다.

송경동 시의 특이성은 이처럼 근본적 서정성을 통해 저항을 실천하는 미학적 태도로부터 발현된다. 그러나 그의 서정성은 기존의 서정시가 보였던 전형적 서정과 같은 듯 보이지만 다르다. 그 차이는 우리 사회가 그동안 은폐시키고 거세해버렸던 하위주체, 서발턴(subaltarn)들의 감성을 복원시키려 하는 데에서 드러난다고 할 것이다. 그의 시에 등장하는 주된 인물들은 도시 하층민, 철거민, 소년원생 등과 같은 서발턴들(하위주체)이다. 우리 사회 발전의 주된 원동력이지만 늘 주변인으로 배제당했던 사람들, 이들은 스스로를 말할 수 없는 사람이었다. 설령 말하더라도 그것을 해석하는 타자의 시점과 언어에 의해 지워져버리고 마는 존재였다.

그렇게 좋아하던 이쁜이 이모
재 너머 젊은 군인 사모하다 농약 먹고 가기도 전에
화따메 나 가심이 다 벌렁벌렁해분다던 여서댁
아주까리 신사 따라갔다 반실성해
시장통 다시 돌아오기도 훨씬 전에
훌쩍 가버렸던 비럭범수
이젠 공동변소 벼람박도 허물리고
찬바람만 스산하게 지킨다는 시장통의 밤 뒷길

왜 사람들은 당신에게
'예수'라는 이름을 붙여주었을까
첫 전철을 기다리고 앉아 있는
겨울 신사역 새벽 다섯시
그때 그 비럭범수가 나라는 듯
자꾸 미소 짓는 행려
동지섣달 꽃 본 듯이, 히쭉해쭉
그때 작대기 들고 나를 몰던
네 동무들은 다 어데로 갔냐고, 히쭉해쭉
오일장터 똥방 골목 그 좋던 벗님들은
지금도 모두 다 잘 계시냐고
이쁜이 이모 제사는 누가 지내주느냐고
방전눅 너머 갈대밭은 지금도 싸리비처럼 잘 너울거리느냐고
남양만 깊은 물줄기는 지금도 그리 퍼렇냐고
너는 이제 이곳에서 무엇을 그리워하고 있느냐고

동지섣달 꽃 본 듯이 히쭉해쭉

—「동지섣달 꽃 본 듯이 어떤 예수전」 부분

시는 느긋하게 천천히 시적 화자의 기억속에 묻혀 있던 시골 장터의 풍경과 그 안에 살아있는 인물들을 묘사한다. 그들은 늘 역사의 이면으로 물러서 천한 신분의 비극적 운명을 견지하며 호흡했던 우리네 하위주체들이다. 그러나 긴 호흡의 추억을 맴돌아 화자의 시선은 시의 출발점에 출현했던 행려병자에게로 돌아온다. 나를 향해 되

비치는 행려병자의 시선 속에서 문득 발견하게 되는 것은 어떤 동질감에 대한 깨달음이다. 즉 비천한 존재들 가운데에서도 가장 비천한 바보 비렁벅수와 나는 동일하다. 뿐만 아니라 앞선 모든 하위주체의 삶과도 같은 운명의 공동체들이다. 그러나 시적 정조는 비천한 존재라는 자괴감으로 하강하지도, 불쌍한 존재들에 대한 연민으로 빠지지도 않는다. 어쩔 수 없이 시는 슬픔의 물기 같은 것을 내비치고 있으나 가장 극대화되는 것은 해학적 어조이다.(이런 해학적 어조가 있기에 조롱받고 가장 낮은 곳에 처한 자들을 예수와 동일시하는 여유가 가능하다.) '동지선달 꽃 본 듯이'처럼 비극적 삶을 희화화시킬 수 있는 여유와 승화야말로 그동안 가열찬 삶 가운데 우리가 잊고 있던 사이의 감성이 아니겠는가.

다음엔 문자메씨지 내용을 가져온다고 한다
함께 잡힌 촛불시민은 가택수사도 했고
통장 압수수색도 했단다 그리곤
의자를 뱅글뱅글 돌리며
웃는 낯으로 알아서 불어라 한다
무엇을, 나는 불까

풍선이나 불었으면 좋겠다
풀피리나 불었으면 좋겠다
하품이나 늘어지게 불었으면 좋겠다
트럼펫이나 아코디언도 좋겠지

일년치 통화기록 정도로
내 머리를 재단해보겠다고
몇년치 이메일 기록 정도로
나를 평가해보겠다고
너무한다고 했다

내 과거를 캐려면
최소한 저 사막 모래산맥에 새겨진 호모싸피엔스의
유전자 정보 정도는 검색해와야지
저 바닷가 퇴적층 몇천 미터는 채증해놓고 얘기해야지
저 새들의 울음
저 서늘한 바람결 정도는 압수해놓고 얘기해야지
그렇게 나를 알고 싶으면 사랑한다고 얘기해야지,
이게 뭐냐고

—「혜화경찰서에서」

서정의 화석화를 해체하고자 하는 그의 시도는 인용 시에서 더욱 극대화되어 나타난다. 탄압과 폭력의 주체인 인간을 향해 울분을 쏟아낼 법도 하건만 시는 엉뚱한 태도로 나아간다. 저항의 실체를 털어 놓을 것, 반성의 언어를 강요하는 주체를 향해 '풍선이나 불었으면', '하품이나 불었으면 좋겠다'는 딴지는 능청스럽기까지 하다. 시의 마지막 연은 이런 능청을 가능하게 하는 시적 화자의 자부심을 펼쳐 보인다, 시는 호모사피엔스의 유전자처럼 가장 근원적인 것, 우리 역사의 퇴적층을 파헤쳐 인간을 인간이게 만드는 가장 보편적

인 것들을 들여다보게 만든다. 인간과 인간 사이의 근본적 관계가 사랑이었음을.

송경동의 시는 그러니까 그동안 우리가 잊고 있었던 당연한 사실들을 일깨운다. 하위주체인 우리에게도 감성이 있다는 것, 아름다움을 느끼는 주체이며, 서정의 주체라는 사실을 말이다.

3

무엇보다 송경동 시의 풍자성은 '날 것의 언어'를 사용하는 방식 그 자체에 있다. 가령 "힘주어 굵은 똥 싸는 일이 그나마 / 세상을 위해 거룩한 일이라는 것이다 그리하여 / 위대한 것들보다 그 위대한 것들이 싸놓은 / 똥을 연구하는 것이 더 풍부하고 진솔할 것이다 / 먹은 만큼도 싸지 못하는 불구의 기계들이 / 어딘가에 얹혀 세계를 병들게 하는 / 이 똥통 같은 세상에서"(「똥통 같은 세상」 중)와 같은 시적 구절들의 어투는 직설적이고 비릿하다. 그것은 정제된 승화, 위대함이라는 포장된 가식에 정통으로 날리는 한방의 펀치와 같다. 시의 언술적 내용이 지시하는 것을 찾아내거나 시의 형식적 특징을 굳이 거론할 필요도 없이, 투명한 언어로 쏟아내는 그의 비시적 언어는 화석화된 언어에 대한 풍자다.

오래 산 나무에 대한 은유로
가득 찬 시들을 보면
벌목해버리고 싶은 충동

그 그늘에 기생하는
역사에 대한 미결정과
안온한 무지와 무책임의 농담이
늘 그 자리인 환원의 뿌리가
지겨워

내게서 더 이상
묶인 나무를 빗댄 은유를 바라지 마라
그 자리에서 눈물로 뚝뚝 떨어져버리는
참혹한 꽃의 비유를 바라지 마라

—「오래 산 나무에 대한 은유를 베어버리라」

은유는 오랫동안 시적 언어의 가장 오랜 특징이자 가능성으로 여겨져 왔다. 일상어로 꿰뚫지 못하는 세상의 비의를 드러내는 시어의 초월적 위치는 시에 부과된 의심할 수 없는 권능이다. 하지만 우리의 시적 언어는 지나치게 아름다웠고 도식적이었다. 오래 산 나무에 대한 은유에 적개심을 드러내는 태도는 시적 언어의 무력화에 대한 일종의 조롱이다. 그것은 굳어버린 관념에 다르지 않다. "인간적 행동과 의미작용에 대한 감각상실은 세계질서와 일치했던 시의 와해된 위계를 의미했다"[8]는 랑시에르의 말처럼 오랜 비유는 이미 감각

의 상실이다. 송경동의 시는 시의 기능을 상실하고 화석화의 상태에 빠져 있는 모든 시에 대한 풍자며 저항에 다르지 않다.

언제부터인가
있는 말보다
없는 말을 꿈꾼다

금세 가족이 되어 동화되는 말들은
그 말들이 아니다 그의 말들은
닮기 위해 오지 않고
설명하기 위해 오지 않는다

나는 이 말들의 음역이
좀체 떠오르지 않아
많은 날을 벙어리처럼 침묵해야 했다
때론 벽을 쿵쿵 울려보기도 했다

나는 오늘도 이 말들을 찾아
거리를 헤맨다 아귀처럼
어느 길목에서 그 말들이
내 몸을 삼킬 수도 있다

---

8 랑시에르 앞의 책, 22쪽.

나는 전혀 다른 목숨으로 그 말들을

토해내야 할지도 모른다

그 말들은 뼈를 토해놓고

이것이 말이다라고 할지도 모른다

—「아직 오지 않은 말들」

진정한 시는 화석화된 시를 거부한다. 화석화된 시적 언어는 차라리 말이 아니다. 가족이란 혈연으로 묶여 있기에 가족이 아니라 그 오랜 시간을 함께 버티며 살아온 시간적 연대가 있기에 하나로 연대되는 존재들인 것처럼 쉽게 주조한 시들은 진정한 말들이 아니다. 오랜 침묵과 고통, 온몸으로 토해내는 오롯한 존재의 울림일 때 말은 말이 될 수 있는 것이다.

송경동의 시는 '아직 오지 않은 말들'에 대한 강력한 요청과 같다. 이러한 말이 도달할 때 그가 꿈꾸는 세계가 도래할지도 모르겠다, 그의 말은 결코 삶과 유리된 세계에 편입되지 않으려 하는 말이기 때문이다. 그때까지 그의 시들은 날것의 언어로 고통을 감내하며 우리가 은폐해버린 것들, 그 사이의 감성들을 길어 올릴 것이다.

2부

자연, 감각, 인간
송찬호론

통증과 흐름의 언어
오정국론

'목이 없는 이야기 항아리'의 진화
이근화론

가벼운 블랙유머들
조하혜론

자연, 감각, 인간

송찬호론

1. 서정과 낯선 서정의 사이

우리 시대 송찬호는 무엇을 노래하는가? 2010년 지금의 송찬호와 80년대를 건너 온 시인 송찬호 사이에는 얼마만큼의 거리가 가로놓여 있을까? "폐허 속에 살아있다는 것은 망각 속에서 우리가 살인자라는 것을 일깨우는 것이다"(「흙은 사각형의 기억을 갖고 있다」 중)라는 정언적 명제의 견고함과 "고양이가 돌아오는 저녁"의 인상화가 일으키는 쓸쓸한 허기만큼의 차이일까? 그것은 좌파적 모더니스트에서 서정 시인으로의 전향을 뜻하는가?

확실히 송찬호의 시는 단단하고 차가운 질감에서 말랑하고 부드러운 감성으로 변모했다. 그의 언어는 관념을 떠났으며, 보다 편안하게 자연과 인간을 포착한다. 그러나 그가 보여주는 서정을 전통적

의미의 서정이라 단언하기도 힘들고 부정하기는 더욱 어렵다. 그의 시에서 노래하는 자연은 즉자적이지도 않지만, 그렇다고 우주적 포스로 우리를 압도하지도 않는다.

기묘하게도 이 자연들은 의인화로 생동감을 얻지만, 일반적으로 의인법이 노리는 효과를 벗어나는 지점에서 작동하고 있다. 수사법의 범주를 떠나 의인화란 일종의 인간적인 관점이다. 그것은 세계를 투사하는 기준점에 인간다움이라는 관념을 작동시킨다. 그렇지만 최근 송찬호 시에 보이는 의인화는 인간이 중심이 된 세계를 그리지 않는다. 그렇다고 어리석은 인간세계에 꾸짖음을 전해주는 풍자와 알레고리를 의도하는 것 같지도 않다.

그리고, 거실에 홀로 남은 낡은 피아노의
건반은 고양이들이 밟고 지나다녀도
아무도 소리치며 달려오는 이 없다
이미 시간의 악어가 피아노 속을
다 뜯어먹고 늪으로 되돌아갔으니
구석에 버려져 울고 있던 어린 촛불들도
빈집이 된 후의 최초의 밤이
그를 새벽으로 데려갔을 것이었다

벌써 어떻게 알았는지
노숙의 구름들이 몰려와
지붕에 창에 나무에 각다귀 떼처럼 들러붙어 있다

이따금 바람이 나무를 흔들어
그들의 퇴거를 종용해보지만, 부력을 잃고
떠도는 자들에게 그게 무슨 소용 있으랴
철거반이 들이닥칠 때까지
한동안 그들은 꿈쩍도 않을 것이니

—「빈집」 부분, 『고양이가 돌아오는 저녁』, 2009

시는 황량하다. 낡은 피아노는 오래 흘러버린 시간을 표상하는 적절한 객관상관물이며 꺼진 촛불, 피아노 위를 어슬렁거리는 고양이는 텅 빈 공간을 표상하는 데 적당하다. 그런데 재미있는 것은 구름의 수사이다. 구름에 붙은 노숙이라는 인간적인 수사는 정박지를 잃고 떠도는 삶이라는 지극히 익숙한 이미지를 떠올린다. 구름은 하나로 모이지 않고 흩어져 있는 노숙인들과 같다. 중심에 대한 욕망이 없이 흩어져 있기에 도리어 외압은 불가능해 보인다. 한 곳에 떠있으려는 의지를 잃을 때야말로 존재는 세계가 강제할 수 없는 위치에 서게 된다. 이런 부력의 역설이야말로 세계의 포착하기 힘든 한 때를 드러낸다고 할 수 있을 것이다.

송찬호는 이처럼 인간 세계의 유비로 자연을 이용하기보다는 있는 그대로의 자연을 드러내는 적극적 방식으로 인간의 시선을 작동시킨다. 인간의 한계를 넘어서려는 무모한 상상력 대신에 낯선 시선을 자연에 끌어들이는 것인지도 모르겠다. 시를 읽다보면 익숙한 인간다운 감각이 어느 사이 자연 그대로의 감각 안으로 틈입하며 애매해지는 이상한 지대를 발견하게 된다. 그것은 익숙하기도 하고 낯설기도 한 이상한 서정의 감각을 일으킨다.

2. 죽음, 감옥, 언어

일단 송찬호는 시작부터 서정의 익숙한 감각을 의도하는 시인은 아니었다. 고통, 비명으로 들어찬 악몽의 이미지와 이질적으로 돌출되는 생경한 관념의 단어들은 편하게 읽을 수 없는 불편함을 전해준다. 물론 이런 불편한 정서의 바탕에는 동시대 시인들과 마찬가지로 80년대라는 시대가 배경으로 깔려 있다. 이성복이 한반도를 하나의 유곽으로, 동시대를 살아가는 이들의 자화상을 창녀로 그려냈다면, 송찬호 시에는 부정의 세계에 대한 살해의 욕망이 깔려 있다. "그러나 산다는 것은 얼마나 찬란한 한계인가 / 그 완성을 위하여 / 세계를 죽일 수 없음을 알면서도 날마다 살인을 꿈꿀 수 있다는 것은"(「흙은 사각형의 기억을 갖고 있다」 중)이라고 노래할 때 그 살해의 대상을 이성복 시의 아버지로 여겨도 그리 지나친 해석은 아닐 것이다. 부패하거나 무능한 상징으로 드러나는 거대한 존재에 대한 증오는 당시 우리시대가 지닌 보편적 정서이다.

> 오래 구르던 둥근 바퀴가 사각의 바퀴로 멈추어서듯
> 죽음은 삶의 형식을 완성하는 것이다
> 미래를 예언하듯 그의 땅에 꽃을 던진다
> 미래는 죽었다 산자들은 결코 미래에 도달할 수 없다
>
> —「흙은 사각형의 기억을 갖고 있다」 부분, 1989

사각은 닫힌 형식 때문에 종종 둥근 이미지와 대비적으로 사용된

다. 사각은 굴러가지 못하는 정지의 이미지를 지니며, 이런 닫힌 이미지는 죽음을 표방한다. 정지의 삶은 죽음의 예고이며, 망각 속에 잊어진 기억이 다른 죽음을 떠올릴 때, 죽음은 삶을 완성시키는 역설을 이룬다. 물론 전자의 죽음이 희생으로 인한 애도의 이미지를 내재하는 것이라면 후자의 죽음은 살해라는 적극적인 의지를 통해 완수되는 당위적인 것이다. 이때의 죽음은 과거가 아닌 미래에 도달해야 될 미완성이라는 점에서 차이를 보인다.

살해의 욕망과 더불어 송찬호의 시에 미만(彌滿)한 것은 암울한 고통, 가난, 폐허의 이미지이다. 이러한 점에서 당대의 비견할 만한 시인으로 기형도를 떠올리는 것은 당연한지도 모르겠다. 예민한 신경과 촉각으로 들어찬 자의식을 그로테스크한 이미지로 그려낸 것이 기형도라면, 송찬호는 빈곤하고 처절한 삶과 사람들에 대한 연민을 그려내는 데 몰두한다.

높은 곳에서 낮은 곳으로 법에 따라 흐르는 저 세월을
어떻게 막을 수 있을까 대문을 닫고 방문을 안으로 잠가도
하수도로 거꾸로 넘쳐들어오고 벽 틈으로 새어들어와 물줄기는
부엌살림을 마루로 옮겼다가 책상으로 장농 위칸으로 옮기더니
방살림마저 다락으로 옮겨놓고 드디어 가족들을 지붕 한쪽으로 몰아세웠다
물살이 무릎을 핥다 허벅지 속을 넘보고 가족들을 지붕 한쪽으로 몰아세웠다
물살이 무릎을 핥다 허벅지 속을 넘보고 작은 젖가슴을 밀어뭉개자
아이가 엉망으로 울부짖었다 엄마, 난 몰라 몰라 세월이 날 망쳤어!

수치가 무엇인지를 알자 여자아이들은 금세 처녀가 되었다

—「세월」 부분, 『흙은 사각형의 기억을 갖고 있다』, 1989

시는 시간에 홍수의 이미지를 덧입힌다. 물살에 휩싸여 마당으로 방으로, 구석으로 몰리는 가족의 모습은 삶이라는 치열한 교전에서 늘 수세에 몰리는 상황을 보여주는 강력한 은유이다. 여기에 원관념으로 작용하는 세월이란 관념은 희망이 보이지 않는 절망에 대한 짙은 연민을 불러일으킨다. 인용되어 있지 않은 "창문을 열고 창녀들이 꽃을 던졌다"라는 시의 마지막 구절은 절망의 심화이며, 미래에 대한 비관적 세계관의 극치를 보인다고 할 것이다. 닫힌 세계에 대한 비극적 인식은 단지 암울한 시대상이라는 배경에 국한된 것 같지는 않다. 송찬호 시의 비극은 어쩐지 존재론적인 비관을 동반하고 있으며, 이는 언어에 대한 남다른 자의식에서 비롯된다. 그리고 언어에 대한 자의식이야말로 송찬호로 하여금 당대의 여타 시인들과 변별되는 독자적 미학을 띠게 만드는 지점이다. 그는 공중정원, 감옥, 빈 의자, 폐허 등의 이미지를 통해 언어의 상징을 이룬다. 공중에 지어진 체계는 언어가 지닌 보이지 않는 감옥이라는 언어의 허위를 고발하며, 그럼에도 불구하고 말속으로 들어감으로써 중심을 무너뜨릴 수밖에 없는 패러독시컬한 상황을 그려낸다.

말의 고향은 저 공기 속이다
공기 속을 떠돌아다니는 꺼지기 쉬운 물방울들
바람 속 고정불변의 감옥들

—「공중 정원 · 1」 부분, 『흙은 사각형의 기억을 갖고 있다』, 1989

운동에는 방법이 없다 변화를 고정하고
고정 속에서도 날아야 하는 새들의
아름다운 감옥들
움직여라
떠나라
멈추지 말아라, 고정불변의 변화여

변화가 주는 견고한 좌익과 우익의
국가의 날개를 파괴하고
국가는 소환되어야 한다, 이 지상으로
한 떼의 새들이 공중 정원을 날고 있다
그들은 몇 개의 자유자재 유영법을 배운다
폐허의 구조 속에서!

—「공중 정원 · 1」 부분, 『흙은 사각형의 기억을 갖고 있다』, 1989

시적 화자는 아나키스트적인 인식을 지닌 자이다. 그는 '움직여라' '떠나라' '멈추지 말아라'라는 명령의 어조를 통해 세계가 만들어내는 고정불변의 감옥을 파괴하려는 시도를 드러낸다. 이 꿈을 시는 자유의 비상으로 형상화한다. 그러나 자유로운 비상을 꿈꾸는 새들이 유영하고 있는 감옥은 허공에 지어진 것이다. 공중에 지어진 감옥은 가시적 세계에서는 보이지 않기에 변화 불가능해 보인다. 이것은 시인의 운명을 예시(豫示)하는 말이다. 언어를 통해 언어 바깥으로의 탈출을 시도하는 무모함은 시인이 지닌 감옥의 무게를 형상화하는 것과 다를 바 없다. 언어의 내부에서 언어의 밖으로 나아가

려는 시도, 시인의 내면과 바깥이 팽팽하게 길항하는 긴장관계는 이후 『10년 동안의 빈집』(1994)에 심화되어 나타난다.

3. 자연, 감각, 인간

『붉은 눈 동백』(2000) 이후 『고양이가 돌아오는 저녁』(2009)에 이르러 송찬호의 시는 자연을 주시한다. 그것은 표면적으로 팽팽한 긴장을 풀고 세계의 바깥과 소통을 이루는 몸짓으로 보인다. 이미지는 보다 아름답고 선명해졌으며, 정서는 강렬함을 덜어낸 대신 부드러워졌다. 이제 그의 시는 회의적 시선 대신에 자연으로부터 위무를 얻는 밝은 건강을 지향하며, 자연과 적극적으로 대화하는 상상력을 보이는 듯하다.

> 멀리 동구가 내려다보이는 마당가 내가 앉아 있는 이 의자도 작년 이맘때보다 허리가 나빠져, 나도 이제는 들어가 쉬어야 하는 더 늦은 오후,
>
> 어디서 또 봄이 전복됐는가 보다
> 노곤하니 각시멧노랑나비 한 마리,
> 다 낡은 꽃 기중기 끌고
> 탈, 탈, 탈, 탈, 언덕을 넘어간다
>
> —「봄」 부분, 『고양이가 돌아오는 저녁』, 2009

우리는 시에서 자연을 통해 건강한 노동의 순수성을 건져 올리는 화자의 시선을 발견할 수 있다. 그러나 여기에서 인간의 관점이 중심에 놓인다는 인상을 받기는 어렵다. 이는 바로 앞의 '나 때문이 아니라 허리가 나빠진 의자 때문이'라는 대목 덕분이기도 하다. 화자는 의자를 사물화하지 않는다. 의자는 나름의 활성(活性)을 지닌 존재이다. 자신을 절대화하지 않는 화자의 시선은 특히 시의 마지막 연에서 활기를 띠게 된다. 각시멧노랑나비의 날개짓을 인간의 노동으로 환치시키는 대목은 의인화의 기법이 사용되었음에도 불구하고 자연이 그저 자연으로 존재하는 느낌을 준다. 시는 단지 노동을 자연적인 삶으로 만들어 줄 뿐이다.

송찬호 시에 드러나는 자연은 언뜻 보기에 인간적이다. 하지만 익숙한 듯 낯설고, 인간적인 해석이 부과된 것 같으면서도 자연이 독자적으로 존재하는 지대를 지닌다.

> 나는 다만 조그만 쇠뭉치 같은 것이
> 나무에서 솟구쳐 올라
> 빠르게 내 옆을 지나가는 것을 언뜻 보았을 뿐이다
> 그때, 얼굴에 칼자국 흉터가 있는
> 작고 단단한 그것이
> 개똥지빠귀 뺨이었을까?
>
> 날이 빠르게 저물어간다
> 사건은 명료하다
> 누군가는 절명으로 산다는 것.

오래된 나무 같은 걸 쓰러뜨려
노래를 얻기도 한다는 것,
작고 단단한 그 무엇이
빠르게 내 옆을 스쳐 지나가던 저녁 무렵.

—「개똥지빠귀」 부분

오래된 나무 한 그루를 쓰러뜨리는 개똥지빠귀를 냉혹한 킬러라 수식하는 것은 적극적인 인간의 해석으로 보인다. 그러나 시가 딱히 세계의 냉혹함을 전면화하는 건 아니다. 그러니까 이 시를 타자의 희생으로 자신의 생을 이루는 인간 세계의 냉혹함을 빗대는 알레고리로 해석할 필요는 없다. 나무와 개똥지빠귀가 이루는 절명의 관계에 인간적 가치의 판단이 개입되지 않는다. 다만 누군가의 앞에 던져진 '명묘한 사건'이라는 현상만이 두드러질 뿐이다.

압도하는 자연 속에서 인간 또한 흘러가는 물질적 존재이다. 사건이란 우연성 속에서 우리가 획득하는 것은 어떤 현상일 따름이다. 세계는 우리가 주체적, 능동적으로 주도해가는 공간이 아니다. 스스로 생성하며 흘러가는 자발적 흐름 그 자체다. 사실 이러한 송찬호 시의 시선은 30여 년 전과 비교해 다를 바가 없다. 무거운 시의 분위기는 보다 가벼워졌으며, 상징적이고 관념적인 시어들은 감각적이고 일상적으로 전화했으나 그의 시는 여전히 인간 세상을 비판한다. 아니 이 말을 송찬호의 시가 인간에 대한 염세적 시선을 지닌 것으로 오해해서는 안 된다. 그는 인간을 부정하지 않는다. 다만 그는 자연 바깥에 개체와 단자로서 존재하려는 인간을 향할 때만 부정의 시선을 드러낸다. 가령 다음과 같은 시를 보자.

아무도 지켜보는 이 없이,
그 자루의 옆구리에 난 총알구멍으로
존 테일러의 부유한 피와 살이
모두 빠져나가는 데 걸린 시간은
채 다섯 달이 되지 않았다
……
그러고 보면, 주위에서 그와 같은
납치나 실종 사건이 드문 일만은 아니다
존 테일러는 옆구리를 움켜쥔 채
갇힌 자루 속에 웅크리고 누워
그의 허벅지에, 그리고 푸른 자루의 허벅지에
피를 찍어 이렇게 썼다
국가는 개새끼, 왜 나를 도우러 오지 않는 것인가

존 테일러는 다섯 달 만에 어두운 농가 수로에서 뼈만 남긴 채 발견되었다
자루는 아주 가벼웠다
그런데, 그가 입고 있던 양복 안쪽에
새겨진 존 테일러라는 이름은
그의 이름인가 양복상표 이름인가
이 모든 것은 썩지 아니한가

—「존 테일러의 구멍 난 자루」 부분

존 테일러는 유괴된 자이다. 자루 속에서 그의 피와 살은 모두 썩어 사라졌다. 이제 그는 어떻게 존재를 증명할 것인가? 이름의 고유

성이란 인간의 문명사회에서는 존재성을 담보해주는 징표이다. 죽어 사라진 그의 존재성을 확인시켜줄 유일한 방법은 존 테일러라는 이름의 고유성에 있다. 그런데 시는 마지막 반전을 준비한다. 존 테일러는 그의 고유성을 증명하는 이름이 아니라 그저 수많은 사물들의 일반명사일 따름이다. 이제 존 테일러의 상표를 입은 존 테일러는 수천, 수만의 사람들과 같은 위치에 놓인다. 흐름 속에 흘러 없어지는 것이 자연이다. 이에 반하여 영원히 썩지 않는 것, 흐름을 가두는 것, 인간이 만들어 놓은 이런 인위성이야말로 똑 같은 것이 하나도 없는 세계를 획일적으로 가두려는 폭력이며 어리석은 짓이다.

송찬호는 여전히 아나키스트다. 물론 이런 지칭이 국가라는 가시적 형태를 부정하고 대항하려는 의미를 가리키는 것은 아니다. 그에게 아직도 이런 지칭이 어울리는 것은 부정의 정신을 지닌다는 점에서 예전과 다름없기 때문일 것이다. 당대의 암흑과 같은 사회에 대한 비판으로부터 한 걸음 물러선 듯 보이지만 그는 인간의 문명이 만들어 낸 체제, 반 자연적인 행태를 향해 비판의 시선을 확장하고 있다. 직접적으로 인간 세계를 회의하든, 자연적인 감각을 통해 간접화하든 어쩌지 앞으로도 계속 그에게서 회의주의자의 시선을 감지하게 될 것만 같은 예감이 든다. 아마 이는 예감만으로 끝나지 않을 것이다.

4. 좌파의 감각, 감각적 좌파로 존재하기

최근 송찬호의 시는 관념의 세계에서 삶의 세계로 건너온 자의 구체적 감각을 보인다. 죽음, 감옥과 같은 관념은 더 이상 그의 시를 지배하는 상상의 매개체가 아니다. 그의 시에는 농투성이의 자연과 더불어 사는 감각이 체현되어 있다. 그렇다고 해서 송찬호에게 순수 서정의 세계로 회귀한 것이라는 수사를 붙이는 것도 성급해 보인다. 그의 시에 형상화된 세계는 동일성이 가능한 조화의 공간이기보다는 모순투성이이며, 알 수 없는 불가지의 공간이다.

"벽들은 오랜 망설임 끝에 / 좌파로 남기로 결심했고"(「빈집」 중)라는 시의 구절이 범상치 않게 보이는 것은 이런 까닭이다. 나는 그가 사용하는 좌파라는 단어를 세계에 의문 부호를 붙이는 자로 해석하고 싶다. 자연을 신비의 대상으로 신성시하지 않으면서도 인간의 지력으로 해독 불가능한 영역으로 남기는 시에서 우리는 인간을 주체로 보는 가치에 대한 회의를 확인한다. 이렇게 낯선 세계를 감각적 언어로 체현하는 것이야 말로 좌파적 시선이라 할 것이다.

그는 시인의 눈을 과신하지 않으며, 현현(玄玄)한 세계를 길러내기 위하여 감각적 투쟁을 계속하고 있는 시인이다. 예술의 타락은 자신의 불안정한 위치를 부인하며, 자신의 가치를 확신하는 데로부터 비롯된다고 생각한다. 건강한 노동의 감각을 부과하는 시, 권위와 위선의 좌표를 함부로 정하지 않는 시야 말로 우리가 꿈꾸는 참여적이면서도 주도적으로 이해시키려 하지 않는 시가 아니겠는가?

통증과 흐름의 언어

오정국론

1. 몸의 언어 : 부재하는 것들의 알리바이

오정국의 시를 대하면 낭만적 통증이라는 말을 떠올리게 된다. 거센 폭우에 젖은 뒤 찾아오는 오랜 얼얼함처럼 그의 시는 격렬한 감정 뒤의 쓸쓸한 여운을 남긴다. 이런 감정의 연원을 어디에서 찾을 것인가? 박철화는 이를 존재론적 결핍이라고 명명했다.(「진흙의 연금술, 낭만적 자아와 세계의 화해」, 시집『멀리서 오는 것들』해설참조) 결핍이 남기는 상처가 만드는 그리움이 시적 연원으로 작용한다는 것이다.

차안에서 피안의 부재를 의식하고 그리워하는 시는 보편적으로 이곳에 대한 반성으로부터 기인한다. 그것은 근본적으로 현실을 부정하고 초월하는 낭만주의적 성격을 띤다. 낭만주의는 본래 이성적, 합리적 사고를 벗어버리려 한다. 그것은 근본적으로 현실을 부정하

고 초월하려 하며 어떤 면에서 신비적 세계관을 기저에 깔고 있는 것처럼 보이기도 하다. 그만큼 낭만적 시학은 강렬하다고 할 것이다. 그것은 현실을 뿌리째 흔드는 강렬한 감각과 인상을 내면성의 공간에 아로새긴다.

여태 할 말 남은 듯
꽃이 붉다
담장의 장미꽃은
작년에 피었던 제 언니를 따라
왔다 너도
네 언니처럼 쫑알거리고

가까스로
나에게 밀려온 파도
거친 물살에 밀리고 밀리다가
어찌하여 내 발등에 쓰러지는 것이냐 흐느끼듯,

꿈에 본 풍경들을 여기 와서 또 보게 되니
꿈이여, 너도 나에게 할 말이 있어
내 얼굴을 빤히 쳐다보는 것이냐

—「너도 나에게—멀리서 오는 것들 · 2」 부분, 『멀리서 오는 것들』

어떤 서정시들은 풍경을 통해 세계에 하나로 휩싸여 들어가 자기를 잊는 순간을 그려내곤 한다. 그것은 인간 세계를 꾸짖는 목소리

를 전면화하지 않는다는 면에서 훨씬 부드럽게 동일화의 꿈을 실현시킨다. 그러나 오정국은 풍경을 통해 자아를 또렷하게 의식한다. 외부세계에 존재하는 장미는 오히려 내면성을 깨우는 어떤 계기로 작용한다. 그것은 일상에 틈입하여 일상 너머로 자아를 흔드는 꿈을 일깨운다. 감상적이라는 의미에서가 아니라 일상을 넘어선다는 의미에서 내 안에 잠자던 낭만적 시간을 작동시킨다.

그런데 오정국이 노래하는 것은 일상을 넘어선 그곳, 낭만적 꿈이나 내면성의 세계 그 자체가 아니다. 그의 시는 바로 여기, 바로 그가 발붙이고 사는 이곳에서 그곳을 노래한다. 그러니까 그곳과의 단절이 아니라 통점(痛點)을 통해 그곳과 이곳이 이어져 있다는 사실을 증명하고자 한다.

그 어디서 누가
이토록 간절하게 노래를 부르고 싶어
난데없이 내 입에서 이런 노래가 흘러나올까 찔레꽃, 붉게 피는

(…중략…)

여태 내가 가보지 못한 곳에도 풍경이 있고
책이 있고
출렁이는 물결이 있기에

그 어디서 누가
이토록 간절하게 노래를 불러

난데없이 내 몸이 이런 몸살을 앓을까 찔레꽃,

붉게 피는

—「몸살, 찔레꽃 붉게 피는—멀리서 오는 것들 · 1」 부분

몸의 언어는 기호로서의 언어보다 강렬하다. 멀리서 어렴풋하게 들려오는 바깥의 언어를 알아차리는 것은 몸이 먼저다. 몸이 앓는 통증은 이러한 부재하는 것처럼 보이는 것들의 존재성을 증명한다. 오정국의 시는 그것들의 알리바이로서의 언어다.

2. 숭고와 경외 : 물질적 이미지

눈잎이 흩날리더니, 눈송이가 굵어지더니, 그 누구의 이름도 부를 수 없고 어떤 용서도 청할 수 없었다 폭설이었다 산 계곡을 굽이치는 눈보라, 그 누구를 탓하여 소리칠 수 없고

(…중략…)

가슴 안쪽의 타다만 숯덩이 하나, 내 어디서 이런 생을 살았던 것인지, 헛디딜 수 없고 건져 낼 수 없는 폭설이었다 불붙는 머리카락으로 당신께 달려간 적 없고

불타는 앞가슴으로 당신께 말 한마디 건넨 적 없으니, 폭설이었다 등 뒤에서 아득히 무너지는 담장들, 그 어떤 죽음도 기억해낼 수 없고

사랑도 이별도 눈치 챌 수 없었다 강바닥에 불 피우고 손뼉치고 노래했던 천리만리 구만리의 그리움도 허기도 내 눈구멍을 틔워주지 못했다 또 어디서 먼 길 달려와

—「告解」 부분

인용 시는 연시다. 그러나 그것이 절절하게 쏟아내는 사랑은 현재라는 시간에 발생한 사건으로 보이지는 않는다. 그것은 몸에 아로새겨진 트라우마를 폭설로 은유화하며 고통을 토로한다. 멈추지 않는 폭설은 몸의 떨림이며 이 멈추지 않는 작용은 후회로 아로새겨진 고해의 노래를 촉발시킨다. 내 몸이 기억하는 사랑은 끝난 사건이 아니다. 나는 왜 더 사랑하지 못했을까, 머리 끝, 발 끝까지 정열을 불태워 사랑하지 못한 죄는 불현듯 폭설로 요동치며 나를 무너뜨린다. 이 때문에 폭설은 단순한 몸의 작용에 머물지 않는다. 그것은 과거에 일어난 사건이 현재로 이어지는 연속성에 대한 비유로도 확장된다. 과거의 사건은 몸의 기억에 내재되어 있다가 어느 순간 불현듯 현존의 사건으로 나타난다.

오정국의 시에서 '흐름'은 중요한 모티프이다. 인용 시처럼 과거에서 현재로 흐르며 이어지는 시간성 외에도 세계의 바깥에서 촉발하여 내면성으로 흘러들어와 일으키는 상념들, 감각들은 일상이라는 실용적 목적을 넘어서는 존재의 근거를 일깨운다. 가령 "내가 잠든 사이에 담을 타넘어 온 / 저 謀反의 / 꽃빛들 …… 몸으로 끌고 온 /

주홍과 주황과 황적의 / 붉은빛들"(「모반들, 속수무책의-멀리서 오는 것들 · 3」)라는 구절처럼 세계는 바깥으로부터 안으로 흐른다. 능소화가 핀 사건은 나를 기율하는 일상을 전복하는 하나의 모반으로서 기능한다. 그것은 바깥으로부터 시작해서 내면에까지 이어지는 물질의 파동이다. 바슐라르는 이런 흐름을 물질적 상상력이라 이름했으며, 들뢰즈는 개체성을 뚫고 움직이는 자유로운 흐름을 엑세이테로 명명했다. 표면의 견고한 형태를 뚫고, 물질의 내부로부터 유동하는 질료의 흐름을 통해 세계의 바깥은 내부로 유입된다. 오정국의 시에 자주 등장하는 바람과 물의 이미지는 이런 흐름의 상상력을 형상화하는 적절한 대상으로 보인다.

모래기둥은 없지만 바람기둥은 있다 구름기둥도 있고 흙기둥도 있고 소금기둥도 있고 뼈기둥도 있고 쇠기둥도 있지만 물기둥은 없다 그러나 해안사구의 물주머니기둥은 있고 절벽의 얼음기둥도 있다

뿌리도 날개도 없이
절벽에 엉겨붙은
침묵

침묵이 침묵을 다져 넣어
시퍼렇게 얼어붙은
힘

기어코 몸의 마디마디를 풀어

펄펄 끓으며 뛰어오를
푸른 실핏줄의
뜨거운 노랫가락들

산 속으로 들어가는 산이 있듯, 사막 속으로 들어가는 사막이 있고 눈물 속으로 흘러가는 눈물이 있고 바닥 속으로 가라앉는 바닥이 있고 얼음 속을 파고드는 얼음이 있다

—「얼음폭포」 전문, 『멀리서 오는 것들』

시의 첫 연에서 열거하는 것은 사실명제이다. 그러니까 얼음기둥은 실재한다. 얼음기둥은 바깥에서 보기에는 차갑고 침묵하는 것으로 보이지만 그 내면을 뚫고 들어가면 뜨겁고 소란스럽게 노래하는 역설적 존재이다. 그래서 이 흐름, 바깥에서 안으로 파고드는 상상력은 견고한 것을 꿰뚫는 힘을 지닌다. 기둥이라는 고체를 뚫고 들어가는 흐름의 상상력이야 말로 표면적으로 존재성을 드러내지 않는 것들이 존재하는 것임을 증명해준다. 얼음은 물이면서 딱딱하게 결빙된 고체의 이미지를 가지고 있다. 그 견고성이 불러일으키는 차갑고 단단한 것의 바탕에 흐르는 물이야말로 눈물의 통증을 동반한 물질이며, 바람처럼 유연한 흐름을 동반하지 않지만 힘들게 흐르는 것들을 드러낸다. 그것은 보이지 않는 바탕의 흐름에 대한 상상력이다.

오정국의 네 번째 시집 『멀리서 오는 것들』은 일상의 여기저기서 불쑥 솟구치는 파도처럼 갑작스럽게 현현(顯現)하는 것들을 이 흐름의 상상력을 통해 증명한다. 그것은 지금까지도 오정국 시의 바탕에 나타나는 세계관이라 할 것이다. 조금 달라진 지점이 있다면 오정국

시는 숭고로까지 확장되었다는 것이다. 그는 세계의 흐름, 다른 말로 '물질의 흐름'을 통해 세계의 바깥, 우리가 포착할 수 없는 것들에 대한 경이를 노래한다.

감기몸살이라지만, 벌써 보름째, 그날 밤의 달빛을
앓는 중이다 명태처럼 꾸덕꾸덕 말라가는
양말을 걷으러 나갔는데,
누군가 목덜미에 비수를 들이대는
느낌, 얼어붙듯 그 자리에 멈춰 섰던 것이니,
텅 빈 강바닥에 내리던
달빛들,
(…중략…)
鬼氣서린 저 풍경이
이승의 한 조각 아름다움이라면
아름다움의 극치는 투명이라고, 그렇게 넋 빠진
하룻밤을 보냈으니, 몸의 열꽃들이
사라지지 않는다 벌써 보름째, 내 몸이 앓고 있는
달빛들, 섣불리 입 벌려서
말할 수 없고,
섣불리 입 벌려서
토해낼 수 없는

—「목에 비수를 들이대듯」

이 시 역시 바깥으로부터 온 감각의 신호를 포착하는 몸에 대한

기록이다. 시적 자아는 달빛에 사로잡힌 자이다. 귀기서린 달빛의 투명성은 내 몸에 몸살의 열꽃을 남긴다. 달빛의 엑세이테가 시적 자아에게로 흘러가 송두리째 그를 흔들어 놓는다. 시는 이런 세계에 대한 경이의 감정을 들이댄다. 목에 비수를 들이대듯 자아를 넘어선 세계의 신비 앞에서 옴짝달싹하지 못하는 경이로움이야말로 세계를 앞에 둔 시인의 태도이다. 경이와 숭고는 세계의 무한성을 앞에 둔 불완전한 우리에게 일어나는 공포와 전율이다. 인간은 오직 자신의 한계와 무기력을 통해서만 정신의 숭고함을 자각한다. 숭고는 이성과 자연, 유한과 무한의 대립이 첨예할수록 느끼게 되는 것이다.

3. 유동하는 세계 : 생태적 상상력

자아만으로 포착할 수 없는 세계의 바깥을 온몸으로 증명하는 감각적 시는 예전이나 지금이나 오정국의 시를 가로지르는 특성이라 할 것이다. 다만 그것의 앞에 선 자의 경이와 숭고를 전율의 언어로 표상하는 것은 그에 더해진 시인의 특성이다. 여기에 또 하나의 해석을 덧붙이자면 오정국의 신작시들은 이러한 숭고의 감정이 생태적 상상력으로 확장될 가능성을 보이고 있다는 점이다.

연잎의 주름을 찢고 창날처럼 솟아오르는

가시뭉치들, 멀리서 보면
수면으로 대가리를 밀어 올리는 청둥오리 같은데

밤송이처럼 벌어지는 꽃받침 사이로
단 한번 저렇게 빠져나오는
핏빛 젖은 꽃잎들
(…중략…)
공중에서 말라붙는
단 한 번의 죽음에 이르기 위하여
물샐틈없는 햇빛 속으로 솟아오르는, 주둥이 벌린 맹금류의 목구멍처럼
붉은
詩

―「너는 또 가시연꽃으로 피어나서」 부분

시적 자아는 가시연꽃의 탄생을 목도한다. 그 탄생을 앞에 두고 경탄하는 것은 결국 자연이라는 신비에 대한 찬탄이다. 단 한 번의 탄생을 위하여 가시뭉치들은 어미의 자궁을 찢듯 연잎의 주름을 찢고, 자기를 드러낸다. 그 아슬아슬한 순간을 어떤 배경 없이 순수 사건으로서 포착하려는 시인의 태도는 인간성을 넘어서는 무한한 세계를 앞에 둔 자의 외경일 것이다. 여기까지는 시인의 여타의 시와 크게 변별되지는 않는다. 문제는 다음의 두 편의 시에서 찾을 수 있다. 두 시는 유동하는 세계의 흐름이 인간의 이기를 통해 어떻게 부정적 흐름으로 변질되는가 하는 모습을 포착한다.

미시령 터널이 뚫리고 나서, 북천 강바닥을 굴러다니는
바람구멍들, 돌밭의 돌을 파먹고
나무뿌리를 파먹더니, 황태덕장의 명태 눈알에 박히고 있다
흑태나 백태가 되어가는
명태들, 그뭄에서 보름으로 차오르는 달처럼
속살이 노랗게 피는
황태가 되고 싶었을 것인데,
공룡능선을 쓰다듬고 백담 골짜기로 내려오던
눈바람을 맞고 싶었을 것인데

움푹한 구멍들, 눈구덩이에 머리를 인 채
흑태 백태로 말라붙는
바람구멍들, 굶주린 짐승의 눈알 같은
구멍들, 때로는 노랗고 붉은 불빛들을 켜들고
도로변에 누워서 잠 못 이루던

—「바람구멍, 나무뿌리 파먹더니_내설악日記 · 14」 전문

위의 시는 흐름의 상상력을 문명에 대한 비판으로까지 확장시키고 있다. 세계의 밑바탕을 흐르는 기조를 꿰뚫는 시인의 상상력은 하나의 사건이 어떻게 비극적 사건으로 이어지며 영향을 미치는가를 보여준다. 가령 시에서 미시령 터널은 문명의 이기가 만들어내는 사건이다. 터널을 통해 문명의 더러운 바람이 동해의 맑은 공기에 유입된다. 황태를 만들었던 동해의 바람이 명태를 흑태나 백태로 말라붙게 만든다. 시는 바람을 구멍의 이미지에 덧씌움으로써 허무와

타락의 징후를 드러낸다. 터널의 구멍을 통해 유입된 바람이 돌의 구멍으로, 나무의 구멍으로 이어지는 상상력은 그 어떤 직설적 비판보다도 효과적이다.

산계곡이 갈라놓은
좌우익의 山, 흰 눈을 뒤집어쓰고
보란 듯이 제 골격을 뽐내고 있다 거기서
껌뻑거리던, 껌뻑거리며 번들거리던
눈알들, 쥐도 새도 모르게
야음의 틈을 비집고 나와
강바닥 여울목으로 내려왔을 것인데,
제 발끝의 맨 밑바닥에 엎드렸을 것인데,
여기서 일격을 당한 것인가 눈밭의 핏자국이
아침햇살에 녹고 있다 뼈다귀 몇 점
나무토막처럼 흩어져 있다

저의 목마름과 굶주림을 목숨과 바꿔버린
족적들, 몇 걸음쯤은 비켜나갈 수 있었을 텐데
북천 돌밭을 쓸려 다니는
털가죽들, 살쾡이거나
고라니거나, 로드킬의 死線을 뚫고 왔을 것인데,
한 발짝도 옆길로 빼돌릴 수 없었던 生殖의
허기들, 여기서 발목 꺾인
野生을 빛내듯, 여울목의 햇살이

눈밭의 핏자국을 쓰다듬고 있다

—「뼈다귀 몇 점 나무토막처럼, 내설악日記 · 12」 전문

인용시야 말로 오정국의 어떤 시보다도 생태적인 문명 비판의 메시지를 강력하게 드러낸다. 흔히 로드킬이라 부르는 생명의 희생이 시에는 묘사되어 있다. 밤을 틈타 산을 내려온 야생의 존재는 나무토막처럼 뼈다귀 몇 점과 핏자국만을 남기고 쓰러져 있다. 가볍게 스치듯 한 줄의 서술로 지나치고 있지만 시는 이런 희생의 원인을 분명히 명시한다. 인간 세계를 좌익과 우익으로 가르듯 이쪽의 산과 저쪽의 산을 가르는 것은 인간이 만든 도로일 게 분명하다. 그 도로를 통해 야생의 존재들은 감수하지 않아도 될 위험에 노출되어 있다.

로드킬을 노래하는 문명 비판의 시는 사실 흔하다. 하지만 그것이 사연과 인간이 하나로 이어져 있다는 일원론적 사고를 동반하고 있는 시는 드물다. 오정국의 시의 독자성은 바로 이러한 지점에서 나온다. 그의 시는 문명에 대한 비판으로 확장될 때에도 흐름의 상상력을 기반으로 한다. 세계는 바탕의 흐름을 통해 이어져 있다. 오정국의 시는 몸의 감각과 통점을 통해 이것을 강렬하게 증명하고 있는 것이다.

'목이 없는 이야기 항아리'의 진화

이근화론

1. 목이 없는 '이야기 항아리'

『칸트의 동물원』이라는 첫 번째 시집의 제목처럼 이근화의 시는 이성적 사유와 동물성(감각)이 애매하게 걸쳐진 지점에서 그만의 독특한 스타일을 길어낸다. 이성적이고 논리적 사유의 제압에서 벗어나 자유롭게 감각을 확장시키고자 하는 의지는 어쩌면 시의 본령인지도 모르겠다. 다른 서정, 뉴웨이브, 혹은 미래파라 불리는 최근의 시들처럼 그의 시도 재현의 감옥을 벗어나 자신만의 독자적 감성에 몰입하는 젊은 시의 임무에 충실하고 있다.

매끄럽고, 단단하며, 정제된 느낌을 주면서도, 전체의 흐름과는 무관한 구절을 경쾌하고, 간결하게, 무심한 듯 툭툭 내뱉는 그의 화법에 우리는 어느 지점에서 생각의 부표를 띄워야 할지 가늠하기조

차 어려운 당혹스러움을 느낀다. 이런 당혹스러움은 매혹적이다. 익숙한 거리, 낯익은 일상 속에 펼쳐지는 이 낯선 어법은 논리적 사유가 닿지 않는 틈으로 잠입하여 나를 흔든다.

이 매혹은 주인이 없는 곳에서 펼쳐지는 이야기일 때 가능하다. 주인없는 이야기는 들뢰즈의 표현처럼 매끄러운 표면 위에 떨어진 물 한 방울처럼 바람처럼 자유롭게 미끄러진다. 영원한 본질, 선험적 토대, 이성적 주체와 같은 억압적 개념의 가두리에서 살아가는 삶은 뿌리를 박은 채 영원히 고정되는 나무와 같은 삶이다. 그것은 튼튼한 목이 달린 왕의 항아리일 것이다. 안에 담길 것과 담기지 말아야 할 것을 이리저리 지시하는 근엄한 목소리는 질서를 주도하려 한다. 그러나 목이 없는 왕의 항아리라면 다르다.

이것은 나의 몸이다
왕의 항아리다
나는 팔과 다리가 없다
한 번 베어진다면
목을 내놓겠으나
소문의 항아리는
이야기를 닮았고
이야기의 배는 부르다
구른다면 한 번뿐인
몸이나 이것은
기억의 항아리다

—「왕의 항아리」 중

이것은 나의 몸이지만 동시에 왕의 항아리다. 그러나 왕은 기억의 왕일 뿐 생산의 왕도 이야기를 주도하는 주인도 아니다. 항아리는 목이 없어 베어질 수도 없으며, 실체없는 소문과 이야기가 영원히 거듭되는 운명을 지녔다. 이런 항아리를 몸으로 지닌 시의 화자는 다음처럼 고백한다. "나는 나의 기억에 기댈 수 없고 말할 수 없으니 지금 바로 다음 장으로 넘어가 주시기를" 그러나 주도하지 못하는 이야기의 세계에서 마주치는 것은 들뢰즈가 말하듯이 우연함이고 사건으로서의 존재이다. 나는 조물주가 만들어놓은 세계 속에서 이미 예정된 세계를 살아가는 존재도 아니고 신을 닮은 이성을 지니고 내 마음대로 능동적으로 세계를 휘두르는 자도 아니다. 이야말로 역동성, 개방성, 창의성이라는 긍정의 가능성을 모두 열고 살아가는 존재의 비상을 예고하는 게 아닐까?

하지만 우리는 대부분 칸트로부터 출발한 존재들이다. 우리의 사유는 존재의 조건에 갇혀 있으며, 재현의 틀로 판단한다. 이근화의 시적 화자들 역시 칸트로부터 벗어나 노마드의 바람 같은 자유의 삶을 체현한 것 같지는 않다. 하지만 그의 시의 화자는 동물(고양이)로 상징되는, 아니 무엇의 상징이 아니라 자유로운 존재 그 자체를 응시하며 사유의 무능력을 고백한다.(들뢰즈는 말하지 않았는가. 사유의 무능력을 인정하는 순간 사유가 시작되는 것이라고) 이근화의 시적 태도는 이러한 사유의 가능성을 더욱 활짝 열어놓는다. 유목민적 삶의 자유를 구가하는 존재에 대한 부러움도 집착도, 자신에 대한 절망도 내비치지 않는 그의 어조는 관조도 아니며 시니컬한 냉소도 아니다. 무심하고 쿨한 그의 어조야말로 사유의 감옥으로부터 벗어나 진화하기 시작한 감각의 확장을 담지하게 한다.

2. '칸트'와 '동물원' 사이로 출몰하는 타자성

『칸트의 동물원』에는 고양이가 자주 출몰한다. 고양이의 등장에는 출몰이라는 표현이 적합하다. 그들은 자신이 원할 때 원하는 높낮이로 나타났다가 꼬리를 남기고 사라지는 존재이다.

1

꼬리를 밟지 않기에는
꼬리는 너무 길고 가늘고 아름답다

2

고개가 반쯤 기울어져다면
그건 자세가 아니라 행위지
초록 스타킹은 탄력을 잃고
곧 허물어진다
두 다리는 반복적이지만
길은 곧 사라지지
서툰 것들은 피를 흘리고
내내 피를 흘리지

3

고양이와 나는
밤의 골목에서
따로 헤매고
밤낮없이 차들은 달린다
헤드라이트는 눈처럼 보이지만
분명히 보았다고는 말할 수 없다
104동을 기어오르는 달과
허물어지는 쓰레기 더미
뒤돌아보면 꼬리뿐인
고양이

5

꼬리에 꼬리를 물고 돈다면
그건 사라지는 놀이지만
사람들은 언제라도 중간부터
시작된다

—「칸트의 동물원」

인용 시처럼 고양이는 이근화 초기시의 가장 중요한 모티프이다. 그것은 시가 포착하는 관찰의 순간마다 다소 낯선 시의 화법을 통해 등장한다. 시의 1과 2처럼 대범하게 주어를 생략해버리는 시의 문법은 지극히 일상적인 것들에 기묘한 분위기를 더한다. 이 기묘함은 과감하게 생략된 시간, 즉 시간의 계기를 건너뛰는 낙차로부터 나온

다. 마치 정지된 컷 바로 뒤에 수많은 프레임을 건너뛴 컷을 보여주는 영화의 장면처럼 시는 표면적으로는 정적인 분위기를 풍기지만, 동작과 동작, 장면과 장면의 사이에 빠르게 흘러가버린 것들이 담겨져 있다. 이것은 미묘하게 낯선 순간을 돌출시킨다. 시적 화자의 눈에 포착되는 고양이 다리의 반복적 행위는 길을 걷는 기계적인 행위가 아니라 길을 사라지게 하는 능동적 행위이며 어디로 튈지 모르는 긴장감을 자아낸다. 지붕, 계단, 난간, 담장의 높이를 자유자재로 오가는 고양이의 편집된 쇼트 컷을 본 것 같은 착각을 일으키는 것은 그의 시의 화자에게도 마찬가지리라. 그리하여 시의 화자는 감각의 자유를 구가하는 고양이의 사라지는 꼬리만을 포착하는 자이며, 그와 늘 일정한 거리를 유지한 채 밤의 거리를 따로 헤매게 되는 것이다. 이러한 시의 화법은 제멋대로이며, 변덕스럽고 우아함을 간직한 고양이의 존재성을 우리 안에 강렬하게 새겨 넣으며, 불쑥 튀어나오는 타자성의 출몰을 감지하게 한다.

이근화 시에 출몰하는 타자성에 대해 논의하기 전에 우리는 먼저 그의 시에 나타나는 사이의 상상력으로 잠입할 필요가 있다. 이를 위해 먼저 「눈뜬 이야기」라는 시의 부분을 인용해보기로 하자.

> 이 집 만두와 저 집 만두 사이
> 배달토과 전화벨 사이
> 오토바이의 시간과
> 신호등의 시간 사이
> 깜박이는 눈동자와 떠오르는 낡은 추억 사이
> 배기통의 푸른 연기와 날아가는 헬멧 사이

처녀와 처녀가 빼문 붉은 혀 사이
신호등과 플래카드와 피켓과 예수회의 구원 사이

사이사이 사라지는 무한정 아름다운 꼬리와 단 하나의 꼬리 사이

귀신과 귀신의 출몰과 출몰의 이야기 속의
당신의 공포와 공포의 색깔 사이
웅크림과 웅크림 속의 푸른 알약 사이

잊혀진 손맛과
사라진 만두 사이
입맛을 바꾸어 가는 사람들과
신호등이 예비하는 발걸음 사이

당신의 무고함이 울리는 오랜 경적 소리, 소리들.

—「눈뜬 이야기」

시는 계속해서 사이라는 단어를 반복한다. 이 반복은 주문을 걸듯 시적 욕망을 일으키고 시의 화자는 눈을 뜨게 된다. 이것은 의식과 현재의 시간 속에 잊혀진 것들을 길어 올리려는 것이지만 틀에 맞춰 기성화되어 버린 세계의 불모성을 드러낸다. 길이 들어 버린 입맛을 지닌 사람들과 신호의 질서에 맞춰 반응을 보이는 자동화되어 버린 사람들의 인식의 틈 사이를 비집고 들어가려는 시인의 상상력은 순간의 포착으로만 가능한 것을 일깨우려는 것이다. 그것은 시시각각

변화하는 것이기에 귀신의 출몰과 출몰의 이야기, 공포의 한 순간과 또 다른 순간처럼 일견 같아 보이지만 서로 다른 것들의 사이를 파고든다. 빛의 각도에 따라 먼지의 흔들림마저 변화하는 것처럼 세계는 다채롭고 미세하게 출렁인다. 시는 그 유동하며 흘러가는 흐름의 한 자락을 놓치지 않으려는 욕망의 발현이다. 그러나 세계의 실재는 언제나 재현의 언어 사이로 흘러가버리지 않는가. 이근화 시의 상상력은 일상의 너머와 사이로 잠입함으로써 나의 바깥과 안에 존재하는 타자성의 존재를 어렴풋하게 감각한다.

나는 나인 듯
어느 맑게 개인 날에
시금치를 삶고
북어를 씻는다

골목마다 장미가 피어나고
오후에는 차를 마신다
어느 맑은 날에는,

낮잠을 자고
어김없이 목욕을 하고
나는 또 나인 듯
외출을 한다

나는 나에게 다 이른 것처럼

클랙슨을 울리고
정말 나인 것처럼
상스럽게 중얼거린다

국부적으로 내리는 비,
어느 날엔가 나는
머리카락을 매만지고
빗방울은 말없이 떨어진다

나는 내가 아닌 것처럼
손등을 어깨를 훔쳐본다
나는 나에게 이르러
늦은 저녁 식사를 하고,

내가 갈 수 없는 곳들의 지명을
단숨에 불러 본다
내가 나에게 이른 것처럼
마치 그런 것처럼

—「지붕 위의 식사」

인용 시는 간명한 언어로 구성된다. 시금치를 삶고 북어를 찢고, 낮잠을 자고 목욕을 하는 화자의 간결한 일상의 간단한 보고이다. 하지만 간결한 시의 본문과 맞지 않게 소제목은 다소 길다. "어둠 속에서 프란시스의 얼굴을 보았지. 나는 나인 듯 프란시스에게 말을

걸어도 배경은 일그러지고." 여기서 시의 전체를 휘어잡는 구절이 등장한다. '나는 나인 듯'이라는 시의 구절은 시의 전체를 통해 반복된다. 이는 일상의 무료함 속에 자리잡은 참된 자아의 욕망을 억누르고 살아가는 여성 화자의 페미니즘적 독백으로 읽힐 수 있을 것이다. 그러나 "나는 내가 아닌 것처럼", "내가 나에게 다 이른 것처럼"과 같은 대립적 의미를 지닌 구절이 시에는 양립한다. "나는 내가 아닌 것처럼" 그러니까 나는 나이면서 내가 아닌 양립 불가능한 이중의 모순을 살아내는 존재인 것이다. 이처럼 타자성은 이근화의 시에서 존재의 구성요건으로 자리한다. 그는 자신의 타자성을 오롯이 받아들이며 확장해간다. 내가 모르는 나의 감각에 온 촉수를 열고 이야기 기계에 접속하며 그는 말하지 않는가. "나는 이야기의 미래에 손끝을 베었네 / 그다음은 모르네 정말 모르네"(「미래의 이야기」 중)

3. 진화하는, 유연한 감각들

『칸트의 동물원』(민음사, 2006년) 이후 2년의 세월을 거치며 발표한 그의 시들은 더 이상 칸트에 머물고 있지 않은 듯 보인다. 그는 새로운 감각의 세계로 한 발자국 들여 놓은 듯 자유롭고 유연하게 발화한다. 가령 아슬한 스릴과 긴장을 즐기는 익스트림 스포츠를 연상시키는 제목 「바나나 익스트림」(『문예중앙』, 2008년 여름호)에서는 바나나

라는 사물에 대한 감각을 최대치로 끌어올린다. 거기에는 판단도, 가치도 머물지 않는다. 선험적 판단이 사라진 자리에 배치된 감각하는 기계로서의 자아만이 팽창되어 나타난다. 자신의 타자성을 즐기는 이근화 시의 화자는 "모든 상상하는 것들이 이루어지지만 // 손을 내밀지 않는 밤이야 / …… 되돌아 갈 곳이 없는 밤 / 얼룩덜룩한 딸꾹질이 나도 / 내가 깨어나지 않는 멋진 밤이야"(「오늘 같은 밤」 중, 『시인세계』, 2008년 여름호)라고 외친다. 그는 관념도 이성도 벗어버린 밤, 흐르는 대로 흘러가는 삶의 자유, 우연성에 흐르는 대로 맡겨버리는 노마드의 자유의 만끽하는 자로 묘사된다.

아래에 인용한 시는 근래의 이근화 시 중에서도 한층 더 감각적이고 의미는 의식의 사이로 미끄러져 나간다.

우아하게 칫솔질을 했어
침이 미끄러진다
유리창 밖에 비가
(…중략…)
발을 가진 것처럼 끌린다

얼마나 많은 사람들이 비에 젖어
끝이 날까
우산이 활짝 펴진다
우산은 분명 손에 들려 있었는데
언젠가 떠나가더군

내 우산들이 다 모인 곳으로 가고 싶지만
불을 끄는 것이 중요해
내가 모르는 공장에서
침이 만들어진다
거대하게 고인다

—「우아한 침의 세계」, 『시인세계』, 2008년 여름호

"우아한 침의 세계"는 내가 모르는 곳에서 만들어진다. 그 세계는 내 의식의 저편과 무의식을 의미하는 것 같지도 않다. 내가 조절할 수 없는 곳에 자리하는 침의 공장은 생성될 뿐 인과론에 의한 결정론과는 멀어 보인다. 그 우연성의 세계는 나를 이끈다. 나는 그 우아하게 미끄러지는 침의 감촉에 매혹당할 뿐이다. 내가 끄는 세계가 아니라 나를 끄는 그 세계 안에서 나는 매혹된 자, 유연하게 미끄러지며 이끌려 다니는 존재로 자리한다. 세계는 끝장을 내는 게 아니라 어쩔 수 없이 끝이 나는 것이라는 인식을 아무렇지도 않은 어투로 심드렁하게 드러내는 시적 화자는 세계의 자발성에 묵묵하고 경쾌하게 동조하는 존재로 보인다.

2004년의 등단 이후 이성과 감각의 경계에 서성이던 이근화의 시는 확실히 감각적으로 진화했다. 사유의 차가운 견고함을 깨고, 재현의 언어가 지닌 한계를 뛰어넘어, 그는 사물을 투명하게 비치는 언어를 향해 한 걸음을 내딛고 있는 듯하다. 하지만 한편으로 그의 시는 막다른 골목에 다다른 느낌을 주기도 한다. 주체의 감옥으로부터 벗어나 타자성의 자유를 만끽하는 감각적 자유에 도달한 그의 시는 감각과 사유가 만나는 접점에서 어떤 지점으로 전환하게 될 것인가? 독

자의 입장에서 그가 뚫고 나갈 지점이란 도무지 상상할 수 없는 막막함이기도 하다. 타자적 감각의 팽창이란 독자와의 교감으로부터도 멀리 떨어진 작용일 것이다. 이제 그의 시는 어떤 진화를 거듭할 수 있을 것인가? 사유의 무능력을 인정하고 온 몸의 촉수를 열어 감각을 한껏 확장시킨 자가 마주하게 될 대상과의 우연한 마주침은 어떠할지? 감각의 지극한 팽창이란 자칫하면 사유의 후퇴나 더 이상 나아갈 길을 도모하지 못할 위태로운 마지노선으로 비춰질 수 있다.

이근화뿐만 아니라 우리 시대 새로운 화법과 새로운 감각으로 시의 길을 개척해가는 젊은 시인들 모두 이러한 회의와 기대의 이중적 시선으로부터 자유롭지 못할 것이다.

가벼운 블랙유머들

조하혜론

조하혜의 시는 지극히 심각한 이슈를 경쾌하게 표출한다. 위기감이 팽배해 있는 우리 사회의 부정적 요인에도 시적 화자들은 아랑곳하지 않는다. 그들은 가볍고 발랄하며 감상적이고 낭만적이다. 불행과 고통을 가벼운 터치로 건드릴 뿐 환상과 공상의 세계를 부유한다. 시는 허상의 이미지에 젖어 있거나(「가면배우」), 어쭙잖은 희망을 배제하고 삶의 부조리를 담담하게 받아들이거나, 이별 앞에서도 간단한 작별의 인사를 나눌 뿐 더 이상의 감정을 낭비하지 않는(「내 인생의 개 같은 개」) 쿨한 태도를 스케치한다. 어조는 가벼운 감상 그 이상을 넘어서지 않으며, 불행에 대처하는 가벼운 자세를 일관되게 밀어 붙인다.

"시는 시일 뿐 심각하게 상상하지 말자"는 「시인의 말」은 "콩트는 콩트일 뿐 오해하지 말자"는 모 버라이어티 프로그램에서 외쳐대는 구호를 연상시킨다. 장난스럽게 던지는 말인 듯하지만, 버라이어티

에 쏟아지는 도덕적, 사회적 책무를 지키지 못한다는 비난에 맞선 가벼운 변명인 셈이다. 여기서 시라는 장르가 걸머져야 할 의미의 무게를 지나치게 심각하게 책정해 놓은 기성에 대한 시인의 장난스런 응수를 엿볼 수 있다.

그러나 한편으로 "쿨하다"는 말이 거느리는 배경은 이중적이다. 대범하게 감정에 휩쓸리지 않는 초연하고 세련된 태도를 의미하기도 하지만 그 이면에는 세계의 고통에 연루되지 않으려는 감정적 거리두기나 정치적이고 사회적인 것에 대한 무관심, 무지에 대한 자기 합리화가 깔려 있다. 그러니까 문제는 시적 화자의 쿨한 태도 저변에 깔려 있는 이중성을 간파하게 하는 데에까지 시의 상상력이 미치고 있는가 하는 것이다.

태산이 사라지자
걱정이 전염병처럼 확산되었다

태산을 세우기 위해
모두들 걱정이다

옥탑당에서 사글세로 이사간다고
반지하에서 타워팰리스로 이사가려고
걱정이 태산이다

비료값이 올라 축산농가가 울상이라는데
미국산 증시의 여파로 국내증시가 바닥이라는데

걱정이 태산이어서 걱정이다

완벽한 몸매를 원하십니까?
道는 어떻습니까?
Can you speak English?

"누가 내 엉덩이 좀 세게 걷어차 줘"

—「스탠리 밀그램의 붉은 털 원숭이는 말했다」

조하혜의 경우 가벼운 포즈는 조소와 풍자라는 블랙유머를 동반한다. 시는 어지러운 경제, 부가 편재된 불평등한 사회가 야기하는 현실적인 고통이 외모와 사이비 종교, 영어습득 따위 사소한 걱정거리들과 뒤죽박죽 섞여 우위를 따질 수 없이 동등한 비중을 차지하고 있는 우리의 풍속사에 대한 스케치이다. "걱정이 태산"이라는 pun의 삽입은 우리의 어리석음을 드러내주는 조흥구로 충분해 보인다. 여기에 강렬한 마지막 한 방. "누가 내 엉덩이 좀 세게 걷어차 줘"라는 한마디는 스스로 제어가 안 되는 상황에 빠져버린 우리 자신에 대한 조소이다. 시의 제목은 스탠리 밀그램의 붉은 털 원숭를 불러낸다. 존재에 대한 연민 때문에 보름에 가까운 기간 동안 본능적 배고픔을 참을 수밖에 없었던 붉은 털 원숭이와 몇 분도 안 되는 시간 내에 권위에 복종하여 같은 동료를 고통에 빠트린 인간을 대비시켰던 스탠리 밀그램의 『권위에 대한 복종』. 이 실험을 연상시키는 제목은 우리 인간 군상을 붉은 털 원숭이 앞에 벌거벗긴 채로 노출시킨다. 세계의 흐름 속에서 소시민이라 불리우는 인간들의 자발적 복종은 붉

은 털 원숭이의 휴머니즘 앞에서 회의되어야 마땅하다. 그러나 조하혜의 시는 대체로 냉소보다는 관조에 가까운 어조를 지녔다.

즐겁게 춤을 추다가
세상에서 혼자 멈춰버렸을 때
세상이 춤을 추는 것은
통통통, 痛아저씨가 댄스교습소를
보급했기 때문이란다
우주로 간 스페이스 독
스푸트니크 2호의 라이카는
진짜 고독이 뭔지 찾아냈을까
인생을 상실한 개주인들이 목줄을 매고
개처럼 울부짖었지
어제는 교전 중이던 아프리카 사막 위에도
눈이 내렸어
잉마르는 너무 고독한 어른이 되어서
스페이스 독의 고독을 교신할 수 없었지
대신 교환수가 필요했는데
백명의 교환수가 지원을 했는데
그들은 지구상에서 상호 교환될 수 있는
언어만을 도청했지
고독의 스페이스라고 쓰려다가
자꾸만 스페이스 바를 잘못 눌러
밀려나는 밤

나의 교신은 여기까지야
나를 키운 개,
주인이 되지 않아서
다시, 정겨운 외톨이여서
고마웠어

—「내 인생의 개 같은 개」

블랙유머에는 인간 존재의 불안과 불확실성을 돌아보게 하는 기운이 깔려 있지만 조하혜의 블랙유머는 무겁지 않은 어조를 지녔다. 인용 시는 소통의 단절과 고독에 대한 서신이다. 함께 춤을 추다 혼자 멈추고 바라보는 낯선 세계, 우주로 보내져 죽을 운명에 처한 우주의 개 라이카. 그 이질감과 고독은 소통되지 않는다. 보편적인 경우라면 시는 대체로 우리 존재에 대한 비판이나 소통불가능성에 대한 절망과 냉소를 드러내야 할 것이다. 그러나 시는 가벼운 응수, 적당한 감상과 무관심을 내보일 뿐이다. 이는 세계의 고통에 거리를 두려는 의지의 발현이다. 절망스러운 우울을 노래하거나 변화의 가능성을 꿈꾸는 희망의 노래 대신 그녀의 시는 견딤의 시간, 공상과 상상적 승화의 시간에 대해 이야기한다.

나는야 불친절하고 불행한 만루의 타자수들을
날려 보내는 대머리 여가수라네 10번 타자를 호명하자 만루에도 없는 홈런이 튕겨져 나왔네
나는 그대의 새빨간 계몽된 여자, 어느 책의 문장에도 나는 기입될 수 없다네 불친절한

그대를 향해 나는 투명한 공의 형상이 되어
날아갔네 친절한 타자는 없지만 친절한 공이
되어 날아가는 동안 공은 공을 벗어나 그대가
없는 곳으로 멀리멀리 벗어나 버리면(반복재생)
(…중략…)
날아가려고 인정사정없이 날아가려고 통통통
불행한 그대의 담장 너머 결사적으로 넘어가려고
새빨간 공이 되어 날아가는 동안, 전광판 위에
전등석화처럼 선영아 사랑해 쪽쪽, 플래시처럼
터지는 몇 초 동안

—『감상적이고 낭만적인 야구 게임』

시의 발랄하고 경쾌한 어조는 심각한 실존, 존재감 따위를 날려버린다. 세계의 권위와 이기에 비틀리고 짓이겨지는 시간을 벗어나기 위한 노력은 재치있고 유쾌한 모습으로 형상화된다. 「시인의 말」에 삽입된 라팔 올빈스키의 일러스트, 여자와 경기장이 하나의 이미지로 혼융된 「아주 오래된 낭만적 경기장」(시인이 자의적으로 붙인 제목)처럼 시는 대머리 여가수와 야구공을 결합시키는 재미있는 발상을 지녔다. 시에서 야구공의 비상은 우리의 비루한 실존의 시간으로부터의 벗어남을 은유하며, 키스타임을 알리는 야구장의 전광판 플래시가 터지는 몇 초의 순간을 예술적 상상력과 감수성이 가능하게 해주는 해방의 시간으로 전이시킨다.

그러나 쿨한 감수성으로부터 나오는 그녀의 시는 패러독시컬한 의문을 자아낸다. 과연 이 시적 상상력은 세계를 견디게 하는 힘의

원천이 될 수 있을까? 아니면 세계에 대한 완전한 절망을 육화시키는 그녀만의 독자적인 스타일로 나아갈 것인가?

3부

시의 홀로그램

끝없이 갈라지는 길들이 있는 시

시적 신파와 시적 현현의 사이

시로 써 내려가는 인간학

결핍과 자유

한없이 투명에 가까운

유동하는 신체

빛이 바래 가는 생의 어느 지점

시의 홀로그램

1. 익숙하고 낯선 순간들

좋은 시가 어떤 것인가라는 단순하지만 도전적인 물음은 문학이 무엇인가라는 원론적 질문과 마찬가지로 생각할수록 까다롭고 애매하다. "문학이라고 하는 것이 오늘날 문학성을 규정하는 관점에 의해서 우리가 규정한 것에 지나지 않는다"는 김현의 말처럼 좋은 시라는 것도 전적으로 시대적이고 주관적이다. 문학(시)이란 삶의 의욕을 느끼게 해주는 커피 향이고 어느 새벽 불현듯 마음을 씻어주는 빗소리라는 어떤 이의 글을 마주했을 때 일어나는 소견으로는 좋은 시가 태어나는 자리는 일상에서 마주하는 삶 그 자체인 듯도 하다.[9]

---

9 이승수, 『문학이 태어나는 자리』, 산처럼, 2009.

하지만 쉽게 부화뇌동하는 얇은 귀를 가진 자로서 또 다른 글을 대하고 나니 좋은 시란 사회의 감성적 매트릭스를 해체하고 새롭게 조직화하기 위해 이전의 것들과 감성적 불일치를 가져오는 것이어야 하겠다.[10] 사실 하나는 시의 출발을 이르는 것이고 또 하나는 시가 나아가야 할 미래를 들추어내는 것이기에 차원이 다르다. 앞의 것은 순연한 시의 감성 혹은 유희성을 앞세우는 것이고 뒤의 것은 시의 정치성을 강조하니 시가 지닌 각각의 다른 기능을 앞에 두고 혼란에 빠진 내가 어리석은 것인지도 모르겠다. 그러나 시의 여러 기능이나 시를 보는 다양한 각도를 인정한다고 하더라도 좋은 시가 어떤 것인지에 대한 명쾌한 해답은 너무 멀리에 있다. 일반 독자보다 전문적인 식견을 갖추고 시에 접근해야 하는 비평가로서의 능력을 갖추기에 나의 실력은 요원하기조차 하다. 하지만 다행스럽게도 좋은 시의 기준을 명확하게 규명하는 것과 좋은 시를 대했을 때 얻게 되는 감각적 체험의 크기가 반드시 부합하리라는 법은 없다.

다시 생각해보면 시를 대하는 앞의 두 가지 태도도 시가 불러일으키는 '감각에 대한 밀도'를 중요하게 여긴다는 측면에서 교차된다. 시를 통해 얻게 되는 정서, 슬프거나 고통스럽거나 따뜻해지며 때론 낯선 다양한 감성을 고양시키는 것은 작은 이미지, 모티프 하나, 서사가 촉발시키는 감각적 이끌림에서 비롯된다. 여기에 좋은 시 아니 좋아하는 시에 대한 단상 한 가지만을 덧붙여 보자. 밋밋하고 평면적인 느낌을 주는 것보다는 다면적이고 입체적인 감각의 부피가 느껴지는 사진을 볼 때 우리는 더욱 흥미를 느끼게 된다. 가령 홀리그

10 진은영, 「감각적인 것의 분배」, 『창작과비평』 2008년 겨울호, 67~84쪽.

램이라면 어떨까? 『기억의 메타포』라는 책에 의하면 홀로그램을 처음 접한 사람은 그 효과에 당황하게 된다고 한다.[11] "멀리서 보면 희끄무레한 그림이 벽에 걸려 있는 것처럼 보이는데, 가까이 다가가면 갑자기 그림 뒤쪽으로 심도가 느껴지기 때문이다. 잘 만든 홀로그램은 누구에게나 그림 뒤쪽을 보고 싶게 만든다. 홀로그램을 보는 것은 마치 조명을 받은 벽감 속에 떠 있는 상을 보는 것과 같다. 이 상은 다양한 각도에서 볼 수 있으며, 거기에 정말 3차원의 물체가 떠 있기라도 한 것처럼 보는 각도에 따라 상이 다르게 보인다."

좋은 시를 읽는 것은 잘 만든 홀로그램을 들여다보고 있을 때와 같지 않을까? 시의 모호성이라는 차원을 끄집어내려는 것은 아니다. 시가 이끄는 형상을 따라가다 마주치게 되는 시의 심도는 시의 뒤쪽을 궁금하게 하며 우리를 오래 붙잡아 놓는다. 시의 홀로그램이 새로운 화법, 난해하고 화려한 수사적 매혹하고만 밀착되어 있는 것 같지는 않다. 그것은 어쩐지 익숙한 분위기 가운데 빠져드는 뜻밖의 의외성이기도 하며, 그 역의 성립이기도 하다. 좋은 시의 홀로그램은 익숙하고도 낯선 상념을 일으키며 감각의 확장으로 우리를 데려간다.

---

11 다우베 드라이스마, 『기억의 메타포』, 에코리브르, 2006.

2. 시가 여는 감각들

꽃들의 아랫도리는 위에 달려 있고
밤마다 먹구름 뒤집어쓴 달이
얼마나 여물었나, 창가에 플래시를 들이댈 때
오무렸다 다무는 할머니 입은
즐겁게 숨쉰다

할머니를 떠났던 사내들은
날벌레처럼 아주 작은 날개를 달고
할머니 벌어진 꿈속으로 귀향하고
무엇이 우스운지 잠꼬대를 하신다
할머니 지팡이가 날마다 짚고 다니던 꿈의 그 밑바닥은
구멍 숭숭 뚫린 모래밭, 추억은 물빠짐이 좋다

구멍 달린 것들은
그 축축한 기공을 열어 자신의 모성을 공기에 섞는다
안에 감추고 있던 어둠을 밖으로 까뒤집으며
단내를 풍긴다
빨랫줄에 널린 텅 빈 할머니 속옷들도
비누 냄새를 풍긴다
내 옷도 그 빨랫줄에 걸려 있었다

도로변 화단에서 풀을 매는 여자들처럼
꽃들은 앉아서 오줌을 눈다
잘 여문 길들이 흘러간다
아버지가 꽃상여를 타고 그 길을 지나갔고
나는 화단에 심겨진 꽃을 몰래 뽑아 집에 가져온 적이 있다
할머니가 웃었었다
꽃들도 웃었다

할머니는 주무시면서
벌린 가랑이 사이로 땀냄새 나는 꽃들을 쏟아낸다

— 최금진, 「꽃들은 구멍을 가꾼다」

최금진의 시는 읽을수록 상상의 타래가 복잡하게 얽혀 있음을 알 수 있다. 한 가닥 한 가닥 천천히 풀어갈수록 미묘하고 자연스럽게 이어져 있는 오브제들의 매듭을 발견하게 된다.

우선 시의 시선은 꽃과 할머니를 오가며 미묘하게 마주하는 지점을 만들어낸다. 아랫도리가 위에 달려 있는 꽃과 할머니의 입을 하나로 잇는 발상이 에로틱한 재미를 주지만 한층 놀라운 것은 시의 분위기가 모성의 부드러움으로 다시 전화(轉化)되는 데 있다. 공기 속에 떠다니는 것들과 만나 열매를 맺는 꽃과 할머니의 모성은 닮아 있다. 이 모성의 단내를 풍기는 구멍달린 두 시적 대상들은 모두 어두움을 밖으로 까뒤집는다는 데에서 또 한 번 교직된다. 내면에 품고 있는 어둠이 단내를 풍기기까지의 오랜 고민과 성숙을 묘사하는 데 시는 그리 공을 들이지 않는다. 추억처럼 물빠짐이 좋은 구멍 숭

숭 뚫린 모래밭이라는 가벼운 터치로 경쾌하게 지나갈 뿐이다. 느긋한 시간을 가로질러 오래 묵은 상처를 숭숭 내려 보낼 수 있는 내공은 녹녹하게 얻을 수 있는 게 아니다. 묵힌 상처를 그려내기 위해 무게 잡지 않고도 시에 나타나는 할머니의 모성에는 시간의 힘이 아로새겨진다. 잠자는 할머니의 입을 물끄러미 바라보는 시의 화자처럼 나 역시 에로틱하고 부드럽고 따뜻하며 유쾌하고 가벼운 질감을 주는 시 앞에서 형언할 수 없는 기분에 사로잡힐 뿐이다.

이와 다르게 윤예영의 시는 감금된 추억과 자폐에 사로잡힌 기억의 모습을 구성한다. 현재의 시간을 성숙으로 이끌지 못하는 추억이란 그저 격리된 기억의 한 장일 뿐이다.

> 그 여자도 한때는 소녀였겠지 선생님이 옛날이야기를 시작하면 50명의 아이들은 동시에 머리카락을 귀 뒤로 넘겼다 그 여자도 틀림없이 소녀였을까? 내가 소녀였을 때, 너희들처럼 소녀였을 때 학교 가는 길은 너무 멀었어 너무 멀고 딱딱해서 학교에 도착하면 발에 피가 흥건했지 우리들은 작고 예쁜 귀를 팔랑거리며 수군댔다 조용히 해! 너희들은 은쟁반 위의 노란 병아리들이야 수염이 긴 고양이를 조심해야 해 발에 피가 나도록 학교에 갔는데 종이 울리면 얼마나 분하고 쓸쓸하던지 …… 선생님이 옛날이야기를 할 때마다 우리들의 구두 속에 피가 차올랐다 쉿! 누가 비린내를 풍기는 거야? (…중략…) 선생님은, 한때는 소녀였던, 어쨌거나 지금은 소녀가 아닌 여자는 회초리로 허공을 난도질했다 소녀들은 황급히 고개를 숙이고 은쟁반 위로 떨어지는 좁쌀 같은 졸음을 쪼아 먹었다 옛날이야기는 늘 그렇게 끝났다 우리가 소녀였을 땐 그랬다 그런데 정말 우리가 소녀였던가?
>
> — 윤예영, 「소녀시대」 부분

제도권 교육은 늘 그렇듯 딱딱하고 폭력적이다. 경고와 폭언과 엄중함 속에서 수런거림은 조용한 무관심으로 수그러들고 '그땐 그랬지'라는 추억은 공허한 울림으로 끝이 날 뿐 공감으로 이어지지 못한다. 동질의 상황을 떠올릴 때조차 단절되는 관계를 그려내는 시의 삭막함에 공명하게 되는 것은 시에 나타나는 섬세한 어조의 변화 덕분이다. 시는 명확한 확신으로 시작하여 의심의 어조 사이에 흔들리는 자아의 모습을 노출한다. "한때는 소녀였겠지"라는 확신과 단언이 시를 읽어가는 도중 "소녀였을까"라는 흔들리는 회의로 우리를 몰아간다.

단조로운 모노의 톤만을 그려내고 있기는 하지만 잔혹동화 한편을 읽은 듯 씁쓸한 여운에 오래 사로잡히게 되는 것은 견고하게 시를 구성해나가는 시인의 꼼꼼한 공력에서 비롯된다 할 것이다.

시가 건네려는 원뜻과 상관없이 위의 두 시 앞에서 오래 머물게 되는 것이 세상과 내가 단절되기도 하고, 이어지기도 하는 인간들간에 맺게 되는 미묘한 관계에 대한 상념이었다면 아래 김선우의 시에 눈이 가게 된 이유는 한 짝과 두 짝의 대비적 상징이 불러일으키는 익숙하지만 깊은 어떤 감회 때문이다. 플라톤의 『향연』 중 아리스토파네스의 연설에 인간은 원래 남성과 여성, 또 남녀양성이 하나인 세 개의 성으로 이루어졌다는 말이 나온다. 두 개의 머리에 팔과 다리가 네 개, 두 개의 생식기를 갖고 있던 인간은 완전하다는 자신감에 넘쳐 오만한 만용을 부렸고 결국 이 때문에 제우스에 의해 두 개의 개체로 갈라졌다. 그때부터 반쪽으로 불완전해진 인간은 완전한 개체를 꿈꾸며 다른 반쪽을 몹시 그리워하게 되었다고 한다. 뮤지컬 헤드윅의 「The origin of Love」에서 말하듯 이것이 사랑의 기원이

다. 우리는 누군가를 몹시도 갈망하며 잃어버린 반쪽을 찾아 헤매고 두 개가 만나 비로소 온전한 하나가 될 수 있다고 믿는다. 구두 한 짝의 상징은 왠지 플라톤의 이 글을 떠올리게 하는 측면을 지니고 있다. 그렇지만 둘이 만나야만 온전한 하나가 되는 것이 우리의 운명이라는 가정은 영원히 하나인 것은 비극적 존재이며 비극성을 벗어버릴 가능성조차 없다는 절망을 낙인처럼 찍어버리는 게 아닐까?

> 내 구두는 애초에 한 짝, 한 켤레란 말은 내겐 폭력이지 이건 작년의 구두 한 짝 이건 재작년에 내다 버렸던 구두 한 짝 이건 재활용 바구니에서 꽃씨나 심을까 하고 살짝 주워온 구두 한 짝, 구두가 원래 두 짝이라고 생각하는 마음氏 빗장을 푸옵시고 두 짝이 실은 네 짝 여섯 짝의 전생을 가졌을 수도 있으니 또한 마음 푸시옵고 마음氏 잃어버린 애인의 구두 한 짝을 들고 밤새 광장을 쓸고 다닌 휘파람 애처로이 여기시고 서로 닮고 싶어 안간힘 쓴 오른발과 왼발의 역사도 긍휼히 여기시고 날아라 구두 두 짝아 네가 누군가의 발을 단단하게 덮어줄 때 한쪽 발이 없는 나는 길모퉁이 쓰레기통 앞에서 울었지 울고 있는 다른 발을 상상하며 울었지 내 구두는 애초에 한 짝, 한 켤레란 말은 내겐 폭력이지 그러니 내가 만든 이 얼음구두 한 짝은 누구에게 선물할까 두 짝 네 짝 여섯 짝의 전생을 가졌을 구두 한 짝은,
>
> — 김선우, 「이건 누구의 구두 한 짝이지?」

시는 한 짝으로만 살아야 하는 운명에 쏟아지는 폭력적 시선을 문제 삼는다. 그러나 이 시선은 어쩐지 타인에게서 비롯되기보다는 나의 내면 깊이 내재된 인식을 건드리는 듯하다. 빗장을 푸옵시고, 마음 푸시옵고, 애처로이 여기시고, 긍휼히 여기시라는 소망의 반복이

마치 주술을 걸듯 애써 다독이는 느낌을 주지 않는가. 정상과 비정상, 온전한 것과 부족한 것, 쓸모 있는 것과 쓸모없는 것의 이분법적 대립을 구두 두 짝과 한 짝의 대비 속에 간단히 함축시킨 것 또한 김선우 시에서 느껴지는 내공이다. 연민과 냉소를 반복하는 씁쓸한 심정, 쉽사리 쓸모를 찾지 못하는 버려진 한 짝의 신세. 시는 인간의 운명과 편견, 자조와 벗어남의 의지와 같은 복합적 상념을 흔히 볼 수 있는 버려진 구두 한 짝의 오브제를 통해 간결하게 재탄생시키고 있는 것이다.

서대경의 「세인트 페테르 부르크의 여름」은 마치 한 편의 소설을 읽는 듯한 느낌을 준다. 시로서는 비교적 긴 호흡을 갖고 있으며, 멜랑꼴리한 우울의 감성을 짙게 하는 에밀 아자르의 『자기 앞의 생』을 떠올리게 한다. 창녀와 이국적 배경, 지독하게 고독한 존재, 사랑을 갈구하는 어린 영혼이 나오는 서사는 비록 익숙하고 낯익은 것이기는 하지만 시는 이를 이어 하나의 서사로 엮어내는 정교함을 지니고 있다.

> 창밖으로 서커스 공연을 알리는 북소리가 들려온다. 골목을 달려나가는 아이들의 웃음소리. 나는 탁자 위에 놓인 구겨진 지폐 몇 장을 바라본다. 피터 아저씨는 이걸로는 부족하다고 말했다. 피터 아저씨는 가끔씩 날 때리지만 내가 미워서 그러는 건 아니다. 아저씨는 술에 취해 하얗게 분칠한 내 얼굴을 오랫동안 물끄러미 바라보곤 한다. 그러고는 아이처럼 울음을 터뜨리는 것이다. 북소리가 멀어져간다. 문밖 계단에서 소리가 나는 것 같다. 나는 문을 열어본다. 계단은 어둠에 잠겨 있다. 어둠의 가장자리가 희게 빛난다.
>
> 그는 어제 저녁 우리 집으로 올라오는 가파른 계단의 어둠 속에 앉아 있

었다. 피터 아저씨? 하고 물었지만 나는 아니란 걸 알고 있었다. 그의 몸은 어두워져 가는 백야의 하늘 속에 잠겨 있었다. 천천히 고개를 드는 그의 눈은 푸르렀다. 그것이 나를 향했을 때 나는 알 수 있었다. 자고 갈 거에요? 하고 물었지만 아니란 걸 알았다. 저녁의 열기가 잘디잔 물방울이 되어 계단 위를 뿌옇게 뒤덮고 있었다. 나는 그의 이마에 입을 맞췄다. 내가 왜 그랬을까? 하지만 그는 이해했다. 그는 꼽추 광대였지만 그는 아름다웠다. 나는 알았다. 나는 창녀지만, 내가 창녀가 아니란 걸 그가 이해한 것처럼. 안나 — 안나 — 안나 — 그가 내게 말했다. 내 가슴속에 머리를 파묻은 채, 그는 안나 — 안나 — 안나 하고 속삭였다.

할머니의 영혼은 비밀스러운 고독에 잠겨 홀로 돌아다닌다. 할머니는 나를 보러 내려오지 않는다. 하지만 나는 그것이 할머니의 방식이란 걸 안다. 나는 창가에 팔꿈치를 괴고 어둑어둑해지는 백야의 길거리를 내려다본다. 그가 다시 나를 찾아와줄까? 세상엔 내가 이해할 수 없는 것들이 있다. 그리고 나는 사람이란 이해할 수 없는 것만을 진정으로 이해할 수 있다는 사실을 알고 있다. 내가 왜 이럴까? 오늘따라 내 방은 왜 이리도 끝없이 슬퍼 보일까? 오늘밤에도 그는 광대 모자를 쓰고 눈가에 붉은 물감을 칠한 채 어느 어두운 밤거리의 축축한 열기 속을 걷고 있을 것이다. 커다란 북을 둥둥 울리며, 안나 — 안나 — 안나 속으로 속삭이면서, 나도 눈을 감고 안나 — 안나 — 내가 모르는 그녀의 이름을 불러본다. 다락방에서 바스락거리는 소리가 들려온다. 물건들이 쓰러지는 소리. 다락방 창문이 깨지는 소리. 깨진 틈으로 백야의 열기가 밀려드는 소리. 할머니의 영혼이 헐떡이는 소리. 안나 — 안나 — 안나 할머니의 영혼이 속삭이는 소리.

— 서대경, 「세인트 페테르부르크의 여름」 부분

시에는 크게 세 개의 서사가 겹쳐 있다. 인용부분에는 생략되어 있지만 시에 등장하는 첫 서사는 할머니의 영혼에 대한 이야기이다. 할머니가 마지막 숨을 거두는 순간 누운 침대 밑으로 나온 쥐를 본 나는 그것이 할머니의 영혼이라 믿는다. 그것이 영혼이든 아니든 다락방의 바스락거리는 소리에 위로받고 싶은 소녀의 마음이 간절하게 다가온다. 두 번째 서사는 피터 아저씨와 나의 이야기이다. 가끔씩 내가 벌어오는 돈이 적다고 나를 때리는 피터 아저씨와 나에 대한 연민인지 자신에 대한 연민인지 모호하게 눈물을 터트리는 아저씨. 인간은 모순적 존재이다. 세 번째 서사, 내 가슴에 얼굴을 묻고 안나, 안나, 안나를 읊조리던 꼽추 광대와의 만남. 지독히 외로운 존재는 서로를 알아보는 것일까? "사람이란 이해할 수 없는 것만을 진정으로 이해할 수 있다는 사실을 알고 있다" 이 모순된 문장이 인간이란 존재를 타락의 나락에서 구원으로 데려가는 유일한 길이라는 잠언을 던지기 위해 시인은 이 긴 호흡의 시를 써내려갔는지도 모르겠다. 서대경의 이 시가 좋은 시인지 솔직히 나는 판단을 내리기 힘들다. 그의 시가 그려내는 공간은 비현실적 존재의 낭만적 슬픔이 과도하게 떠다닌다는 느낌을 지우기 힘들다. 그럼에도 불구하고 나에게 이 시는 매혹적이다. 자아의 바깥과 내면을 모두 연민의 시선으로 감싸는 시인의 여린 마음의 결이 오롯이 느껴지기 때문일 것이다.

3. 억압없는 것의 아름다움

다시 김현으로 돌아와 보자. "문학은 억압하지 않으므로 쾌락을 우리에게 느끼게 해준다"는 그의 말처럼 문학은, 시는 자유롭다. 사회적 필요성, 실용적 목적으로부터 멀리 벗어나 있기에 그 앞에서 감각을 활짝 열어놓고 마음껏 부유할 수 있다. "억압하지 않는 문학이 억압하는 모든 것이 인간에게 부정적적으로 작용하는 것"을 보여주는 역설을 체험하게 하는 것이야말로 문학적인 것에게만 기대할 수 있는 유일한 기적일지도 모르겠다.

지금 이 시대가 규정해놓은 문학성에 대한 고집은 부질없다. 자유로운 문학의 속성에 또 다른 족쇄를 채우는 이 고집은 문학의 정체성에 실은 자아라는 인간성의 굴레를 씌우고자 하는 것인지도 모르겠다. 모든 고집을 벗어버리고 시의 홀로그램 앞에서 그 신비로운 빛에 도취되고, 때로는 깊은 사색에 젖어드는 것, 억압없는 것의 아름다움 덕에 자유로워지는 것으로 충분하지 않을까?

끝없이 갈라지는 길들이 있는 시

1. 끝없이 갈라지는 길들이 있는 시

시의 미학은 균형과 정제라는 고전주의의 엄격한 형식적 추구로부터 19세기 낭만주의가 추구했던 폭발하는 감정의 분출을 거쳐, 지금의 다채로운 양식에 이르기까지 다양한 길을 걸어왔다. 그러나 시의 역사가 하나의 양식이나 추구를 지양하고 완전히 새로운 미학을 발전시키는 과정이라고 믿지는 않는다. 역사의 한 갈래 길에 서 있는 지금 확인하게 되는 것은 지나간 시대의 시의 여러 양식과 미학이 집결되어 겹쳐 있는 현상이다.

물론 역사적으로 존재했던 시의 양식이 그대로 지금에 재현된다는 뜻은 아니다. 시가 세계를 드러내면서 다른 세계를 창조하듯이 역사적으로 존재했던 하나의 시적 양식을 따라 시작이 이루어진다

해도 시는 사회의 좌표와 그 속에 위치한 자아를 통해 이전과는 다른 미적 체험을 양산해낸다. 시의 방법론은 세계를 보는 기성의 시각이기도 하지만 이미 형성된 견고한 시각을 부수고 새로운 시각을 드러내려는 의지의 표출이기도 하다.

"시는 계급과 국가, 인종의 역사적 표현이면서 역사를 부정한다. 시속에서 모든 객관적 갈등이 해소되고 인간은 마침내 일시적으로 스쳐가는 것 이상의 어떤 것에 대한 의식을 얻게 된다. 시는 경험이며 느낌이고 감정이며 직관이고 방향성이 없는 사유이다. 시는 우연의 소산이자 계산된 결과물이다. 시는 세련된 형식을 사용하여 말하는 기술이자 원시적 언어이다. 시는 규칙에 복종하며 동시에 다른 규칙들을 창조한다"(『활과 리라』 중)는 파스의 말은 시에 양립하는 모순적 특성을 부각시킨다. 나는 이 양가적인 가치들의 줄타기로부터 나오는 아슬한 긴장감 사이에서 시를 쓰고, 읽는 즐거움이 나온다고 생각한다. 서정시라는 고정된 시의 양식적 특성을 정해놓고 얼마만큼 충실하게 따르고 있는가를 따지거나, 실험성이라는 절대적 잣대로 시를 재는 것은 부질없어 보인다.

시적 장르에 대한 방법론적 고집은 시를 단일한 의미에 고착시키는 경우가 많다. 시란 양식은 작가가 만들어 놓은 언어적 유기체를 따라 걷는 길이다. 그러나 언어적 유기체란 뜻은 작가가 만든 텍스트라는 폐쇄 회로에 갇힌다는 의미는 아니다. 시를 따라 길을 찾아 나서다 뜻밖에 조우하게 되는 것은 결국 나 자신의 흔적이고, 내 안에 갇혀 있는 수많은 생각의 갈래다. 시는 잠자던 나의 감각에 파장을 일으키게 된다. 이처럼 시가 만들어낸 하나의 길은 끊임없이 독자라는 타자의 세계와 부딪치며 새롭고도 무수한 갈래 길로 트여 나갈 것이다.

2. 간명하게 나 있는 시의 길을 따라

이승훈의 시는 끊임없이 다양한 시도를 하고 있다는 점에서 흥미롭다. 그의 근작 「나를 쳐라」와 「아름다운 사랑」은 전혀 다르지만 어찌보면 그다지 다르지 않은 세계를 펼쳐 보이는 것도 같다. 하나는 산문시의 형식으로 시작의 과정과 고민을 여과없이 드러내고 있으며(「나를 쳐라」) 또 하나는 짤막한 단형의 리듬이 살아 있는 시다.(「아름다운 사랑」) 이 두 시에서 아무런 구속도 속박도 찾아 볼 수 없다. 흐르는 대로 흘러가게 두려는 태도가 자유롭다. 자유에 대한 의지와 강박을 드러내지 않아 더욱 자유롭게 느껴진다.

> 가방 들고 덜렁덜렁 그대 찾아 가 그대 문 열고 웃으면 같이 웃고 가방 들고 덜렁덜렁 돌아오네 이젠 해가 나도 좋고 비가 와도 좋아 그러나 바람 부는 저녁엔 방에 앉아 담배만 피우네
>
> — 이승훈, 「아름다운 사랑」

위 시는 간명하다. 어려울 것 없는 어휘와 문장이 나열되어 있으며 반복되는 음운과 낱말의 연쇄가 일으키는 리듬이 쉬워서 잘 읽힌다. 의미에만 고착시켜 읽을 때 자칫 시가 긴장감이 없다는 오해를 받을 수도 있겠지만 위 시는 의미의 가두리에 결박되지 않은 데에 그 묘미가 있다. 덜렁덜렁이라는 기표, 문장과 문장이 상관 관계없이 병치되는 사이에서 시를 읽는 나도 가벼움으로 부유한다. 여기에서 무슨 상징을 찾을 것이며 은유를 찾겠는가? 시는 의미와 무의미

사이에서 진동한다.

옥수수 여물었나
옥수수 껍질을
살짝 찢고 보았다

살짝 찢고 본 옥수수
아직 여물지 않았다

너의 비밀을 캤다

네가 웃을 때마다
자잘하던 치아들

네가 웃을 때마다
옥수수 껍질을 찢었다

— 이윤학, 「풋옥수수」

이윤학의 「풋옥수수」는 끈질긴 관찰과 호기심을 지닌 시적 자아의 태도가 전경화된다. 시인은 말을 지극히 아끼며 문맥 사이의 여백을 크게 만들어 놓고 있다. 이런 시는 휴지를 두고 읽어야만 맛을 제대로 느낄 수 있을 것이다.

말과 여백 사이로 느껴지는 시적 자아의 팽팽한 긴장감이야말로 이 시의 미학이다. 시적 자아는 아직 완성되지 않은 세계의 비의(秘

意)를 뚫어보려는 집요한 태도를 지녔다. 이에서 느껴지는 것은 풋옥수수로 환치되는 너라는 대상의 미숙함만큼이나 시적 자아도 성숙에 도달한 존재가 아닐 것 같다는 점이다. 그러나 너의 무엇 하나도 놓치지 않으려는 집요함이야말로 아직 여물지 않은 존재만이 가질 수 있는 생생한 생기의 한 모습이 아닐까?

> 해외(海外)의 동남쪽에 관흉국이 있다. 이 나라 사람들은 가슴에 구멍이 뚫려 있어서, 귀한 사람을 모셔갈 때, 앞뒤에 선 사람들이 긴 장대를 가슴에 꽂고 그걸로 귀인을 꿰어 간다
>
> 상처 받은 사람을 곧장 떠올린다면
> 당신도 한때는 관흉국에 살았다
> 그 사람이 오래된 타일처럼 떨어져나갔다
> 대신에 그곳을 바람이 들고난다
>
> — 권혁웅, 「상상동물 이야기 15」

권혁웅의 「상상동물 이야기 15」는 알레고리를 시의 기교로 삼는다. 알레고리의 효과는 강한 대신 단조롭고 무미건조한 메시지를 일방적으로 파급시킬 위험을 수반하고 있다. 굳어버린 상징으로 취급당하기 쉽다는 뜻이다. 하지만 위 시의 경우 의미는 명징하면서도 상상력이 돋보인다. 시는 1연에서 가슴에 구멍이 뚫린 사람들이 사는 관흉국에 대한 독특한 이야기를 만들어낸다. 하지만 시가 흥미로워지는 건 2연 때문이다. 2연의 파편적 정보를 나름대로 조합하여보니 다음과 같이 재정렬된다. "상처란 누군가(어떤 존재)가 부재하여 생

긴 바람 구멍이다."

상처에 대한 정서적 반응을 노래하기보다 상처를 대상화하서 바라보는 시인의 눈이 새롭다. 시를 읽으니 문득 부재하는 대상이 드리워진다. 하지만 인생의 상처는 소중하게 간직해야 할 무엇이라고 시가 건네는 말이 들리는 듯하다.

3. 몸으로 통하는 시의 길을 따라

반연희의 「위험한 도서관」과 김길나의 「허공은 책을 펼쳐들고」는 오래 전에 읽었던 글의 구절을 생각나게 한다. "아침에 일어나니 푸른 나무 그늘진 뜨락에서 이따금 새가 지저귄다. 부채를 들어 책상을 치며 외쳐 말하기를, 이것은 내 '날아가고 날아오는 글자(飛去飛來之字)'이고, '서로 울고 서로 화답하는 글(相鳴相和之書)로다 하였다."(정민, 『한시미학산책』 중) 생기가 넘치는 세상과 감응하는 것이 바로 생취(生臭)와 생의(生意)가 살아 있는 글이라는 의미를 담고 있는 글귀다. 두 시는 세상을 책이라는 은유로 비유하는 점에서도 이 글과 통하지만 무엇보다 몸과 세상이 충돌하여 빚어내는 순간을 생생하게 묘사해내고 있다는 게 인상적이다. 몸의 가역반응을 출발점으로 삼은 시들은 치열하다. 세상과 부딪혀 일으키는 반응이 긍정적인 것이든 부정적인 것이든 간에 사유가 아닌 몸으로부터 나오기에 살아서

튀는 생의 에너지가 즉각적으로 느껴진다.

> 들어 와 보시라 이 몸 속으로
>
> 갈비뼈 사이마다 천둥이 울리고 번개가 칠 것이다 폭우가 쏟아질 것이다 넘치는 강물에 목숨을 맡겨야 할 것이다 떠내려가는 배를 찾아 노를 저어야 할 것이다
>
> 감춰진 웃음의 퍼즐을 맞춰야 할 것이다
>
> (…중략…)
>
> 페이지를 넘길 때마다 우박이 떨어질 것이다 두껍게 언 강이 갈라질 것이다 몸의 문장들이 화살이 되어 당신의 몸에 꽂힐 것이다 화산이 폭발할 것이다 불길이 흘러 당신을 활활 태울 것이다
>
> (…중략…)
>
> 당신은 이미 이 도서관의 일부이니
>
> 다른 도서관을 기웃거리지 말라
>
> 당신은 한 줄로만 요약될 것이니 잊지 말라
>
> — 반연희, 「위험한 도서관」

순전히 개인적인 이유 때문에 반연희의 「위험한 도서관」은 재미있기도 하고 재미없기도 하다. 몸 안에서 일어나는 치열한 충돌의 불꽃에 대한 묘사가 치밀하고 끈질긴 게 마음을 끌지만 마지막 3행 시인의 경고가 지나치게 명령투인 게 거북하다. 몸에서 시작된 복잡하고 섬세한 떨림들이 관념이 되는 순간 아무 것도 아닌 추상으로 굳어져 버리는 것처럼, 시인의 경고는 여타의 경구처럼 나의 마음에

까지 도달하지 못했다. 나는 지나치게 교훈과 충고를 거북해하는지도 모른다.

지상을 떠난 눈들이 생애 동안 저장한
풍경들을 눈에서 꺼내 허공의 풍경 한 폭 비칠 때, 생(生)도 사(死)도 없는
기이한 빗물이 구름에서 내려오는군
다글다글 허공을 궁구는 뇌성을 쪼개
뇌성 속의 불 막대기로 지상의 역사를
일필휘지한 바람의 문법!
(…중략…)
내 발이 허방을 짚고 떨어지고
새가 떠멘 허공이 무겁게 발등으로 무너져 내리고
길이 동강나고 발목은 부러졌다
참, 순식간에 일어난 일이다
밤새도록 후끈거리는 통증!
내 발목에서 푸드덕거리는
자본주의의 지상으로 추락한 새의 요동!
벌겋게 발목은 부어오르고
허공 한 장 넘어간 거기,
다시 펼쳐지는 저 생소하고 두려운 문장들

— 김길나, 「허공은 책을 펼쳐들고」

시에서 윤기를 빼어가는 몹쓸 짓임을 알면서도 위 시의 의미를 가장 단순 무식한 방법으로 정리해봤더니 "허공 속에서 지나간 자들

의 생을 읽는다"는 뜻으로 요약된다. 시인은 왜 허공이라는 시어를 삶이라는 책의 은유로 선택한 것일까? 비어있는 것이라는 부질없음과 인간의 삶을 하나로 연결시키고자 하는 의도였을까? 그러나 나는 개인적으로 이보다 허공이라는 책이 시적 자아에게 일으키는 몸의 반응에 더 관심이 간다. 허공에서 읽어내는 세계의 모습은 발목이 부어오르는 통증을 낳는다. 세상은 인간의 관념이 아니라 존재의 몸으로 연결되어 있다. 몸은 관념으로 단순화시킬 수 없는 복잡미묘한 메커니즘이라고 시가 넌지시 일러주는 듯하다.

먼 곳에 있는 산이 검습니다
등성을 따라 산의 선이 꿀렁꿀렁 넘어갑니다
산 아래서 추켜올려다보면
꿀렁꿀렁 넘어가던 선
나무에도 묶이고 바위에도 걸리고
갑자기 꿩 날아오르면
꿩의 발에 끌려올라간 선
고무줄 자국처럼 순간 허공에도 찍혔던 것 같습니다……

—신유야, 「움직이는 선」

신유야의 「움직이는 선」은 무엇보다 몸과 세계, 세계와 세계가 연결되어 하나로 움직인다는 발상이 독특하고 신선해서 좋았다. 풍경의 치밀한 묘사를 통해 세계와 하나로 이어주고 있는 선의 동적 움직임을 포착하는 시인의 눈이 예사롭지 않아 보인다.

4. 열린 시를 향한 길

좋은 시는 단일한 폐쇄회로의 닫힌 의미로 고정되지 않는다. 시인의 절대적인 시선으로 세계를 고정시키려는 시, 메시지만 두드러지는 시는 재미없다. 똑같은 인식, 미학의 변주 없는 반복이야말로 가장 의미없는 시의 행위일 것이다. 이는 비단 시인에게만 요청되는 지양점은 아닐 것이다. 독자로서 세계와 텍스트에 대한 자기 독서의 고정된 틀을 사유하고 반성할 수 있는 여유 또한 절실하다. 이를 위해서는 먼저 감응하고 후에 비판하려는 태도가 필요하지 않을까?

시적 신파와 시적 현현의 사이

1. 익숙하고 낯선 풍경을 가로지르는 언어

「풍경의 발견」은 가라타니 고진의 잘 알려진 글이다. 그 글 속의 "풍경이란 하나의 인식틀이며, 일단 풍경이 생기면 곧 그 기원은 은폐된다"는 말은 근대화의 과정 속 우리의 내면을 잠식해 버린 서구화된 사고의 기원을 일깨운다. 하나의 풍경을 바라보는 자연스러운 시각에는 이미 자연이 아니라 관습화된 관념의 조작이 개입한다. 그러나 새삼 이 오래된 글의 제목을 끄집어내는 이유가 근대화나 탈식민주의 담론을 거론하기 위해서는 아니다.

고진의 풍경의 비유는 원근법을 뛰어넘고자 하는 의도 내에서도 이미 원근법이 인식의 틀로 자리잡고 있다는 사실을 해부한다. 정치, 일상뿐만 아니라 미학의 내부에서도 일상화된 사고의 방식은 의식

하지 못하는 사이 내부에 뿌리 깊게 자리잡고 있다. 익숙한 풍경이야말로 현재의 자리에 놓인 우리의 문화와 사고의 지형도를 확인하게 하는지도 모른다.

시의 언어는 이러한 풍경으로부터의 탈주를 꾀한다. 인식의 틀 사이를 비집고 빠져나가 포착할 수 없는 세계의 미묘한 부분에 닿으려 한다. 이러한 시도가 빛을 내게 되는 바로 그 순간을 시적 현현의 놀라운 순간이라 할 수 있을 것이다. 그러나 문학의 언어는 풍경의 바깥과 안 사이로 불안정하게 흔들린다. 바깥을 겨냥하는 언어는 너무 쉽게 내적 인식의 거푸집에 맞춰 정형화된 외부의 풍경으로 돌아와 버린다.

때로는 정서적으로 익숙한 시에 편안하게 안착하고 싶기도 하다. 긴장감이 떨어지든 상투적 결말을 향하든 시 한편에 눈물 흘리고 감정의 동화를 느끼며 삶의 남루함을 위로받고 싶어진다. 쉽게 시와 교감을 나누고 싶다. 그러나 대중을 위로하는 것이 시의 온전한 역할일 수 없다. 수많은 드라마와 영화 같은 대중문화가 그 역할을 넘치도록 충실히 해내고 있다. 시는 안정된 구조, 익숙한 비유, 낯익은 서사와 서정이라는 문학의 내부로부터 바깥의 아득한 심연을 향해 발걸음을 옮겨야 할 것이다.

잘 만들어진 항아리처럼 매끈한 한편의 시보다 거칠지만 시적 자아의 안과 밖이 이루는 팽팽한 긴장, 끈질긴 관찰로 인해 발견하는 뜻하지 않은 세계의 모습에 시의 매혹적인 존재 이유가 있는 게 아니겠는가? 시는 다양한 문화를 이끄는 상상력의 원천이어야 한다고 생각한다.

2. 풍경의 안과 밖, 기억의 심연으로 향하는

시는 대상에 대한 집중력이 대단한 장르이다. 특히 자아를 향해 쏟아 붓는 오롯한 에너지는 무의식에까지 닿고자 한다. 이때 풍경은 자주 시적 자아의 내면을 복기시키는 매개로 등장한다. 자아의 바깥과 안이 어지럽게 혼융되어 혼란의 소용돌이에 휩싸일 때, 시는 기억 깊은 곳에 은폐된 심연을 끌어 올린다. 기억의 한 구석 깊은 곳에 파묻힌 순간은 인식이나 의식, 감성이라는 말로 규정할 수 없는 무정형의 덩어리로 존재한다. 지나치게 파헤친 언어는 현실의 규정적인 언어를 초월하기 힘들다. 우리의 의식은 현실이란 규칙에 순응하는 언어로 가공되어 있기에 의식의 차원으로 끌어 올려진 언어는 형언할 수 없는 삶의 미묘한 순간을 마주하게 하는 기적을 일깨우는데 어려움을 겪는다.

갑자기 고등어 떼가 내 귓속으로 들어온다
낮잠을 자려 누웠는데,
귓바퀴 같은 골목에서 들려오는 생선장수 사내의 고등어들이
아무리 귀를 틀어막아도 끊임없이 몰려든다
요란한 물소리를 내며 뒤척이는 몸
심해의 바닷속을 지나고 골목을 지나고
죽음까지 지나온
고등어 떼가 이리저리 몰려다닐 때마다
머리 속에서 수많은 생각들이 수초처럼 흔들린다

아주 오래되어 쭈글쭈글해진 기억의 골짜기까지
서슴없이 휩쓸고 지나간다
몸속은 너무 아득해져서, 그 아득해진 곳으로
숨이 막힐 때까지 끝을 알 수 없는 밑바닥을 향하여
나는 한없이 가라앉고 있다 (…중략…) 한 톨의 먼지처럼 작아진 나를 찾아 헤매고 있는데,
갑자기 만취한 아버지가 무서운 목소리로
낮잠을 자는 일곱 살의 나를 부르며 방문을 연다
순식간에 아득한 몸속을 빠져나오며
심호흡을 한다
고등어 떼는 이미 어디론가 사라져버리고
나는 서둘러 화장실로 달려가 내 속의 온갖 풍경을 맛본
비릿한 물줄기를 쏟아낸다.

— 배용제, 「고등어」

배용제의 「고등어」는 자아의 안과 밖의 풍경이 겹쳐지는 순간을 묘사한다. 바깥의 소란스러운 잡음 하나가 우연히 던져놓은 계기를 따르는 끈질긴 관찰은 마음 속 잔잔한 파장을 끌어낸다. 이 매혹적으로 겹쳐지는 이미지는 기억의 뒤편을 일깨운다. 인간의 자아는 하나의 기억으로 획일화되지 않는다. 그의 시는 하나의 떼로 몰려다니지만 하나가 아닌 고등어 떼의 움직임처럼 아득하게 가라앉아 동요하는 여러 마음의 지형도를 그려 낸다. 그러나 이 매혹은 갑자기 차갑고 단단한 결말을 맞는다. 머리와 꼬리가 옹골차게 들어맞는 시는 어쩐지 작위적인 느낌을 남기지 않는가.

열쇠로 방문을 연다

구불거리는 밭고랑이 펼쳐진다 밭둑에 서서
웃고 있는 어머니,
바짓가랑이에 묻은 진흙 덩어리가 햇볕에 반짝인다
이제 저를 기다릴 필요 없어요
웃을 때마다
진흙 사이로 신발이 빠져들어간다

무언가 잘못했기 때문에 너는 나를 찾아오는 거야
밭고랑에서 피어오르는 아지랑이, (…중략…) 하늘로 새들이 날아오른
다 언제나 네 앞에
나타날 수 있어 이곳은 집으로 가는 길,
저렇게 가는 허리로 어떻게 감자를 이고 갈 수 있을까
사람은 누구나 비슷해 개미가 어디에서나 살 듯이,

좀 자고 싶어요, 흙탕물에 개미 한 마리가
머리를 쑤셔박고 졸고 있다 농사를 그만두고는
야근을 해서 너를 키웠다, 아무리 걸어도 끝나지 않는 길
죽은 나무에서 줄줄이 벌레가 기어 나오듯
눈가로 기어나온 물방울이 얼굴을 감고

방안을 걸어다니는 사내,
구물거리는 이불 위에서 며칠째 부패하는 음식물들,

개미들이 기어와 새카맣게 접시를 덮는다
뱀을 보고 놀란 것처럼 우는 뻐꾸기시계
죽은 어머니가 사내의 손을 잡고 놓아주지 않는다

— 김성규, 「5월에, 5월에 뻐꾸기가 울었다」

김성규의 시는 자기부정과 구원이라는 양 극단에서 몸부림치는 시적 자아의 방황을 환각의 방식으로 펼친다. 어머니가 구원의 상징으로 등장하는 모성신화에 대한 추구는 문학의 역사가 되풀이해온 모티프로 새로울 것이 없다. 그러나 그의 시에서 구원의 끈으로 나타나고 있는 어머니는 쉽게 구원의 열쇠를 건네지 못한다. 시는 대화의 방식을 통해 어머니의 위로와 질책에도 불구, 의심과 회의, 냉소를 떨치지 못하고 방황하는 시적 자아의 모습을 드러낸다. 시적 자아는 쉽게 떨쳐 버릴 수 없는 삶의 난관에 빠져 좀처럼 헤어 나올 수 없을 듯하다, 재미있는 점은 시에서 개미의 이미지가 변주를 계속하는 것이다. 개미는 시의 맥락에 따라 현실의 법에 따르는 사람들의 알레고리가 되기도 하고 시적 자아의 객관상관물이 되기도 하며 파경에 이른 삶을 재현하는 데 기여하는 그로테스크한 이미지로 나타나기도 한다. 위의 시는 비록 새로울 것 없는 이미지로 새로울 것 없는 주제를 되풀이하고 있다 하더라도 시적 자아를 지배하는 신경의 팽팽한 긴장이 응집력 있게 나타난다는 점에서 미적 자질을 찾아 볼 수 있을 것이다.

3. 자연이라는 대상, 인간보다 더 인간다운

시에 자주 등장하는 의인법은 인간의 여러 면모를 담아내기 위해 풍경을 이용하기도 하며, 인간적 속성을 통해 대상의 내면을 투사하여 세계를 재해석하기도 한다. 이 익숙하지만 뻔한 비유의 방식이 그저 그런 상투적 수사로 떨어지지 않기 위해서는 대상에 대한 지긋한 관찰과 사물을 해석하는 새로운 시각이 요구된다.

가늘고 긴 손의 저 여자 기어코
벽돌담 틈이라도 거머쥐고 후벼 길을 낸다
시멘트 독에 더러 손끝이 헐 때도 있고
저 너머 서 있는 파라칸사 가시몸을 더듬다
날갯죽지가 찢겨 멈칫 물러설 때도 있었다
아랫것들 치마 밑에서 풀어놓아 나팔꽃, 메꽃의
영역도 조금씩 넘보며 품을 넓혀 나가고 있다
누구시더라 꽃도 꽃나름이라고?
너른 이파리 밑을 오막사는 목숨들 꼼지락거림이 보이는지
목구멍이 커서 거기 드나드는 식솔들 발꿈치 수가 얼마인지
속속들이 여무는 통큰 종자들 호언장담이 들리는지
한 뼘 앞을 더 당기려는 손아귀에 개망초 허리가 휘고 있는데
손가락 끝으로 움켜잡힌 우주의 작은 모서리가 하나하나 수용되는 순간
보이는지? 꽃 같지 않다는 말 서럽더라고 이 악물고
세상에서 제일 큰 놈으로 순산해서 앙갚아 보리라

허공을 거머쥔, 가늘지만 투박한 더듬이의 품삯이

— 박언숙, 「호박, 넝쿨손」

시는 인간적 시선으로 자연이라는 대상을 해석한다. 이 적극적인 해석의 방식은 속된 세속의 가치라는 잣대를 통해 이루어진다. 가령 식물에 깃든 질긴 생명력과 모성은 무시당하지 않으려는 집념과 독기를 품고 있다. 비루한 생명에 드리우는 냉랭한 세속적 시선에 대항하는 방식은 가장 속된 승부욕에서 비롯된다는 점을 시는 포착해내고 있다.

박언숙 시의 장점은 시적 관찰을 성실하게 이루고 있다는 점이다. 또한 그녀는 시적 관찰이 묘사의 치밀성으로 이어질 때 비로소 완성된다는 점을 잘 알고 있는 듯하다. 하지만 '한 뼘 앞을 더 당기려는 손아귀에 개망초 허리가 휘고 있는데 / 손가락 끝으로 움켜잡힌 우주의 작은 모서리가 하나하나 수용되는 순간'이라는 구절은 어쩐지 시가 세속의 범속한 트임으로까지 나아가고자 하는 것은 아닌가 하는 생각을 하게 한다. 우주적 차원의 신성으로 초월하기에는 시의 이미지들이 지나치게 관습적이며, 익숙한 것들로 이루어져 있다는 느낌이 들지 않는가?

둥글게 파낸 나무 속에는 축축한 여름이 가득했어. 나무는 제 속을 넓혀 그 가득 털도 안난 딱따구리새끼들을 키웠지. 아직 날개와 털에 힘이 부지 않은 새끼들은 새가 아니어서 새새새였던가 그런 소리를 냈어

뒤늦은 푸른 것들이 돋아나고

자주 신 풋것들을 먹어대는 것으로 짐작했지
불러지는 배가 아니라
그 속으로 넓어지는 배를 잘 모르는 이도 있었을 거야
초경의 붉은 빛이
몸 안을 환하게 비추던 오래 전 여름에서부터
나무는 속으로 그 둥근 집을 키웠던 거야
그 곳으로 비밀이 스며든 거지
그 빵빵한 비밀은 쉿쉿쉿 소리를 냈던가 그랬어.

나무 여자는 바람의 길을 휘청거리며 걸어서 왔어
바람에 흔들리는 길을 천천히
속을 비워냈는데도
오히려 속은 더 무거웠지
며칠이 지나도 어미 새는 날아오지 않았어. 처음에는 새새새 소리가 나던 어린것들이 마지막에는 그 소리마저 다 먹어치우고는 조용해졌지. 그리고 나무 여자는 텅 빈 둥근 집에 들어가 낮잠을 자기도 하고 소문은 헛배처럼 빵빵해졌대

속으로 넓어지던 둥근 배를 가진 그 나무여자
한 때 딱따구리가 살던 그 나뭇가지에 걸려
지금도 작은 바람만 불어도 휘청거린데.
웅웅거리는 울음소리 비슷한 걸 내면서 말이야.

— 박해람, 「나무여자」

박해람의 시는 어쩐지 낯설게 느껴지며 비유가 닿으려는 지점을 포착하기 쉽지 않다. 나무는 여성의 은유인지 여성에게 나무의 속성을 부과하는 것인지 모호하다. 그러나 명료함이란 시가 갖춰야할 덕목은 아닐 듯하다. 그의 시는 인간성이 갖춘 품성과 넉넉한 덕목과 같은 교훈으로 나아가지 않는다. 나무는 인간성의 상징도 알레고리도 아니다. 그렇지만 속으로 넓어지며 둥근, 그러나 동시에 텅 빈 것의 비유야말로 형언할 수 없는 우리 마음의 한 갈피를 들추어주는 듯하다. 삶이란 여정의 어느 한순간 겪게 되는 상실과 허무를 메울 수 있는 것은 없다. 텅 빈 존재의 심연은 밖에서는 보이지 않는 법이다.

4. 텅 빈 충만한 언어

지나치게 잘 조탁된 시는 인공적 조형물을 보는 듯한 간지러움을 느끼게 만든다. 원체험이 비유의 언어와 자연스럽게 녹아들지 못하면 현학취미만 두드러지거나 어설프게 삶의 신념이나 설교하는 시로 떨어지게 되며, 신파와 같이 감정의 과잉을 불러일으킨다. 하지만 시의 언어가 미치는 파장의 영역이 아득히 넓은 시를 대하는 것도 난감한 일이다. 상상력의 한 부분을 건져 올리기란 여간 어려운 일이 아니다.

그러나 그 난감함은 독자에게 자유로운 길트임을 가져다 줄 수 있

다. 완전하기 보다는 차라리 비어 있는 시, 아니 비어있는 듯 보이지만 그 텅 빈 충만함이 가득한 시야말로 시적 현현의 놀라운 순간으로 우리를 데려갈 것이다.

시로 써 내려가는 인간학

1. 시의 딜레마

철학이나 사회학과 같은 여타의 인문학과 시의 다른 점은 인간에 대한 인식이나 탐구에 대한 깊이의 차이가 아니라 인식을 드러내는 방식의 차이에 있다. 상상력이 불러일으키는 감각을 통각(痛覺)하게 하여 인식에 도달하게 하는 시의 경로는 읽는 이를 감응시키는 힘을 지녔다. 이를 미학적 교감의 놀라운 순간이라고 바꿔 말해도 좋을 것이다. 미학적 체험이야말로 그 어떤 언술보다 훨씬 깊이 있게 인간을 이해하게 만든다.

문제는 우리 시대가 갖고 있는 딜레마이다. 근대는 인간 존재의 무궁무진한 정체성에 합리성과 이성이라는 폭력적 규범과 규율을 휘둘렀다. 인간은 근대가 이룬 풍요로운 물질문명에 젖어들어 주체

이외의 것들에 대한 억압과 소외를 감수했다. 현재 우리가 발을 디디고 있는 후기 근대는 이러한 근대를 반성하면서도 근대의 연장선상에 있는 독특한 시간이다. 후기근대는 근대가 억압했던 타자들, 가령 남성에 대한 여성, 이성애에 대한 동성애, 이성에 대한 감성, 의식에 대한 무의식 등을 복기시키려 노력하지만 한편으로 이러한 노력마저 상품으로 포장하여 팔아먹는 고도의 자본주의 사회이기도 하다. 사람들은 한동안 진짜와 가짜의 논쟁에 휩싸인 듯 보이더니 이제 진짜와 가짜에 대한 구별 자체가 의미없는 행위가 된 듯이 떠들어댄다.

시 역시 마찬가지다. 지금 우리 시의 행보는 세계가 소외시킨 것들에 대항해 서정적 동일성을 회복하려는 노력을 보이거나, 또 한편으로는 분열증적인 자의식을 적극적으로 드러내려는 시도로 요약된다. 하지만 두 가지 시도 모두 후기근대의 징후에서 벗어나지 못한다. 동일성을 회복하려는 시도는 너무 소박해 존재론적 분절의 문제에까지 닿지 못하며, 인간 정신의 심층을 파고들어가 분열증적 자의식을 드러내는 시는 유행의 담론에 편승한다는 곁눈질을 받는다. 한때 근대화, 자본화의 예속에서 벗어나기 위해 오로지 시만이 고군분투하는 것으로 보인 적이 있었다. 그러나 지금 주목받고자 하는 욕망이 커지면 패배의식에 빠지고, 자족적 미학의 세계에 탐닉하다 보면 공허한 허무주의의 심연에 쉽게 사로잡혀 버리고 만다. 이 양날의 칼에 손을 베지 않기란 쉽지 않다. 매체나 장르의 순수성을 주장하기도 어렵다.

2. 다양한 스펙트럼으로 펼치는 시의 인간학

시대의 딜레마, 시의 딜레마 속에서 시가 나아가야 할 길을 제시하는 것은 불가능해 보인다. 어쩌면 나아가야 할 바른 길이란 애초에 있을 법하지도 않다. 다만 입체적 상황에서 시 역시 형식으로도 인식으로도 입체적이고 다면적인 인간의 양상을 드러내야 한다는 것만이 확실하다. 복합적으로 얽혀 있는 인간 존재의 양상을 평면적으로 접근하는 시에서 무슨 교감이 이루어지겠는가?

2006년 여름에 발표한 시들 중에는 인간에 대한 탐구라 할만큼 인간을 대상으로 다루는 시가 많다. 그중 개인적으로 재미있게 읽은 몇 편을 통해 시에 드러나는 인간의 양상을 살펴보도록 한다.

아래 이기인의 시는 사회적 관점에서 바라본 인간학이라 할 수 있다. 시는 산업화된 사회 속 노동에서 헤어 나오지 못하며 살아가는 근로자 소녀의 고단한 삶을 조명한다. 아마도 인간의 내면에서 이루어지는 고통을 가시화하려는 데 시적 발상의 초점이 놓인 듯하다. 내면의 고통을 드러내기 위한 장치로 시인은 환상적 이미지를 택했다. 절묘하게 구성된 환상은 때로 현실보다도 더 리얼하게 현실의 상황을 그려낸다.

'수출' 뜨거운 여름의 한 문장이 작업복을 입은 소녀의 몸속에서 가지를 뻗는다 몸을 뜯고 나오지 못한 문장은 손가락 끝으로 밀리고 밀려서 검고 더러워진 면장갑을 벗을 때 손톱과 함께 빠져나온다 아린 마음을 할퀸 한 문장을 껴안고 사는 공장의 나무를 바라보면서 그 문장을 아주 오랫동안

잊지 못하는 바람을 맞이하면서 뜨거운 몸을 식히면서 소녀는 몸속의 문장 문장 끝에 찍히고 마는 푸른 멍의 쉼표를 더듬다 더듬다 더듬어보면서 타는 노을 속으로 걸어간다

— 이기인, 「뜯어진 장갑 속의 문장」 전문

일단 외적 현실의 풍자라는 직접적 방법보다는 심리적 정황을 통해 우리 현실의 부조리를 표출하고 있는 점은 시를 재미있게 만드는 요소이다. 그런데 아무리 읽어도 도무지 납득이 가지 않는 부분이 있다. 소녀의 내부에 낙인되어 바깥으로 뚫고 나오는 고통의 동인을 왜 문장이라고 표현했을까? 문장이 단순히 수출이 찍혀 있는 옷과 나무의 로고를 의미하는 것이라면 너무 단순한 발상이고 소녀의 내부에 각인된 언어에 대한 인식이 숨어 있는 거라면 시가 아직 뚜렷한 형상을 찾지 못한 듯하다. 가령 오늘날 문자 언어가 산업화 시대 인간에게 미치는 영향을 드러낼 수 있도록 구성해낸다면 시가 더 입체적이 될 수 있지 않을까?

아래에 인용된 안도현과 정병근의 시는 동물이 인간성을 암시하기 위한 대상이라는 해석이 가능하다는 점에서는 유사한 점을 갖고 있으나, 인간의 본성을 바라보는 시각은 전혀 다르다. 안도현의 시는 모성과 연민이라는 휴머니즘이 강하게 배어나오지만 정병근의 시는 삶을 지속하려는 생명의 악마적 본성에 주목한다.

고양이 뼈 한 마리가 앞다리를 낮추고 바짝 웅크리고 있다

당장에 달아날 듯, 묵은 개나리 가지를 쳐내자, 그 자리에, 바로 뒷발로 땅을 박차고 튀어오를 듯

고양이 뼈 한 마리가 제 몸을 동그랗게 말고 있다
수염 한올, 살가죽 한 장 없이, 얼룩무늬도 벗어던지고
이 짐승이 대체 어디를 급히 가려나, 나는 궁금했다
그러다가, 왜, 이곳에, 혼자 와서 숨어 있었는지도 궁금했다
쪼르르 꽃 핀 개나리 가지 같은 꼬리뼈를 한껏 치켜들고 있는 이 고양이 뼈 한 마리는
세상의 소란한 햇빛 따위 작파하고, 약에 취한 듯, 비틀거리듯
쓰러지듯, 이 그늘을 찾아들었을까
(…중략…)
나한테 들킨 게 아니라, 달려 가봐야 한다는 듯
젖 먹이다가 두고 온 새끼들이 먼데서 앙앙 우는 소리를 듣고는, 몸을 일으키던 참이었으리라
몸에 물큰한 젖이 돌아, 견딜 수 없다는 듯, 봄날에

— 안도현, 「고양이 뼈 한 마리」 부분

시가 노래하는 대상은 죽은 고양이 한 마리에 대한 것이지만 시인의 상상력은 휴머니티를 고양시켜 인간다움을 회복시키려는 데 기여한다. 그러나 이러한 시 인식보다 주목하고 싶은 점은 대상을 쉽게 동화시키고 감정이 끓어 오르게 만드는 시의 매력이다. 이 매력은 대상에 대한 질긴 관찰력과 이미지를 살아 있게 형상화해내는 데에서 기인하는 듯하다. 시는 장면 장면을 통해 죽음 속에 남아 있는 강한 역동적 힘을 느낄 수 있도록 해준다. 모성이야말로 죽음도 불사하는 가장 강력한 에너지의 원천이라는 게 시인의 신념인가 보다.

버림당하기 전에,
새끼들을 서둘러 버린다
또 다른 번식을 향한
알 수 없는 피가 몸을 당길 뿐
추억은 짧다 헐떡거리며
코 앞에 닥친 식욕만이 시간의 전부
탄환보다 빠른 허기를 장전하고
벌판을 어슬렁거리는 나는 누구인가
마음에 새기지 않았으므로
뉘우칠 죄도 후회도 없다 부지런히
달렸으므로 강가에 이르렀을 뿐
빛나는 망각의 정신이야, 정신의 포효여!
그 가차없는 잔혹이 나를 수립할 뿐
눈물은 얼마나 더딘 추억인가
뒤돌아보지 마라, 돌이킬 수 없으니

—정병근, 「짐승의 시간」 부분

정병근의 시는 악마적 본성에 주목한다. 시는 새끼를 버리고도 또 다른 번식의 본능에 사로잡히는 존재의 무서우리만치 강한 삶에의 지향과 욕구를 포착한다. 그렇지만 "추억은 짧다 / 뉘우칠 죄도 후회도 없다 / 눈물은 더딘 추억이다"라는 직설적 화법을 통해 짐작해 보건데 시는 존재의 회환을 암시적, 반어적으로 드러내고 있다. 직접적 어법 대신 절대로 뉘우치지 않는 존재를 객관화해서 묘사했다면 어떠했을까? 시는 인간다운 연민의 감정 대신 삶의 열정과 욕망에 사로

잡힌 순수한 존재라는 매력적 페르소나를 창출해내지는 않았을까?

> 그러니까, 술래라 부른 적 있다 기일게 수울래 부르면 달빛 강변에서 강강수울래 춤추는 듯, 좀 짧게 부르면 술래야술래야 머리카락 보일라 숨은 동무들 찾느라 해거름 길어졌다 해례야 달례야 부르는 벗들도 있다 벗들에게 빛 같은 존재가 되라는 의미겠는데 온몸 붉어지는 호명이다 함수라고도, 수례라고도, 순네라고도, 첩첩 산골 가시내가 되었다 미소가 둥글어졌다 글냄새 물씬 나는 필명도 잠깐 생각했지만 지금 나는 태앗적 이름으로 돌아와 있다 들판을 한없이 걸어야 하는 순례에 서 있다 충북 보은군 회북면 용촌리 백삼십육버지 일천구백육십육년 일월 스무여드레 그 하늘에 다시 예를 갖춰야겠다 슬픈 낙타 발굽 소리와 모래바람의 숨통을 열어봐야겠다 순례야 순례야 삼보일배, 다시 돌아와야 하는 그 길엔 철없는 가시나무들이 촘촘했다
>
> — 함순례, 「함순례기」 전문

함순례의 시는 발상이 신선하고 재미있다. 김춘수가 「꽃」에서 존재를 규정하는 것은 이름이라고 했듯이 시적 자아는 자신의 이름에 따라 변화하는 존재의 변화무쌍한 정체를 노래한다. 호명되는 이름의 리듬감에 따라 시인은 강강수울래 추던 아이가 되기도 하고, 변주된 발음에 따라 해와 달을 바라보며 동무들과 정을 나누던 유년의 존재가 되기도 한다. 시가 가장 격상되는 건 마지막 몇 행의 덕이다. 시적 자아의 이름은 가시가 촘촘히 박힌 삶의 세계를 떠돌아 하는 순례가 아닌가. 시는 언어를 통해 유년기에 대한 추억과 자신의 운명을 독특한 방식으로 노래한다.

3. 휴머니즘을 넘어서

위에 인용한 시 외에도 많은 시들은 인간을 대상으로 한다. 아마도 시를 일종의 인간학이라 언명하는 게 지나친 것 같지 않다. 시 속에는 예로부터 인간 일반에 대한 탐구가 아로새겨져 있다. 그러나 아직도 인간학이라는 말은 인간의 존엄과 가치를 숭상하는 휴머니즘에 대한 탐구라는 소박한 의미로 범상하게 사용하고 있는 듯하다. 그러나 시는 윤리학이나 사회학과는 다르다. 시가 탐구하는 인간학이 미치는 파장은 훨씬 더 넓은 영역을 지닌다. 역사와 사회 속에서 생성된 보편적 정체성을 포착하기도 하고, 규범과 체계를 벗어버리려는 갈망에 깊게 접근하기도 한다. 한편 전혀 알려지지 않은 인간성의 지점으로 나아가기도 한다. 인간학이란 말을 휴머니즘에 한정시키는 것은 오늘날과 같은 복잡한 근대후기를 살아가는 인간의 양가적이고 다변적인 양상을 단순하게 획일화하는 우를 범하는 것이다. 시는 인간성이 지닌 양상의 새로운 면모를 발견할 수 있는 장르이기 때문이다.

결핍과 자유

결핍이 곧 자유다

'문학은 자유'라는 수잔 손택의 언명은 정치적 함의를 담은 발언이 아니다.[12] 정치에 대한 그의 적극적이고, 비판적인 발언들에 비춰 볼 때 그것은 의외로 느껴지기도 한다. 하지만 그것을 삶의 참여로부터 벗어난 문학만의 독자적 영역, 문학의 자율성을 보장한다는 뜻으로 받아들이는 것은 더욱 더 손택으로부터 멀어지는 길이다. 그의 미학적 태도는 모호하고 애매하지만, 그는 삶과 직접 연계된 문학을 지시한다.

그에 의하면 삶의 경험은 예측 가능한 경험만을 주지는 않는다.

---

12 수전 손택, 『문학은 자유다』, 이후, 2007.

그것은 일종의 反경험, 즉 우리가 납득할 수 없는 어떤 균열의 지점을 경험하게 하기도 한다. 문학 역시 마찬가지다.[13] 아마도 손택은 문학을 통해 우리가 납득할 수 없는 것들, 우리가 아닌 것에 도달할 수 있는 가능성, 그럼으로써 고정점을 해체하고 세계를 다원화시킬 수 있는 문학의 역능에 대해 말하려 했을 것이다. 하지만 나는 "작가는 뭔가 옳은 일을 하고 지지하려는 사람보다 **더 회의적이고, 스스로를 의심하는 존재**이다."라는 그의 말에 더욱 주목하고 싶다. 게다가 그의 이 말을 제멋대로 전도시켜 이해하고자 한다.

자신에 대해 회의하는 것은 확고한 이상이 없다는 사실을 고백하는 것에 가깝다. 하지만 꽉 차 있는 것이 텅 빈 것보다 윤리적이라고 하기는 어렵다. 작가(시인)이란 자기가 아는 어떤 신념 때문이 아니라 **모르기 때문에 '쓰는' 자**이기도 하다. 도스토예프스키의 『지하생활자의 수기』나 베케트의 『고도를 기다리며』의 자학과 무지, 내핍의 언어들은 사회적 삶의 스타일이나 전통과 미래에 대한 신념, 가치와 같은 확고부동한 것들을 교란시킨다. 정신이 총체적 사고를 주도하는 것은 어떤 의미에서 착란이기도 하고, 바깥으로부터 부여받은 환상이기도 하다. 결핍과 무지를 고백하는 언어는 회의, 혼돈으로 어지럽다. 하지만 그것이 일으키는 내부로부터의 교란으로 인하여 바깥의 질서에 균열을 초래할 수도 있다.

원래부터 시적 언어가 지닌 무지와 결핍의 특성 덕분에 시는 혁명적 교란에 도달할 가능성을 더욱 많이 지닌 장르이다. 아니 시의 언

---

13 "문학은 신화를 만들지만 反신화를 만들어낸다. 자기가 생각하고 느끼고 믿는다고 생각하는 것을 뒤흔들어 놓은 경험, 곧 反경험을 삶이 제공하는 것과 마찬가지다."(위의 책, 268면 참조)

어를 지칭하기 이전에 언어는 원래 균열되어 있다. 실재와 언어기호는 균열되어 있으며 이런 의미에서 우리는 언어를 주도할 수 없다. 의미로 빼곡하게 들어찬 시가 재현하는 것이 동어반복이나 기계적 술어들일 뿐이라는 사실은 우리의 한계, 운명을 확인시킨다. 언어의 틈(사유의 틈)을 무시하고 하나의 고정된 의미(가치)를 포착하려는 고집 대신 라깡의 표현대로 빗금 친 주체임을 인정하는 것이 보다 더 윤리적이고 미학적인 태도가 될 수 있지 않을까? 사건의 충돌, 우연성에 기탁하는 것이 나에게 또는 타인에게 필연성을 강요하는 것보다 자유롭지 않을까?

언어(시)의 결핍, 나의 무지를 인정하고 나를 회의하는 태도는 '자유'에 도달하게 한다. 하지만 안정된 감옥으로부터 나를 탈출시킨다 해도, 그것이 행복의 길로 나를 인도하는 것은 아니다. 우연성 속에서 견뎌야 할 우울과 혼란, 불안은 더욱 심화될지도 모른다.

결핍의 말들

2000년대 이후로 우리 시단에는 단어, 행과 구, 절 사이의 따라잡을 수 없는 간극을 지닌 화법, 스타일이 쏟아져 나오기 시작했다. 이러한 시들 중에는 의미를 방기하는 무책임한 태도라고 질책하거나, 유행이나 유희로 호도하기에 망설여지는 것들이 있다. 그것은 말과

말 사이의 공백이 너무 커 자꾸 헛다리를 짚은 듯 허허로운 느낌을 전한다. 하지만 모든 인과적 사정이나 배경들을 거세한 파편적인 언어는 오히려 사물 그 자체, 또는 감정 그 자체를 또렷하게 하는 순간을 체험하게 한다.

임승유의 시는 "이곳에서 기분이 시작된다"는 밑도 끝도 없는 문장을 던져놓으면서 시작한다. 그것은 출처를 알 수 없는 마음 어딘가를 떠돌던 감정의 파편부터 무턱대고 꺼내놓는 듯 투박하다. 이 감정이 무엇 때문에 시작됐는지, 어떤 결말로 매듭이 지어지는지 모호하다. 그런데 시가 더욱 모호해지는 것은 인과성의 실종에 더하여 감정의 주체에게서 주체성을 거세하는 방식 때문이다.

> 이곳에서 기분이 시작된다 아내를 죽여야겠다는 김 씨의 결심도 이곳에서 시작되고
>
> 염소는 바다를 뜯었다 염소가 부지런히 바다를 삼키는 동안 마을에서는 파도치는 소리가 들렸다
>
> 김 씨는 제 목구멍 안에 울음을 쏟아 넣으며 출렁였다 소주병이 꾸고 있는 꿈은 그런 식이다 사물들이 꿈을 꾸지 않는다고 말할 수는 없다 식물들은 중심으로부터 점점 희미해지는데 왜 끝이 더 아름다운가 서서히 파란색이 완성되는 칼끝에서 오늘 하루는 시작되고
>
> 눈을 감았다 뜨면 세계는 천천히 증발하기 시작한다
> 지나가는 여자의 손에 들린 대파처럼

차양 아래 염소의 목이 골목을 향해 뻗어나간다 염소는 목이 탄다 느낌이 시작되면 골목은 끝장을 보게 되어 있다 파국의 고요는 그래서 슬프다

골목 끝까지 달려 나가 뒷목을 잡는 손
의도도 없이 온도를 전달하는 손

염소는 문틈으로 스며드는 그림자를 뜯는다 씹어도 씹어도 삼켜지지 않는 그림자가 염소의 이빨 사이에 끼어 있다

— 임승유, 「역말상회」, 『문학과사회』 겨울호

난해성을 거느리고 있음에도 시는 비교적 뚜렷한 서사소를 드러낸다. 바닷가 한적한 시골에 있을 법한 역말상회라는 허름한 가게와 술에 찌들었을 김 씨라는 사내가 기본적 배경과 인물을 이룬다. 시를 지배하는 것은 증오가 폭력으로 이어지기까지의 긴장감이지만 오래도록 시를 휘감는 것은 슬픔의 정조들이다. 그것은 시선의 개입으로 인해 일어나는 주체의 전도 때문이라 할 수 있을 것이다. 시는 증오와 폭력의 주체를 사물화시켜 관찰하는 시선을 부각시킨다. 통상적으로 표현하면 소주를 마시며 울고 있는 존재는 주체가 된다. 하지만 "목구멍 안에 울음을 쏟아 넣으며 출렁였다"는 구절과 "소주병이 꾸고 있는 꿈은 그런 식이다"는 구절은 존재를 낯선 대상(존재의 타자성)으로 전락시킨다. 슬퍼서 소주를 마시는 것인지 소주 때문에 우는 것인지 모를 존재를 바라보는 시선의 개입은 그와 우리의 감정이 이입되는 것을 차단한다. 부각되는 것은 염소의 출현과 시선이다. 처연한 그의 시선과 끊임없이 씹어대는 반복적 행위를 느린 동선으

로 잡아내는 시의 묘사는, 세계를 바꾸지도, 즐기지도 못하는 음울한 초상을 그린다. 세계에 던져진 존재의 슬픔을 씹어도 삼켜지지 않는 찌꺼기 같은 것으로, 이빨 사이에 오래 끼어 있는 불편함으로 강화시키는 시적 구절들이 아련한 통증 같은 것들을 떠오르게 한다.

> 유령에게서 빌려온 것 같은 위력이었다. 흩어지는 안개처럼 희미하고 몰아치는 눈보라처럼 세찬 손짓으로 나를 불러 세웠으며, 그 순간, 공기가 움푹 파이는 것 같았다, 소리 없이…… 그것으로부터 새로운 안쪽이 생겨나는 것 같았다. 그것으로부터 어둠이 깊어지고, 깊어지기 시작하였다. 첫 번째 문장과 두 번째 문장의 간격처럼 벌어지는 입술 위에, 쉿 하고 손가락을 얹는 것 같았다.
>
> 마흔 여섯 번째 편지와 마흔 일곱 번째 편지 사이에 10년이 흐르고, 흘렀다. 소리 없는 음악이 흐르고, 흘렀다. 파도소리 없는 파도가 때리고, 때렸다. 매일매일 벨을 누르고, 눌러도 그것이 너의 흐릿한 손이었다면, 기계는 새소리도 시냇물소리도 사이렌소리도 삼켜버렸겠지. 저 짹짹거리는 새들이 네 손등이나 머리 위에 내려앉았다면, 그것은 가장 고요하게 떨어지는 나뭇잎 같은 것. 검은 우박 같은 것. 죽은 새 같은 것. 그것으로부터 빌려온 것 같은……
>
> — 김행숙, 「마흔 일곱 번째 편지」, 『시와세계』 겨울호

바깥의 대상으로 내면에서 일어나는 어떤 사건을 표현하는 것은 비유만이 지닌 미덕일 것이다. 도무지 짐작도 할 수 없는 감정의 폭우는 겉으로는 표출되지 않는다. 하지만 이것은 존재를 송두리째 뒤

흔들 만큼 강렬한 사건, 가령 사랑과 같은 것이다. 이 사랑의 전언은 '유령에게서 빌려온 것 같은 위력'을 지니고 있다. 유령이란 참으로 양가적이며, 역설적이다. 그것은 있으면서 없는 존재다. 잊은 듯 어느 순간 강렬하게 존재하며, 존재하는 듯 사라져버린다. 뜻밖에 출몰하는 사랑이라는 사건은 존재에게 생성인가 소멸인가? '공기가 움푹 파이는' '새로운 안쪽이 생겨나는 것' 같은 '어둠이 깊어지고 깊어지는' 보이지 않지만 그 어떤 가시적 세상보다 큰 위력을 미치던 그 사건은 마지막 시의 구절 속에서 애매하게 낯설어지며, 사그라진다. 그것의 실체는 과연 있는 것인가? 사실 이 감정의 주체는 처음부터 자신이 감정의 주체가 아님을 알고 있었다. 유령에게서 '빌려온 것 같은' 처음이 빌려온 것 같은' 마지막으로 귀결되고 있지 않은가? 시작도 끝도 없이 일어났다 스러지는 감정의 이랑들 속에서 빌려드는 허무. 그것이 언어의 바깥에서 여백으로 전달하려는 시의 전언이 아닐까?

그림자는 오늘 내내 나와 화목하다
창문을 넘어 들어온 구름은
반듯한 창틀 위에 흰 머리카락을 떨어뜨린 채 종일 떠나지 않고

오늘은 지하로 향한 층계가 조금 줄어들어 행복하고
오늘의 후회는 진보성향의 잡지구독을 거절한 일
그래도 오늘 소원은 수생 식물처럼 입만 사라진 채
뿌리 없이 자라는 것

하지만 오늘 산 자들을 무섭게 질투하며
그림자와 똑같은 걸음걸이로 뒤로 걸어가야지
미끄럼틀에 앉아서 본 어제의 기어가는 개미들처럼.
정말 명료하잖아, 정확히 삼등분되는 인생이란

이제 조금 지나면 구름은 떠나고 가장 가까운 골목길이
너와 나를 환하게 나누러 불을 켤 시간

발자국은 더 깊고 가볍게
길을 만들며 까맣게 데굴데굴 굴러가는 개미들과 함께
그러나 발자국 밑에서 너무 쉽게
으스러지는 개미의 일생과 함께

살아있는 모든 것을 질투해야지
파인애플 깡통의 끈적끈적한 국물처럼
대책 없이 흘러나오는 믿음이 필요한 날

우리는 걸을 수밖에
동그란 점이 되어 문장 끝에 놓일 때까지
진물을 흘리며 으스러질 때까지

—김경인, 「오늘 소원」, 『시와사상』 겨울호

시는 '살아가는 것'과 '살아가야만 한다는 것' 사이의 간극을 포착한다. 거창한 이념과 이유, 욕망이 없는 자가 삶을 지속하는 이유는

무엇인가? 시적 화자는 철학적 질문에 답을 구하는 자로 보이지는 않는다. "입만 사라진 채 / 뿌리 없이 자라는 것"이 오늘 소원이라는 그는 태도는 어쩐지 이미 깨달은 자의 자세를 드러낸다. 삶에 비의 따위는 없으며, 우리는 그저 하루를 견딜 뿐이라는 냉소가 언뜻 드러나기는 하지만 시의 화자는 으레 보이는 상투적 비애 대신 삶의 무게를 가벼움으로 전도시키는 데 더욱 주력한다. 그러나 시의 어조는 가벼움의 부력으로 쉽사리 상승하지 못한다. 상승과 하강의 어지러운 곡선을 반복하는 가운데 우리의 삶은 종국에 마침표를 찍게 될 것이다. 그렇지만 어쩔 수 없지 않은가 '우리는 걸을 수밖에' '진물을 흘리며 으스러질 때까지.' 아무것도 모르는 것은 아니지만 그렇다고 모든 것을 아는 것도 아니라는 특유의 이런 솔직한 태도 덕분에 시는 진정한 공감을 끌어낸다.

결핍의 가능성

언어의 결핍은 시를 존재하게 하는 궁극의 이유인지도 모르겠다. 사실 역설적이지만 결핍은 지혜를 구하는 원동력이다. 플라톤의 『향연』에 의하면 에로스는 빈곤의 신인 페니아와 풍요의 신 포로스에게서 태어났다. 때문에 에로스는 쉽게 결핍의 상태에 빠지게 된다고 한다. 사랑을 받는 대상이 아니라 사랑을 추구하는 주체로서 그

는 누더기에 맨발로 다니는 추한 존재이다. 하지만 지혜로운 아버지를 닮아 아름답고 훌륭한 것을 획득하기 위해 노력하는 자이기도 하다. 우리의 정체 역시 어느 한 곳에 정박할 수 없는 모호한 중간자일 것이다. 하지만 자신을 불완전한 존재로 생각하지 않는 자는 지혜를 구하지 않는다고 한다. 신들은 영생을 구할 필요가 없고, 이미 모든 것을 아는 자는 앎을 추구하지 않는다. 결핍은 끝없는 도전과 삶을 지속케 하는 동력이자 가능성이다. 비록 그것이 도달 불가능한 몸짓이라 해도.

한없이 투명에 가까운

1. 투명성의 감각

겨울은 어둠이 한층 빠르게 빛의 자리를 몰아내는 계절이다. 이맘때면 늘 마음이 어수선해지는 것은 얼마 남지 않은 시간에 대한 복잡한 상념 탓이다. 어김없이 돌아오는 한 해의 마지막은 정리의 강박으로 다가오지만 사실상 우리의 현실이란 끝과 시작이 분명치 않으며 뚜렷한 것은 아무 것도 없다. 한해의 정리라는 미명하에 투박한 손가락 사이로 빠져나가 잊혀져버릴 수많은 마음자리의 기록들, 감성의 일치를 위한 번민의 순간. 한 해의 두드러지는 사건과 현상이란 기억의 착각일 수도 있고, 뜻하지 않게 배제해버리는 것들에 대한 폭력이 될 수도 있다. 그럼에도 불구하고 우리는 정리를 한다. 정리와 기록이란 한 시간, 한 달, 한 해, 평생이라는 유한한 시간의

가두리를 벗어날 유일한 방법이기 때문일지도 모르겠다.

2009년 한 해는 유난히 마음을 어수선하게 하는 복잡하고 충격적인 일들이 많았던 것 같다. 우리 곁에서 두 거목이 사라져갔으며, 어지럽고 혼란스러운 일들이 공안정국에 대한 흉흉한 소문을 낳았다. 이런 여러 사건들은 절망과 반성, 저항으로 이어지다 무기력과 자포자기, 무관심으로 매듭을 짓고 있는 게 아닐까 우려도 된다. 아무튼 현실에 미만한 문제들 탓인지 올해의 우리 시단은 빈번하게 문학과 정치의 관계, 문학과 실천의 문제에 대한 거론이 유난했다. 하지만 그것은 적어도 70~80년대처럼 경직된 방식으로 진행되고 있는 것 같지는 않다. 『창작과비평』 봄호에서 진은영은 정치적 신념을 실천으로 옮기거나 운동을 할 수는 있지만 이를 문학(시)으로 옮기는 작업은 어렵다고 고백했다. 이는 문학의 존재론에 대한 진지한 고민이며, 사회참여와 참여시를 쓴다는 것 사이의 차이를 인정하고, 미적인 전위와 정치적 전위 사이의 거리에 대한 진지한 자기 성찰이기도 했다.

미학이란 원래 우리의 구체적 삶으로부터 비롯된 것이다. 그러나 현실을 고스란히 옮겨내는 것도, 현실의 모순을 직접적으로 비판하는 것이 미학의 임무라 하기도 어렵다. 랑시에르는 "문학이 수행했던 정치는 작가의 정치의식이나 작품의 메시지로부터 기인하는 것이 아니라 일상적인 감각의 분배체계를 교란시키고 재배열하는 문학의 미학적 효과에 있다"(『문학의 정치』, 인간사랑, 2009, 375면)는 입장을 표명한다. 그러나 미적인 것과 정치적인 것 사이의 적절한 거리, 삶과 미학의 공통의 영역을 확보하는 것은 그리 녹록치 않아 보인다.

"기묘한 감성적 충격을 생산하는 데 몰두했던 시들에서는 정치적 의미의 가독성이 사라지고 정치적 의미의 가독성을 최대화한 시들

에서는 기묘함이 실종되는 이 이상한 딜레마"라는 말(강동호, 「존재론적 비명으로서의 시적인 것」, 창비 가을호, 293면)처럼 그동안 우리의 시에서 미적 전위는 현실의 삶(정치적 전위)과 전혀 무관하게 진행되어 온 것으로 여겨져 왔다. 현실성을 강조하는 사이 미적 가치가 실종된 것이 7~80년대의 실정이라면 90년 이후 현재까지 미적 수사의 경주는 시의 현실적 가치를 사장시켜왔는지도 모르겠다. 어쩌면 현실의 미메시스를 아득하게 잊어버린 것이 우리의 실정이었을지도 모른다. 현재 대두되고 있는 문학과 정치성에 대한 관심은 이 두 가지 양상에 대한 종합적 반성이라 볼 수 있으며 그런 지점에서 고무적이라 생각한다.

이런 시점에서 다시 한 번 문학 언어의 기능을 되짚어볼 필요가 있을 것이다. '일상적 감각의 분배체계를 교란시키고 재배열하는 미학적 효과'라는 랑시에르의 말을 손전 손택의 투명성의 주장으로 환치시켜 생각해보자. 손택의 말처럼 질병이라는 은유와 상상적 관념의 공포는 소수와 약자에 대한 공포를 대중에게 심어주었으며 폭력의 주체를 전도시켜버렸다.(올해 한센병 환자에게 국가가 행했던 잔혹한 행위에 대한 한승수 총리의 사과는 이에 대한 공식적 인정이라는 측면에서 의의가 있을 것이다.) 우리 사회는 세계 자체의 생존이 위기에 처했다는 말로 사람들의 공포심을 자극해 왔다. 최후의 심판 같은 재앙을 연상시키는 수사를 남발하고 이미지를 부과함으로써 이 사회는 실제 경험이나 현실 세계를 있는 그대로 이해하지 못하도록 가로막는 부작용을 낳고 있다. 미학은 이러한 가려진 이미지를 뚫고 투명성을 찾으려는 노력이다. 예술에서 유추해낼 수 있는 실제 경험을 통해 무절제와 걷잡을 수 없는 혼잡함, 과잉생산과 풍요를 낳은 현대 사회가 파괴

해버린 인간의 감수성을 회복시켜 주는 것이 예술의 역할이다. 사물의 반짝임을 그 자체 안에서 경험하고, 있는 그대로의 사물을 경험하게 하는 것이야 말로 제대로 보고, 느끼는 법을 알려주는 것이다.

사실 완벽하게 투명한 감각이란 어쩌면 환상이며, 불가능한 것인지도 모르겠다. 하지만 미학은 포기를 몰라야 한다. 감성의 충격을 몰아치는 시들이 실천의 몫을 고민한다. 삶을 지속하는 한 미학은 목적론적 인식의 가두리를 해치고 다양한 양태로 우리 삶의 모습을 재현해야 한다. 새로운 감각의 출몰 속에서 우리 삶의 지난한 모순과 딜레마가 드러나는 것은 그 자체로 의미를 지닌다. 이런 측면에 주목하면서 상식이 되어버린 편견과 고정관념에 도전함으로써 투명성의 감각을 되살리고자 했던 미학적 언어를 되돌아보는 것으로 올 한 해 시단의 모습을 되돌아보기로 하자.

2. 경계

이쪽과 저쪽의 경계를 뚜렷하게 나누고 구별하는 것은 이제 상식이 되어 버렸다. 오른쪽과 왼쪽, 이편과 저편, 내 것과 네 것, 자아와 타자는 완벽하게 대칭을 이루고 대립되는 구조를 지녔다. 삶의 편리를 위해 나누었던 기능과 역할, 지역은 의심할 여지없이 분할되어 있고 이쪽 아니면 저쪽에라도 속해야 우리 삶은 편안하게 안착된다.

그러나 경계의 한 가운데를 노래하는 시들이 있다. 이곳과 저곳 어느 곳에도 속해있지 않는 자들의 삶을 은유화, 상징화하는 것이 이 언어들 최대의 미학적 의지로 보인다. 애매모호한 영역에 걸쳐있는 삶을 형상화하는 시는 이곳과 저곳이 뚜렷하게 구별되는 삶을 살고 있는 우리에게 회의를 갖게 한다. 그것이 경계의 불안이든 희망이든 경계의 삶이란 것이 존재한다는 것을 온몸으로 증명하는 시들이다.

1
아직은 눈 내리는 골목의 담장
너머로나 이편으로 떨어지는 눈송이들

눈에게 다른 길이 있겠느냐 하시면,
담장 위로 떨어져 얼마간 머무는 눈송이들

그런 삶도 있다고 대답하겠다.

2
그걸 보았느냐 물으시면
눈앞에서는 곧 사라졌지만

담장 위 아무도 밟을 수 없는
분명 그곳으로 떨어졌다고.

눈앞에서 사라진 눈인가 하시면

글쎄 그런 삶도 있다고

— 조원규, 「세상과 세상사이」

시는 "얼마간 머무는"이라는 짧은 시간이 환기하는 가능성을 위해 존재하는 삶을 노래한다. 절제된 언어의 구사는 세상과 세상의 사이에 존재했던, 사라져버린 것들에 대한 여운을 남긴다. 이쪽과 저쪽 어느 편에도 속하지 않는 경계의 표지인 담장 위의 삶에 주목하는 자를 현실 속에서 찾는 것은 어렵다. 하지만 경계라는 타인의 시간을 엿보는 시인의 시선은 긴 물음을 남긴다. 아무도 밟지 못한 그것의 삶은 허무의 시간일까? 가능성의 시간일까?

경계의 모호한 지점을 노래하는 조원규의 시와는 또 다른 지점에서 이수명의 시는 모호한 지역에 존재하는 것들에 대한 단호한 믿음을 형상화한다.

내가 너의 손을 잡고 걸어갈 때
왼쪽 비는 내리고 오른쪽 비는 내리지 않는다.

우리에게는 언제나 너무 많은 손들이 있고
나는 문득 나의 손이 둘로 나뉘는 순간을 기억한다.

내려오는 투명 가위의 순간을

깨어나는 발자국들
발자국 속에 무엇이 있는가

무엇이 발자국에 맞서고 있는가

우리에게는 언제나 너무 많은 비들이 있고
왼쪽 비는 내리고 오른쪽 비는 내리지 않는다.

내가 너의 손을 잡고 걸어갈 때
육체가 우리에게서 떠나간다.
육체가 우리를 쳐다보고 있다.

우리에게서 떨어져나가 돌아다니는 단추들
단추의 숱한 구멍들

속으로

왼쪽 비는 내리고 오른쪽 비는 내리지 않는다.

— 이수명, 「왼쪽 비는 내리고 오른쪽 비는 내리지 않는다」

시적 언어의 질감은 단단하고 단호하다. 완벽하게 대칭으로 나뉘는 세계의 모습을 회의하지만 거기에는 망설임이라는 오차가 없다. 무수하게 많은 다양성이 공존하는 세계에서 사실 비는 대칭으로 내리지 않는다. 그러나 모든 것을 대칭으로 절단하는 투명가위는 공포를 환기한다. 스스로에게 던지는 '~있는가'라는 시적 자아의 물음은 분연하게 맞설 대상의 존재를 단호하게 일러준다. 시는 숱한 구멍 사이로 존재하는 것들을 존재하지 않는 것으로 보이게 하는 단절

의 편견과 맞서기 위해 더욱 불온해져야겠다는 언어의 결심을 엿보게 한다. 왼쪽과 오른쪽의 완전한 일치를 주입하려는 세계의 폭력을 기억하려는 듯.

강연호의 시는 보다 현실적인 방식으로 세계의 폭력을 일깨운다. 모퉁이의 비유, 정확하게 말하자면 모퉁이의 파괴에 대한 비유는 근대적 폭력의 한 단면을 엿보게 한다. 근대의 삶은 모든 것을 구획짓는다. 세상은 정돈되어야 하고, 조악하고 더러운 것들, 지저분한 것들은 눈앞에서 소거되거나 세상의 안쪽 더 깊은 곳으로 은폐되어야 한다. 시는 은폐와 차별을 통해 세상의 비루함을 가리려는 근대의 이중성을 드러내는 효과를 지니지만 동시에 막다른 곳에 몰린 삶에 대한 강한 연민을 남긴다.

어느 날 이 골목의 너무 많은 모퉁이를 돌아
사람들이 우르르 몰려들었다
철거통지서와 입주권과 어깨들이
이 골목의 너무 많은 모퉁이마다 건들거렸다
역세권 개발이라고 골목을 열자
골목은 홀연히 사라졌다, 골목이 사라지자
이 골목의 너무 많은 모퉁이도 문득 사라졌다
시계포도 전당포도 염색소도 이발소도
부부싸움도 악다구니도 그릇 깨지는 소리도
신흥종교처럼 한바탕 몰아쳤다가 사라졌다
골목은 막상 갈 곳이 없어서
마지막으로 모퉁이를 돌면서 오래 머뭇거렸는지 모른다

갈 곳 없어지면 결국 불량해지는 법이지
이 골목의 너무 많은 모퉁이마다
주름이 깊어졌는지 모른다, 주름을 당겼다 놓으며
모퉁이를 돌아나간 아코디언풍의 바람을 기억하는지
빈집과 불 꺼진 방을 감춘 골목은
세상에서 가장 깊은 표정을 지었겠지
골목에서의 소변은 어째서 금지되는가
모퉁이를 돌면 왜 늘 막다른가
밑도끝도없는 질문을 기억하는지
이윽고 이 골목의 뼈마디를 뚝뚝 분지르며
너무 많은 모퉁이쯤이야 대각선으로 가로질러
불쑥, 포크레인이 나타났을 것이다

— 강연호, 「이 골목의 너무 많은 모퉁이」 부분

막다른 골목이란 말처럼 모퉁이는 우리의 불안한 앞날이라는 상식적 의미에 안착하지 않는다. 막다른 곳에 몰린 초라하고 비루한 삶이 거하는 마지막 거처로 형상화된다. 세상의 가장 안쪽으로 몰아넣은 삶이 거할 곳은 어디인가? 모퉁이라는 말은 경계란 말의 울림과 유사하다. 모퉁이는 세상의 한계지점에 처한 아슬아슬한 삶을 형상화 한다. 경계에 처한 이들의 경계를 부셔버리는 듯 돌진하는 포크레인은 공포보다는 불안과 연민을 깃들게 한다. 모퉁이마저 사라진 세상 속에서 그들이 갈 곳은 어디인가?

3. 감각의 일치, 불일치

경계만큼이나 '감각'은 투명성을 형상화하기 위한 미적 언어의 가장 보편적이고 원론적인 키워드라 할 것이다. '감각의 일치'와 '불일치'는 일상적인 감각의 방식을 교란시키고 어지럽힘으로써 일상에서 쉽게 포착하지 못했던 것들을 맞닥뜨리게 하려는 시적 의지를 드러낸다. 일치라는 말이 주는 어감은 재현성을 상기시키지만 시인의 노력은 일상의 재현적 의미를 넘어서는 데에까지 미친다. 우리가 쉽게 포착할 수 없는 것까지 감각적으로 일치시키려는 노력과 일상의 수사법을 교란시키고 미끄러뜨려 생각지 못했던 의미 너머에 닿게 하려는 감각적 불일치라는 시적 전략은 서로 공통의 분모를 지닌다. 두 대립적인 수사는 실질적으로는 같은 의미의 다른 표현이라 할 수 있을 것이다.

진은영의 시는 감각의 미세한 한 조각마저 포착하려는 듯 섬세한 심안의 촉수를 세우고 있다. 자아와의 심연을 좁히려는 듯 세계의 곳곳을 샅샅이 투시하려는 시인의 미학적 의지가 시의 곳곳에 팽팽한 긴장을 만들어내고 있다. 그것은 감각의 재배치를 통해 느슨한 세계 인식에 균열을 만들기도 하고, 쉽사리 놓쳐버리는 현현의 놀라운 순간을 포착하기도 한다. 살다보면 뜻하지 않은 우연 때문에 다시금 삶의 의욕을 되찾기도 하고, 확인할 수 없는 존재에 사로잡히기도 하지 않는가. 인식과 사고라는 획일적인 재단을 뛰어넘어 현상에 깊이 몰입하는 감각은 미학의 정치적 도구가 될 수 있을 것이다.

창백한 달빛에 네가 너의 여윈 팔과 다리를 만져보고 있다

밤이 목초 향기의 커튼을 살짝 들치고 엿보고 있다
달빛 아래 추수하는 사람들이 있다

빨간 손전등 두 개의 빛이
가위처럼 회청색 하늘을 자르고 있다

창 전면에 롤스크린이 쳐진 정오의 방처럼
책의 몇 줄이 환해질 때가 있다
창밖을 지나가는 알 수 없는 사람들이 있다

있다고, 말할 수 있을 뿐인 때가 있다

여기에 네가 있다 어린 시절의 작은 알코올램프가 있다
늪 위로 쏟아지는 버드나무 노란 꽃가루가 있다
죽은 가지 위에 밤새 우는 것들이 있다
그 울음이 비에 젖은 속옷처럼 온몸에 달라붙을 때가 있다

확인할 수 없는 존재가 있다
깨진 나팔의 비명처럼
물결 위를 떠도는 낙하산처럼
투신한 여자의 얼굴 위로 펼쳐진 넓은 치마처럼
집 둘레에 노래가 있다

— 진은영, 「있다」

시에서 시적 화자는 '있다'라는 존재의 확인을 통해 삶의 미세한 모습을 하나하나 들추어낸다. 일상의 이름으로 획일화된 것들에 예민한 촉수를 들이대고 감각하는 삶은 세상의 의미를 최대로 확장시킬 수 있을 것이다. 달빛 아래에서만 극대화될 수 있는 시각적 이미지를 응시하며, 고요한 분위기 아래 배가된 향기는 세상을 강렬하게 한다. 이런 감각적 체험이란 그것이 동반하는 정서가 행복이든 비극이든 간에 적어도 우리를 무의미한 권태에 빠지도록 방치하지는 않을 것이다.

진은영의 시가 자아로부터 비롯되는 감각의 한 조각이라도 붙잡으려는 시도였다면 이원의 시는 일상이라는 보편적인 모습 속에서 쉽게 지나가버리는 감각을 포착하려는 노력이라고 할 수 있다. 아래에 인용된 이원의 시에는 누구나 경험하지만 무어라 표현하지 못하는 느낌을 예리한 시각으로 잡아낸다.

햇빛이 어린 나무 그림자를 아스팔트 바닥에서 꼼짝 못하게 하고 있다

아이가 제 그림자 속에 공을 튕기며 걸어갔다

비둘기 두 마리가 나란히 땅에서 하늘로 수평을 끌어올리며 솟구쳤다

타워크레인의 기다란 줄 끝으로 나무 한 그루가 끌어올려졌다 비닐 안에 뭉쳐진 흙더미가 뿌리를 감추고 있었다

시간은 수십만 개의 허공을 허공은 수십만 개의 항문을 동시에 오므렸다

— 이원, 「일요일의 고독」

「일요일의 고독」은 텅 빈 허무의 심연으로 우리를 빠져들게 한다. 일요일 오후 요즘처럼 따가운 햇살이 내려쬐고 아스팔트의 열기가 후끈 달아오르는 한 여름이라면 시가 자아내는 분위기에 더욱 공감하게 된다. 「일요일의 고독」에 주된 이미지는 원이다. 그것도 바깥으로 확장되지 못하도록 자아의 중심이 옴짝달싹 못하도록 구심력을 발휘하는 좁은 둘레를 지닌 원이다. 햇빛이 어린 나무 그림자를 아스팔트 바닥에서 꼼짝 못하게 하고 있다는 1행은 정오의 시간과 장면을 동시에 연상시킨다. 그림자가 가장 짧아지는 시간의 그림자를 통해 햇빛에 사로잡힌 자유롭지 못한 존재를 떠올리게 되는 것은 결코 지나친 생각은 아닐 것이다. 그것은 바로 뒤 그림자 안에서만 공을 튀기려는 아이의 이미지와 동일한 느낌으로 이어진다. 땅과 같은 수평으로 날아오르려 하는 비둘기나 비닐 안에 흙더미 속에 꽁꽁 매인 뿌리도 마찬가지일 것이다. 시에 아로새겨진 대단한 철학적 명제를 밝혀야 한다는 강박없이 우리는 이 시에 쉽게 동화될 듯하다. 활력과 의욕을 잃은 일요일 오후 자신으로부터 벗어나지 못해 답답하고 아득한, 무기력함을 경험해 본 사람이라면 누구나 시인이 그려내는 감각적 체험에 공감하게 될 것이다.

누군가
기다림의 손목을 잘라버려야 해, 중얼거렸다
어떤 선언은 비인칭 시점

아무것도 잊지 않은 기억 속에서 망각에 동의할 수 있을까

발자국은 자꾸 그늘 쪽으로 향하고
생장점을 지닌 기다림은 식물의 상상력과 알맞다
고요수목원 부채파초 앞에 서면
허공은 부채와 파초 사이, 한 점 바람을 헤아리고 있다
부채모양의 파초잎, 잎들

이 식물의 숨은 내력은
줄기에 빗물을 모아 한 모금의 구원이 되기도 한다는 것
기다림의 손목 대신 파초줄기를 잘랐을 발자국

왜 떠도는 발자국들은 구원에 목말라 할까

그럴수록 두 눈의 水位만 높아질 뿐,
종종 길 잃은 발자국에게 나침반이 되기도 한다는데
한 방향으로만 자라는 잎의 습성 때문이다
방향을 잃기 위해 떠도는 영혼이라면 소용없을

부채파초의 흰 꽃말은 기다림
늘 부채를 지니고 다니던 사람이 있었다
어느 부채가 불어오는 것은 바람이라는 냉정
그는 고백과 헤어짐의 문장을 파초잎에 적어 보냈다

기다림, 아무것도 잊지 않은 기억 속에서 망각에 동의하는 것

떠난 사람과 기다리는 사람은
비인칭 시점의 선언과 감행만큼 가깝게 멀다
성장을 거듭하는 시간만 그늘 쪽으로 한 뼘 더,

— 이은규, 「손목의 견딤」

이은규의 시는 낯선 화법을 통해 절망과 희망이 뒤죽박죽 섞여 있는 감각을 형상화한다. 긴 기다림과 절망의 반복 속에서 우리는 자라기 마련이다. 그 인내와 성숙의 시간을 노래하는 시는 문장과 문장의 벌어진 간극만큼이나 낯선 감각을 전해준다. 누구나 겪는 일상이란 시간의 보편적 체험에 특별한 느낌을 부여하는 기묘한 화법은 삶이라는 순간을 극렬하게 감각하고 우리의 느낌을 고양시킨다. 비인칭 시점의 선언이란 말의 쓸쓸한 뉘앙스 사이로 빠져나가는 감각들은 식상하고 편협된 인식을 뛰어넘는 놀라운 순간을 마련해주지 않는가.

감각의 일치를 꾀하든 불일치를 의도하든 간에 시인의 언어는 고정된 사고와 가려진 시각의 꿰뚫어 사물 그대로의 감각을 투명하게 내비치려는 미학적 의지의 발현으로써 존재의 의미를 가질 것이다.

유동하는 신체

1

시간은 흘러가고 존재는 흐름 속에 놓인다. 흐름이란 우리가 포착하는 유일한 우주의 속성이고 인간은 그에 거슬러 흔적을 새기려 한다. 아베 코보의 소설 『모래의 여자』는 끊임없이 흐르는 모래와 정박하고자 하는 인간의 속성을 대비시킨다. 유동하는 모래 위에 집을 짓고 정착을 꾀하는 어리석은 인간의 아이러니를 폭로하는 것이 소설의 주된 의도라 하겠지만, 뜻밖에 포착되는 것은 유동을 속성으로 하는 것 위에 머무는 유일한 방법은 같이 흘러가는 것이라는 발견이다. 끊임없는 역동성을 토대로 할 때만 우리는 흐름에 대처할 수 있다. 다시 말하면 세계의 모든 존재가 변모해가는 과정은 시간이라는 우주의 흐름에 합치하는 것에 다름 아니다.

하지만 인간의 욕망은 자연과 우주의 궤도 바깥으로 튀어나가려는 원심적 욕망을 지녔다. 노마드적 삶에서 부의 축적이란 불가능한 것이다. 잉여의 축적을 남길 수 있었던 것은 유목의 흐름을 멈추고 정착이라는 삶의 방식을 선택하면서부터다. 어쩌면 모든 사적 소유란 태생부터 흐름의 우주적 본성을 거스르는 방식이다. 사회적 삶이 우리에게 고통을 주는 이유는 여기에서부터 발생하는 것인지 모른다. 인간이 짜놓은 욕망의 판이라 할 수 있는 사회의 체계, 인공의 매트릭스는 자연의 흐름과는 어긋나는 지점에 놓인 것이다.

하지만 베르그송에 의하면 인간의 신체는 흐름과 지속을 속성으로 한다(그는 존재의 과정을 동적인 존재로 파악했으며, 동적인 존재의 본질을 시간적으로 파악되는 지속으로 표현한다). 신체는 형이상학의 차원도 아니며, 유물론의 차원도 아닌 우리의 세포와 같은 물질 속에 유동하는 흐름과 지속을 속성으로 하는 것이다. 이 신체성은 변화하면서도 항상 유기적인 통일성을 이루는 우리 자신의 존재의 모습이며, 아무런 공간적 구별의 관념이 침투할 수 없는 역동적인 존재이다. 즉 과정적인 존재를 시각적으로 표현하여 과거가 함께하는 더 나아가 미래적 계기까지도 함축하는 의미라 한다.

시는 우리의 억압된 신체성을 되살리는 우연성의 미학이다. 그것은 사회의 매트릭스에서 탈주하여, 추상과 보편성의 밑으로 유동하는 특이성을 되살리는 감성의 재편인지도 모르겠다. "시학이 신체들에 가하는 충격에 우리들이 직면하게 될 때부터 하나의 역설이 존재한다"는 네그리의 주장(「라울에게 보내는 편지」 중, 『예술과 다중』, 2010, 갈무리)은 미학에 거는 기대를 나타낸다.

지금 우리의 시에 나타나는, 아니 오랫동안 우리의 시단을 감싸는

징후와 같은 현상은 이러한 지점에서 판단되어야 할 것이다. 서술의 파편화와 다른 서정의 화법이 처한 난제는 난해성이나 소통불가능성 그 자체에 있는 것은 아니다. 오히려 이러한 화법이 다시 굳어버린 미학적 매트릭스의 판 위에서 짜여지는 것은 아닌가하는 의심에 놓여 있다는 사실이다. 시는 유동하는 흐름의 신체성, 탈주와 마주침, 변화를 일으키는 사건이어야 하며 우리의 감각에 파동을 던지려는 치열한 노력으로 전해져야 할 것이다.

2

지극히 익숙하지만, 아니 지나치게 익숙해서 그저 지나쳐 버리게 되는 시가 일깨우는 감각의 파동이 있다. 그것들은 감성의 새로움이 화법의 새로움에서만 나타나는 것은 아니라는 지극히 당연한 깨달음을 다시금 전해준다.

옷장 안에 전기를 잘 가두었다
버리고 간 스웨터 속에서 잠을 자던
영혼의 마지막 조각 같은 정전기
생과
생을 통과하는 감전

나는 마흔을 슬프게 보낸 것 같고
너는 저녁이 와도 불을 켜지 않았으며
아마도 대홍역의 똑같은 개찰구를
언젠가 통과했겠지
세상에서 세월을 인내할 줄 아는 것은
옷장이 아니며 냉장고다
저토록 엄격한 보호자를 보라
개찰구의 센서들만이 인과율을 복원할 수 있을 것이다
왜 한 사람이 우는 물처럼 지나갔고 왜
한 사람이 오지 않는지
그러나 금방 치워지는 식당 밥상처럼
새 밤이 오고 새날이 온다
어느 날 마른 발걸음은 기억을 잃어버리고서
역에서 내린다
탁, 탁 정전기 하나가 별을 궤도 밖으로 던질 때마다
깜짝 놀라서
낯익은 난간을 꽉 쥐어본다

— 서동욱, 「감전」

서동욱의 시의 화자는 차갑다. 시의 제목인 「감전」 속에 빠질 법하지 않은 이성적 존재로 감지된다. 시의 화법 또한 견고하고 단단하다. 그것은 압축과 절제의 묘미라는 기존의 서정의 문법을 넘어서지 않는 지점에서 형성된다. 문맥을 정확히 지키는 그의 화법은 마치 목의 끝까지 단추를 채우려는 빈틈없는 자의식을 느끼게 한다.

시적 상황은 이렇다. 시는 일종의 지나가버린 감전과 같은 사랑의 잔상마저 치워버리려는 존재의 자기 다짐이다. 사랑의 전기를 옷장 안에 가두며 인과의 법칙, 세속의 삶으로 환원되려는 노력은 그다지 어려울 것이 없어 보인다. 그는 '모든 것은 지나간다'는 지극히 세속적인 금언에 기대어 일상에 다시금 익숙해진다. 그러나 그 차가움은 견고한 단단함으로 무장되어 있지는 않다. "어느 날 마른 발걸음은 기억을 잃어버리고서"라는 우연적 사건 속에서 튀어 오르는 순간의 불꽃은 감전보다 더한 사건으로 그를 흔든다. 어찌할 수 없이 흐르는 찰나의 이탈, 섬광의 순간에 깜짝깜짝 놀라는 그의 무의식은 사실은 자신을 흔들 사건에 대한 기다림으로 가득 차 있는지도 모르겠다. 시는 너무나 견고해서 위태로운 존재의 역설을 드러낸다.

무리한 힘을 줄 필요가 없어
나무가 이룬 결을 따라 도끼날을 집어넣어주면 돼
마치 지수화풍(地水火風)이었던 그 모습으로 돌려보내주기 위해
천장사가 육신을 잘게 나누어
새들에게 먹이는 조장처럼 말이야
포정의 소는 뼈와 살이 다 분리되어 무너지는 순간까지
제 몸에 칼이 들어와 후비고 다녔다는 걸 몰랐다잖나
무엇보다 나무에게 미안한 마음으로
나무가 물이었던 시절
나무가 바람이었던 시절로 돌려보내주겠다는 생각으로
나무가 미리 내놓은 길을 찾아
그 길을 넓혀주면 되는 거지

그러면 나무가 쩍 박수소리를 내며 벌어진다네

— 복효근, 「장작 패는 법」 부분

이 시는 경건하다. 그러나 그 분위기는 순환적 사고에 대한 일깨움 때문도 아니고, 우주에 조화되는 삶을 살아야 한다는 경구와 같이 우리를 압도하려는 태도 때문에 발생하는 것도 아니다. 그것은 한 그루의 나무를 앞에 둔 시적 자아의 긴장에서 비롯된다. 장작을 패는 사소한 행위가 나무가 미리 내놓은 길을 찾아 주는 것이라는 믿음은 온 몸을 다해, 진정으로 자기 앞에 주어진 삶을 살아낸 존재의 경험을 인정하려는 태도이다. 이것은 생의 비의를 알아버린 자의 달관한 듯한 관조와는 다르다. 나무에 대한 예의를 말하는 시의 담담한 어조는 나무에게 바치는 오롯한 경이는 진정성이라는 감동을 우리에게 전해주는 데 일조한다.

3

다음의 시들은 삐딱하다. 이것은 문법적으로도, 이미지들도 모두 원심력을 이루며 바깥을 향해 뻗어간다. 도무지 포착하기 어려운 의미의 망 속을 흘러 감각적으로 포착되는 어떤 순간은 대체로 불편하다. 그 불편함은 때로 어지러운 혼돈과 닿을 수 없는 존재와 존재 사

이의 거리를 드러내며, 때로 텅 빈 존재성을 드러내는 알레고리로 나타난다.

빛이 이동한다. 책장 넘어가는 소리. 다시 한 페이지가 넘어간다. 우리의 두께를 드러내도록 합시다. 상상할 수 있는 모든 것을 상상하도록 합시다. 상상할 수 없는 모든 것을 상상하도록 합시다. 너무 넓은 방은 필요치 않습니다. 여백은 채워져서는 안 될 것으로만 채워져야 합니다.

빛이 이동한다. 고양이의 울음소리. 새들은 요란한 지저귐으로 자신의 재난을 알린다. 누군가는 지속적인 낮잠으로 자신의 재난을 알린다. 빛이 이동한다. 단락과 단락 사이에서 노래가 들려온다. 두꺼워질 대로 두꺼워집시다. 날아갑시다. 두께 속의 공기를 느낍시다. 우리는 불행을 요구받고 있습니다. 우리는 어둡고 텅 빈 방에 스스로를 유폐시킨 사람들이지요.

빛이 이동한다. 너의 이마 위로 어떤 문장들이 흘러간다. 찰랑이다 출렁인다. 넘실거린다. 우리는 한 마디 말도 나누지 않는다. 이제 밥을 먹읍시다. 잠들 시간입니다. 오늘은 내일보다 더 추울 겁니다. 닫아둔 덧문 사이로 매서운 바람이 불어 들고 있었다. 나뭇잎과 나뭇잎이 서로의 몸을 비비고 있었다. 나의 그림자가 너의 그림자 쪽으로 기울어진다. 빛이 이동한다.

— 이제니, 「나선의 감각—빛이 이동한다」 부분

나선의 감각은 기울어진 감각이다. 비스듬하게 이쪽에서 저쪽으로 흐르는 그것은 흐름의 상상력을 토대로 이루어진다. 그러나 그것은 기울어져 있기에 되돌아와 나에게 흐르지 않는 빛이며 너에게 전

해지는 빛도 아니다. 차츰차츰 기울어져 흐르는 빛의 움직임은 재난의 이동과도 같이 빛의 이면, 빛이 던지는 그림자의 이동이다.

이제니 시는 난해성 속에서도 일정하게 반복되는 패턴의 화법을 견지한다. 그것은 세 개의 담화로 나뉜다. "빛이 이동한다"는 반복적 진술과 시적 화자의 설명적 진술, "~합시다"라는 청유형의 문장들이다. 여기에서 이런 화법은 일종의 주고받는 대화로 이루어지지만 실은 소통되지 않는 대화 혹은 책을 읽어가는 시적 자아의 독백이다. 그러니까 "~합시다"라는 말은 공허하게 울리는 너의 발화이거나 아니면 그저 책의 내용에 반응하는 나의 의식일지도 모르겠다. 설명을 배제한 지극히 절제된 상황 때문에 시에 등장하는 그들의 존재성도 관계도 짐작할 수 없지만 그들의 유폐된 시간, 그 막막함과 음습한 분위기만큼은 충분히 감지할 수 있을 듯하다. 골방에 틀어박혀 책을 읽은 적이 있는 사람이라면 빛의 사라짐을, 차츰 드리워지는 어둠의 잠식을 떠올릴 수 있을 것이다. 그러나 그것이 몰입의 즐거움도, 무엇도 아닌 의미없는 행위라면 그 막막한 시간을 견뎌야 하는 자들의 악몽은 끔찍할 따름이다.

> 오래 기다려도 차는 오지 않고
> 핏대를 세운 발뒤꿈치를 들며
> 비 오는 오늘은 박물관에 갔네
> 세상 어디나 있는 식기들(한참 들여다보면 우스꽝스러워지는, 더 한참 들여다보면 슬픔이 자글거리는)
> 총칼들 갑옷들 서류들 인장들

목 없는 마네킹에 입혀진 화려한 씰크 드레스
아아 추워라, 우리의 고향은 정거장
오늘의 권력자에게 이 질긴 드레스를 보여주고 싶네
당신이 죽은 아주 오랜 후에도 우향우 좌향좌 기립해 있을
당신의 드레스
서성이고 서성이며 서성이는 드레스
(당신이나 나나 참,)

비 오는 날의 박물관 100년 간격으로 늘어선 방들
서성이다 지쳐 빗소리에 열쇠를 꽂는다
(정거장엔 빈 무덤들,
100년의 정거장에서 다음 정거장으로 떠도는
텅 비어 질겨진 드레스들 앞에서
윙크하며 엄지를 치켜세우는 누군가) ……

박물관 지붕으로 쏟아지는 마른 빗줄기
헤치며 헤드라이트 불빛이 잠깐 멈추었다 떠난다
투명한 두터운 슬픈 몸이 지나간다

— 김선우, 「비 오는 드레스 히치하이커」 부분

지나치게 비틀린 문장들 속에서도 시의 비유는 비교적 뚜렷한 알레고리로 작용한다. 드레스와 히치하이커는 옷을 입었던 혹은 앞으로 입을 자를 의미한다. 시의 매력을 반감시키는 몹쓸 행위인 줄 알지만 시의 난해성을 조금 거두기 위해 시의 서사를 재구성하기로 하

자. 가령 시적 화자는 비오는 날 박물관에 갔다. 그는 그곳에서 마네킹에 입혀진 100년이나 된 드레스를 본다. 그것은 그전에는 그 시대의 권력자들이 입었을 법한 옷일 것이다. 그러니까 드레스의 주인은 주인이 아니라 잠시 빌려 탄 히치하이커와 같은 존재일 뿐이다. 그 존재성의 허망함이란 박물관의 주인없는 유물들과 다를 바가 없다. 우스꽝스럽지만 더 들여다보면 슬픈 감정이 발생하는 이유는 여기에 있는 것이다. 우리의 존재성이란 텅 빈 기표와도 같이 시간의 흐름 속에 아무 흔적도 남기지 못할 것이 아닌가?

마지막 연을 박물관의 낡은 유물과도 같이 새로울 것 없는 우리 일상의 알레고리로 해석하려는 것은 지나친 나의 해석일까? 투명하지만 두터운 슬픈 몸이 마네킹과 다를 바 없는 생명력 없는 현대인들의 초상으로 연상되는 것은 그저 도식적으로밖에 시를 읽지 못하는 나의 굳어버린 독해 탓인지도 모르겠다.

빛이 바래 가는 생의 어느 지점

1

작년 한 해 우리나라에서 만 사천 명이 자살을 했다고 한다. 하루 사십 명 가까이, 두 시간에 세 명꼴로 목숨을 버렸다는 말이다. 비율로 따져 아우슈비츠에서 자살한 사람이 많을까 지금 현재 이곳에서 자살한 사람이 많을까? 당연히 지금 이곳이다. 자살마저 통제했던 곳에서의 죽음이란 쉽지 않기 때문일까? 인간이란 바깥으로부터 도래한 적에게는 대항의 견고한 의지를 불태우기 쉽지만 자기 내부의 적에게 속수무책으로 무너지기 마련이라는 말이 보다 적확한 이유일 것이다.

모두가 서로의 적이고 내면의 경계마저 분열돼

이미 오른손은 왼손의 적으로 변해버렸다.
하지만 어서 일어나라, 노병이여
이제는 나치가 아닌 그대 안의 적들이여!
아직도 우리의 전쟁은 끝나지 않았다!

— 프리모 레비, 「빨치산」 부분

위 시를 보며 프리모 레비의 선택은 아이러니하다는 생각을 떠올린다. 아우슈비츠에서 기적처럼 살아남아 42년이나 지난 후 자살로 생을 마감하는 것은 자기 안의 적을 견딜 수 없었기 때문이었던 것인가. 인간에 대한 사색과 성찰로 채울 수 없는 것이 우리 삶에는 있다는 의미인가. 무기력과 고독, 의미없음과 같은 일상의 여백과 인간 존재에 대한 도저한 절망 그 사이 어디쯤에서 그는 파동쳤을까?

인간에게는 완전한 행복도 없지만 완벽한 불행도 없다고 한다. "이 양 극단의 실현에 걸림돌이 되는 인생의 순간들은 서로 똑같은 본성을 가지고 있다. 그것은 모든 영원불멸하는 것들과 대립하는 우리 인간적 조건에 기인한다. 미래에 대한 우리의 늘 모자란 인식도 그 중 하나다. 그것은 어떤 때에는 희망이라고 불리고 어떤 때에는 불확실한 내일이라고 불린다. 모든 기쁨과 고통에 한계를 지우는 죽음의 필연성도 그중 하나다. 어쩔 수 없는 물질적 근심들도, 이것들이 지속적인 모든 행복을 오염시키듯, 이것들은 또 우리를 압도하는 불행으로부터 끊임없이 우리의 관심을 돌려놓음으로써 우리의 의식을 파편화하고, 그만큼 삶을 견딜 만한 것으로 만든다."[14] 죽음의

14 프리모 레비, 『이것이 인간인가』, 돌베개, 2007, 18면.

위협 앞에서도 내일 먹을 물과 음식이 확보될 수 있을까하는 사소한 걱정이 살고자 하는 의욕을 불러일으킨다.

어쩌면 진정한 비극이란 우리의 삶이 그다지 드라마틱하지 않은 것을 깨닫는 것인지도 모르겠다. 자기를 특화하는 고통과 절망을 토로하는 화려한 수사가 때로 경박한 포즈로 비춰지는 것도 여기에 까닭이 있다. 그저 누구에게나 다르지 않은 통속한 시간을 거쳐가는 것이 삶이라는 깨달음이 비극과 성숙을 동궤에 놓는다. 지극히 사소한 통속을 피하지 않으며, 자신을 과장하는 어설픈 포즈를 취하지 않는 것은 연륜 없이는 녹녹치 않다. 이는 공감이라는 타인과의 연대를 이루어내기도 할 것이다. 살아 있음이라는 비루한 고민을 생생하게 육화하는 시라면, 빛이 바래어 가는 생의 어느 지점에 서 있는 누군가에게 한 마디의 위로쯤은 되지 않겠는가.

2

시는 소설과 어떻게 다른가? 온갖 장르적 차이를 건너 뛰어 이 둘을 마주할 때의 느낌만으로 볼 때 시의 울림과 소설의 울림은 다르다. 일인칭으로 서술되어 있다하더라도 소설은 타인의 생을 관찰하는 듯한 거리감을 일정하게 유지한다. 반면 시가 전하는 감각은 아무리 낯선 화법을 구사해도 나의 감성에 직접적으로 꽂힌다. 지시성

의 가두리에 갇히지 않고 물질성을 강조하는 시적 언어는 나의 내면에 꿈틀거리는 무엇인가를 불러일으킨다.

이시영의 꾸미지 않은 직설적 어법은 이런 시적 언어의 직접성을 더욱 배가시킨다. 빛이 나는 새로움이나 생기는 퇴색되었을지 모르지만 그의 시는 몸에 맞는 낡은 옷 같다. 익숙하고 편안하게 써내려간 듯한 몇 줄은 심상하다. 그것은 얼룩진 일상의 생활에서 나오는, 통속한 삶의 한 순간을 마주하게 한다.

> 사는 것이 사는 것 같지 않고 으스스 몸이 시릴 때, 아니 내 삶이 내 삶으로 도저히 용납되지 않을 때, 그것이 또한 오로지 남의 탓이 아닐 때 등을 돌리고 서면 거기 안서호의 황혼녘에 오리들이 몇 유쾌한 직선들을 그으며 나아가고 있었나니, 나 425호 남의 연구실 유리창에 이마를 갖다대고 그것들의 한 없이 자유로운 유영을 지켜보곤 하였으나 내가 저 오리가 되기엔 너무 늙었거나 조금 일렀으며, 생은 어디에 기댈 데도 없이 저처럼 뭉툭한 머리를 내밀고 또 물밑에선 갈퀴질을 죽어라고 해대며 쌩까라고 저 홀로 갈 때까지 가보는 것이라고 다짐하곤 했는데, 그때쯤이면 해가 풍덩 가라앉은 저녁 안서호의 따스한 물결이 내 가슴 통증께로 조금씩 밀려오곤 해 나는 서둘러 텅 빈 가방을 챙겨 의대에서 오는 6시 막차 퇴근버스를 타러 언덕길을 향해 총총히 내려가곤 했다.
>
> — 이시영, 「어느 저녁의 몽상」

이시영의 시가 늘 그렇듯 인용 시는 쉬운 언어로 쉽게 정곡을 찌른다. 시의 화자인 내가 응시하는 것은 바깥의 대상이지만 '나'가 직시하는 것은 '타자화된 자신의 삶'이다. 우리의 삶은 오리들의 삶과

다를 바 없다. 자유로운 유영이 되기 위해서는, 아니 자유로운 유영처럼 보이기 위해서는 드러나지 않도록 죽을 만큼의 안간힘으로 물갈퀴질을 해야 한다. 이건 피해갈 수 없는 모든 존재의 삶이다. 홀로서기의 자유의지를 종종 '인간에게 주어진 존재론적 형벌'이라는 비유로 수사하는 이유도 보편적 존재로서의 고통을 강조하기 위해서이다. 그러나 이로부터 비켜나 있는 삶도 있는 법이다. '남의~'라는 자기를 타자화하는 관형어와 '~다짐하곤 했는데'라는 의지를 빗나가게 하는 어미의 사용은 중심으로부터 미끄러진 소외된 생의 모습을 드러낸다. 창밖으로 비추는 저녁무렵의 풍경이 부추기는 허기에 종종 빠져든 적이 있는 자라면 '사는 것이 사는 것 같지 않'은 이라는 시의 첫 구절부터 사로잡히지 않았을까.

'미래파'의 옹호자로 알려져 있는 것과 달리 권혁웅의 시는 소박하고 간결하다. 그가 구사하는 비유는 생활 속에서 쉽게 찾아볼 수 있는 리얼한 것들로 이루어져 있다. 그의 시는 취의와 매재를 가깝게 두며 비교적 자명한 이미지를 구사하는 편이다.

빨래가 생활의 항복을 선언합니다 다시 더러워지겠다는 결심이죠 오래도록 통 속에서 내 통속通俗을 두들기고 비틀고 짜냈는데 그렇게 힘없이 기어 나와서는

저것 좀 봐요, 뼈와 관절을 다 내다버렸어요 경축 신장개업 써 붙인 풍선인형처럼 혼자 들떠서는

빨래는 어째서 이기지 못할 생활일까요 나는 죽은 피부를 가루비누처럼

옷 위에 쏟았는데요 몸에 밴 기름을 마가린이라도 되는 듯 얇게 도포했는데요

살을 다 파 먹힌 게가 물살에 집게를 흔드는 거나 물에 불린 쌀알이 전기밥솥 안에서 익어가는 거나 생활의 검은 피부가 빨래에 다시 내려 앉는 거나……

간장게장에 밥 비벼먹을 때 그 노란 빛으로 빨래는 돌아가겠죠 바람이 빠지면 주르륵 내려앉는 풍선인형처럼 바구니에 쌓이겠죠

빨랫감이 만드는 심산유곡 하나, 우리는 생활을 버리고 생활을 등지고 거기에 들어가서는……

— 권혁웅, 「빨래의 현상학」

시의 시작은 생활에 밀착된 구체적 관찰로부터 비롯되었을 것이다. 빨래의 끝없는 반복, 그 지겨운 운명은 우리의 삶과 조금도 다를 것이 없다는 착상. 그러나 시는 예측대로 소시민적 자괴감으로 귀착되지는 않는다. 첫 연에서 화자는 막 빨아 새하얀 빨래에서 통속을 떠올린다. 내면의 성찰과 사유로도 존재는 생활을 벗어나기 어렵다. 내면을 무장하고 철학적인 사유로 가다듬어도 다시금 세파에 휩쓸리는 상황은 풍선인형이라는 쉬운 은유로 가볍게 설명된다. 하지만 '~하겠죠'라는 가벼운 추측성의 어조 덕분에 시는 비관적으로 흘러가지 않는다. 부조리한 세계의 체제와 그 속에 함몰되어 살아가는 자아에 대한 비관 대신 '빨래의 현상학'은 통속한 삶의 궤도를 잠시

벗어나는 순간, 그 심산유곡을 다시금 부각시킨다.

대수롭지 않게 툭툭 내뱉는 시적 화자의 예상처럼 우리는 통속한 생활과 이를 초탈한 사유의 순간을 오갈 것이다. 이 시의 가장 큰 매력이라면 우리의 이런 한계를 받아들인 듯 가볍게 힘을 뺀 시의 자세이다. 그 자연스러운 초연함에 '사는 게 그렇지 뭐'라는 공감의 말이라도 불쑥 내뱉고 싶어진다.

3

특수한 사례나 구체적 상황 속에서 보편성을 길러내는 것이 일반적인 문학의 방법이다. 그러나 이기성의 시는 정반대의 지점에서 작동한다. 철저한 익명성이 마치 보편적인 모두의 상황을 설정한 듯 시작되지만 은폐된 무언가가 보편성으로부터 일탈된 삶의 어느 지점을 환기시킨다.

> 그렇지, 이것은 감자다, 식탁 위에 어둑하게 놓인 이것. 당신이 오늘의 심장에 손을 푹 찔러 넣어 파낸 감자, 뜨거운 감자 말이다. 오늘은 감자를 먹는 날, 많은 서류가 바람에 날리고 프레스 기계에 잘린 것은 손가락뿐이 아니다. 고개를 푹 숙이고 감자를 먹다가 감자처럼 목이 뚝 잘릴 때도 있는 것. 하염없이 굴러가는 저것은 감자, 영원히 멈추지 않는 감자, 그러나

자꾸만 12층의 여자가 힐끔거린다. 울퉁불퉁 자루 속에 든 것은 감자예요, 말을 하려는데 목이 꽉 메인다. 새파란 눈물이 핑 돈다. 그렇지 이것은 감자다. 너의 검은 심장이 둥둥 울면서 먹어야 하는 것. 공손한 감자를 앞에 놓고서, 손을 맞잡은 채 모두 말이 없다. 12층에도 식탁에 둘러앉은 가족들이 있다.

— 이기성, 「감자 먹는 사람들」

사람들이 둘러 앉아 감자를 먹는다. 그런데 먹는다는 행위가 지독한 혐오감을 자아내며 파렴치한 몹쓸 행위라는 느낌을 받게 된다. '심장에 손을 푹 찔러 넣어 파낸' '너의 검은 심장이 둥둥 울면서 먹어야 하는 것'이라는 그로테스크한 이미지들이 삶의 부조리를 환기시킨다. '목이 뚝 잘릴 때' '하염없이 굴러가는' '영원히 멈추지 않는' 등의 수사는 감자를 공포 그 자체로 만든다. 누군가의 심장이나 손가락, 달아난 목으로 얻어야 하는 게 감자라면 먹고 사는 일은 삶 그 자체로 부조리이다. 그런 감자를 앞에 둔 가족들의 공손한 침묵처럼 숨막히게 답답한 분위기야말로 이기성 시의 독특한 미학이며 세계를 바라보는 시선일 것이다. 그러나 나는 이기성의 시를 대할 때마다 늘 궁금하다. 보편적인 상황으로 그려내고 있으나 그의 시가 자아내는 불신과 그늘은 결코 보편적이지 않은 어떤 기원을 간직하고 있다. 그 은폐된 세계의 기원은 무엇일까? 알듯 말듯 닿을 듯 말듯한 그의 시적 세계는 모호하고 불투명한 매력으로 가리워져 있다.

이 사람은 어디서 태어났다. 정각과 정각 사이에서. 공과금 고지서와 함께. 연애도 했다.

누군가 이 남자이다. 그럴 수밖에 없는 것으로 이루어져 있다. 목젖이나 귀청 같은 것. 부르르 떠는 것. 그것만으로 이 남자를 판단한다면.

모든 것이 진짜다.

언제나 절정. 그것이 이 남자다. 얼굴의 점이나 중고자동차 역시. 잇새로 찍, 뱉은 침이 도달하는 꼭짓점과 같이. 거기에 약속장소도 있고

죽음의 순간도 있겠지만,

히말라야에는 가보지 못했다. 히말라야는 너무 아름다워서, 아름다워서, 차라리 백화점 앞 길을 걸어간다. 오늘은,

백화점 앞길에서,

그의 그림자가 당신의 그림자와 겹쳐지는 순간. 그것을 누가 특별한 사건이라고 생각하겠는가?

그의 무엇이 흔들렸나?

흔들렸나?

부르르 떨리는 그것을 감정이나 세계관이라고 할 수는 없다. 심장이라면 몰라도.

순식간의 변화라면 신호등이나 구름이 전문가. 횡단보도와 벚꽃은 지진에만 반응한다.

어디서 태어나서 누군가인 남자가, 드디어 한 남자에 도달하였다. 남자는 남자가 되어 자신도 모르게 입을 벌렸다. 상상해본 적이 없는 세계가

쏟아질지도 몰라.

그것은 비명이나 열대어가 아니다.

신제품 설명회도 아니다.

부르르 떨리는 그것이 아니라면, 당신은 그를 지나쳤을 것이다. 요란하게 사이렌이 울리고,

민방위 훈련이 시작되어도 마찬가지.

한 남자가 당신에게 나타나고, 한 남자가 당신에게 사라지고, 내일의 위치가 달라졌다. 당신은 지금 막,

당신을 지나간 한 남자의 특성을 이해하였다.

— 이장욱, 「특성 없는 남자」

"이 사람은 어디서 태어났다" "누군가 이 남자이다"처럼 시는 부정칭(不定稱)으로 어떤 남자를 지칭한다. 어디서와 누군가가 질문으로 특수성을 환기하지 않을 때 그것은 무서운 보편성이 된다. 있으나 마나, 없어도 상관없이 그렇게 지나쳐 가는, 너는 나에게 나는 너에게 어떤 의미도 없는 존재이다. 하지만 이장욱의 시는 현대의 익명성과 의미없음이라는 익숙한 비관에서 비껴 나간다. 그것이 존재의 삶을 고양시키는 긍정적 사건으로 확산될지 그저 한 때의 순간으로 스쳐지나갈지 알 수 없지만 아무튼 시가 부각시키는 것은 사랑이라는 사건이다. 이 사건은 우리의 삶을 흔든다. '누군가'와 '어디서'가 '한 남자'로 격상되는 떨림의 순간 그것은 우리에게 세상을 흔드는 사건이다. 주체가 만드는 사건이 아니라 세상의 우연이 감각과

감각이 부딪혀 순간적으로 솟아오르는 생성이다.

짧게 문장과 구절을 끊으면서도 속도감 있게 장면을 전환시키는 시의 서술 방식은 우리의 뇌리에 강렬한 인상을 남긴다. 단정과 반문을 엇갈리게 사용하는 문장구사 또한 거부감 없이 시의 단정적 어투를 받아들이게 하는 미묘함을 지니고 있다. 특히 "당신은 지나간 한 남자의 특성을 이해했다"는 마지막 문장에 실린 단호한 힘이 느껴지지 않는가?

4

'시는 독자가 필요 없는 장르다'라는 말을 누군가에게 들은 기억이 난다. 철저하게 자기로부터 발생하여 자아 충족적인 것이 시의 실체라는 뜻이었을 것이다. 아니 그보다 더 정확하게 말하자면 독자를 의식하여 거짓된 정서와 감성을 그려내지 않는 것이 시란 장르의 미덕이라는 말이었을 것이다. 그러나 순수한 시의 독자로서 말할 수 있는 것. 시가 만들어내는 지극한 개인성의 한 순간, 시적 언어의 파편 하나가 던지는 파장에 오래 출렁임을 느끼는 사람으로서 시는 결코 단절적이지도 자폐적이지 않다. 그것은 눈에 보이지 않지만 우리의 육체, 우리의 감각이 서로 연결되어 있다는 가능성을 증명해준다.

4부

'미니멀'한 일상으로 담아내는 선禪 : 시 너머의 시 쓰기

이승훈 시집 『화두』

이승훈의 새 시집 『화두』의 화두는 미학적 의도와 인위적 재단을 제거하는 데 있는 것 같다. 여기에 실린 시들은 소소한 일상을 미적으로 과장하거나 포장하지 않고 있는 그대로 드러낸다. 일상과 환상, 현실과 초현실도 구분하지 않는다. 그것은 시적 자아의 머리에 떠오르는 순간을 옮겨놓은 흔적들이다.

무관심하게 흘러가는 단조로운 일상의 한 페이지(「어느 봄날」), 편집증적 집착(「이것도 병이다」), 약물을 흘린 뒤 부인의 눈치를 보는 졸렬한 소심함(「다만 현재를 산다」), 세속적 관심에 기뻐하는 아이 같은 태도(「내가 화두다」) 등 사소하고도 자연스러운 정서가 무심하게 드러난다. 사소한 일상과 고고한 깨달음을 주는 스님의 강학 사이에 서열도 경중도 두지 않는다. 인위적인 것과 자연적인 것 사이의 경계를 긋지 않으려는 미학적 태도는 예술의 본질적 속성마저도 넘어서려

는 경지를 꾀한다는 점에서 파격적이다. 미적 형상화에 대한 욕망을 버리고 현재의 증상만을 고스란히 흐르는 대로 노출시키는 시학이란 우리의 시단에서 이질적이고 돌출적이다.

『화두』의 시학을 이해하기 위해서는 그동안 이승훈의 시가 실천해온 미학적 탐구의 흔적을 살펴보아야 한다. 그의 시는 40년에 가까운 세월동안 주체와 자아의 문제에 천착해왔다. 초기시에는 자의식의 심연 속에 가라앉은 무의식(욕망)을 끌어내려는 시도가 드러난다. 이 시기 이승훈의 시가 탐구하는 자아는 억압된 무의식의 심연이었지만, 문제는 무의식 자체가 아니라 의식적 세계를 부정하는 인식에 있다. 의미와 의식을 지우려는 시적 시도를 통해 읽을 수 있는 것은 합리적 세계에 대한 불신이며 벗어나고자하는 노력이다. 하지만 시적 자아를 억압하는 대상으로부터 초월하여 본질의 영역에 닿으려는 시도는 출발부터 예정된 실패를 예감하고 있다. 중기의 이승훈의 시는 이 예정된 실패의 원인을 우리의 사유가 언어에 의해 구조화되어 있다는 데에서 찾는다. 언어의 작용을 통해 인간 주체가 어떻게 억압의 구조 속에 놓이고 분열되어 있는가하는 시스템 자체를 형상화함으로써 은폐된 구조를 노출시킨다. 언어를 통해 사유하는 인간은 사회, 문화적 시스템에 좌우되며 따라서 미학적 텍스트를 만드는 예술가의 주체도 존재할 수 없다는 것이다. 억압된 자아는 이성 / 비이성, 합리 / 불합리, 의식 / 무의식과 같은 이분법적 세계의 인식으로부터 자유롭지 못한 존재이다.

문제는 그의 후기 시에 나타나는 형식적이고 인식적인 특성에 있다. 이승훈의 시는 2000년대 이후 선불교적 영향을 강하게 드러내고 있다. 끈질긴 자아 탐구의 세계를 통해 그가 도달한 결론은 아이러

니하게도 자아란 없다는 것이다. 그에 의하면 자아와 자아 아닌 것을 변별하는 구분 자체가 의미가 없다. '자아는 있는 것도 아니고 없는 것도 아니다. 존재는 있는 것도 아니고 없는 것도 아니'라는 인식은 선불교의 불이(不二)사상을 토대로 한다.

> 추운 저녁 골목에서 길을 못 찾아 지나가던 사람에게 물었지. "이 길로 가면 어디가 됩니까?" 그 사람은 "네!" 대답하고 그냥 가더라.
>
> —「내가 그대 주머니 속에 있다」

가령 시에서 포착하는 장면은 상황적 아이러니이며 그 자체로 선문답이 되어 버린다. "이 길로 가면 어디가 됩니까"라는 물음은 "어디"라는 장소를 나타내는 계열체 만을 답으로 한정시킨다. 이처럼 말을 하는 주체는 타자에게 제약을 지시하려는 존재이다. 그러나 타자는 무심히 "네"라는 말로 지나쳐버린다. 결국 '내가 그대 주머니 속에 있다'는 제목처럼 시의 자아는 타자의 우발적인 무관심에 갇힌 자이다. 자아는 타자의 주체가 될 수 없다. 상황은 불확정적인 우연에 의해 이루어진다.

이승훈의 시는 주체를 중심으로 하는 기존의 사유 방식에 대한 인식론적 회의를 던진다. 인식적 회의는 사유의 방식에 대한 회의에 그치지 않는다. 이는 존재론의 변화를 의미하는 것이며 이승훈의 경우 시의 형식과 글쓰기에 대한 방법론적 실천으로 이어진다. 시와 시 아닌 것 사이의 경계를 해체시키려는 시도는 이전의 시집 『비누』와 『이것은 시가 아니다』에서 이미 시행했지만 『화두』에 와서 비로소 완전히 무르익고 있다고 할 것이다. 『화두』에는 산문과 시, 에세이와

시, 일기와 시, 꽁트와 시와 같은 장르의 해체와 더불어 일상적 삶과 미학적 삶은 전혀 구분되지 않고 있다. 이승훈은 시집 끝에 덧붙인 시론에서 이러한 글쓰기를 영도의 글쓰기로 명명하고 있다. 자아와 언어, 대상을 지운 시 상태에서 남는 것은 행위 그 자체라는 것이다.

그렇다면 대상도 언어도 주체도 사라진 상태에서 우리가 시를 쓰고 읽는 의미는 무엇인가? 우리는 도대체 왜 쓰고 읽는 것일까? 이승훈은 이런 물음에 블랑쇼가 말한 찬란한 자명성, 의미가 없는 빈 기호를 제시한다. 사실 텍스트는 비어 있기에 무엇을 채워 넣어도 상관없는 여백이 될 수 있다. 이는 어떤 의미를 발견하려는 강박없이 읽을 수 있는 텍스트가 된다는 측면에서 하나의 해방이다. 우리는 텍스트의 전체성과 통일된 의미를 벗어나 글자 하나하나에서 전달되는 질감을 느끼고, 문장과 문장의 결을 보듬는 것으로 즐거움을 느낄 수 있다.

> 의자도 책상도 수군거리는 밤. 하하 웃는 밤. 꿀떡꿀떡 물 마시는 밤. 와와 소리 지르는 밤. 구름도 와와 소리 지르고 마당에 넌 빨래도 와와 소리 지르고 와작와작 깨물어 먹는 밤. 하하 이런 시는 내가 아니라 밤이 쓴다. 킥킥 웃으며 곰이 쓰고 고양이가 쓰는 시. 호호 고양이가 쓰면 이제 난 시를 쓸 필요가 없지. 고양이가 야옹 울면 꿩도 울고 피라미 피라미 이 밤에도 강원도 인제군 내린천엔 피라미가 뛰겠지. 파삭파삭 마르는 밤. 피라미 새끼도 뛰겠지. 서걱서걱 무를 먹는 밤. 거북이는 휙휙 지나가고 염소들이 웃고 소들도 웃는 밤.
>
> —「여름밤」

이승훈의 어떤 시들은 리듬감이 뛰어나다. 자유연상처럼 이어지

는 단어의 연쇄 속에 리듬감은 톡톡 살아난다. 인용 시 역시 리듬감이 뛰어나며 감각적이다. "밤"과 "이"로 끝나는 각운과 가끔 나타나는 하하, 와작와작, 꿀떡꿀떡, 와와, 킥킥 등의 의성어와 의태어는 경쾌한 리듬감을 전해주며 가벼운 감정을 고양시킨다. 이런 감각적인 밤에 자의식이 끼어들 여지는 없다. 주체라는 의식의 가두리를 벗어던진 투명한 감각만이 살아난다. 시를 쓰는 것이 주체가 아니듯 시를 읽는 것도 적극적으로 통일적 의미를 구성하는 주체가 될 수 없다.

다음에 인용된 시 역시 의미를 해석하고 통일된 질서를 부여할 필요가 없다. 만약 하나의 형상을 그리려 한다면 미로에 빠진 듯 난처해질 따름이다.

> 버스 타면 창밖을 볼 수 있고 의자에 앉을 수도 있고 오늘 버스 타면 내일 밥을 먹을 수도 있고 오늘 창밖을 보면 내일 추울 수도 있다. 겨울에 버스 타면 여름에도 탈 수 있고 물론 내릴 수도 있지. 난 달걀은 안 먹는다. 그러나 황소가 달걀을 먹는다고 말한 건 프랑스 희곡 작가.
>
> 그는 뱀이 여우에게 가서 돈 좀 주시오! 했더니 여우는 "돈을 줄 수 없소." 말하고 산딸기와 병아리와 꿀이 가득한 계곡으로 달아났지만 계곡엔 벌써 뱀이 웃으며 여우를 기다린다고 했지. 여우는 칼을 뽑아 들고 "사는 법을 "알려주마!" 외치고 다시 도망갔지. 그러나 뱀이 더 빨라서 여우의 이미를 내리치니까 여우는 "아냐 난 정말 네 딸이 아냐." 소리치면서 산산조각이 나고 말았대요.
>
> —「나의 능력은 좋은 편이다」

인용시는 버스를 타고 가는 일상과 프랑스 희곡 작가가 쓴 것으로

짐작되는 우화가 병치되어 있다. 마치 개연성이 있는 듯 문장의 어법은 조건절로 짜여 있지만, 상황은 아무런 맥락이 없다. 오늘 버스를 타는 것과 내일 비가 오는 것은 아무 상관이 없다. 여기에 끼여든 여우와 뱀의 우화는 더욱 더 그렇다. 여기에서 개연성이나 질서, 규칙 이런 것을 찾으려는 집착은 무의미하다. 우리의 삶이 그렇듯 표면적으로는 모든 게 필연성을 띠고 있는 듯하지만 실은 우연히 흘러가는 세상 속에 놓여 있다. 자타의 구분이 불필요하고, 인과의 관계를 살피는 것은 의미없다. 뒤죽박죽 섞여 있는 사고의 파편들이 파노라마처럼 펼쳐지는 시의 세상을 그저 따라가도 좋을 것이다. '나의 능력은 좋은 편이다'라는 제목처럼 여유롭게 심드렁해도 좋지 않을까? 사고의 파편들에 통일된 질서를 부여하려는 노력은 오히려 감옥이며 억압이 될 것이다.

이승훈의 『화두』는 이처럼 흐르는 대로 흘러가는 한 순간의 포착이다. 하지만 이승훈의 시는 드라이하지 않다. 그의 시는 자아의 집착을 버리기 위해 욕망을 절제하는 시, 선을 실천하기 위해 인간다운 감정을 버리는 시가 아니다. 오히려 감정도 자연스럽게 내버려두고 욕망마저도 내버려 두는 시이다. 그의 시는 현재라는 순간을 그대로 보여주는 시이다.

> 옷 때문에 책을 못 읽고 아무 생각도 할 수 없다. 저녁 무렵 낡은 스웨터 입고 소파에 앉아 책을 읽으려고 했지만 아무 취미도 없는 나는 저녁이면 책상 옆에 있는 낡은 소파에 앉지만 책상에 스탠드를 켜고 책상은 소파 왼쪽에 있고 소파 뒤는 벽이고 소파 바른쪽엔 고물 선풍기가 있지.
>
> 그러나 옷 때문에 고생이다. 헐렁한 잿빛 낡은 스웨터를 입었지만 바른

> 팔이 조이고 소매를 팔꿈치 위로 올려도 답답하고 어깨까지 올려도 답답해서 벌떡 일어나 가위로 소매를 자르려다 참고 다른 스웨터러 갈아입는다. (…중략…) 이놈의 스웨터는 소매를 어깨까지 올려도 흘러내리지는 않지만 팔을 조이고 팔 때문에 팔 때문에 책도 못 읽고 빌어먹을! 아내는 거실에서 그것도 병이라고 사도세자도 그 병으로 죽었다고 뒤주에 갇혀 죽었다고 말하네. 그럼 나도 뒤주에 갇혀 죽으라는 거야? 뭐야?
>
> —「이것도 병이다」

가령 인용 시의 자아는 편집증 환자처럼 집착이 심한 성격을 보인다. 스웨터의 팔을 조이는 작은 느낌 하나도 참지 못하며, 아내의 비아냥에 발끈 화를 내는 소심한 자의식을 지니고 있다. 시는 자아를 그대로 펼쳐놓을 뿐 미화하거나 포장하려 하지 않는다.

시라는 장르적 형식이든, 인간의 성품이든, 사유의 방식이든 틀을 만들지 않는 것, 있는 그대로의 자연스러움을 펼치는 것이야말로 이승훈의 시가 실천하는 선(禪)의 경지일 것이다. 여타의 불교 시들이 피안을 그려내고, 불성의 위대함을 모방하는 데에 비해 이승훈의 시는 어찌 보면 사소하고 비루하다. 하지만 오히려 그렇기 때문에 그의 시는 선을 말하면서도 정서가 풍부하고, 위트와 유머가 녹아 있을 수 있는 게 아닐까? 비록 우리의 소소한 일상을 선적 깨달음과 같은 경지에 두는 이승훈의 시학을 이해하는 게 어려운 일이라 해도 그의 시집을 읽고 그 결을 느끼는 것은 재미있다. 시의 전위성이나 인식론적 거창한 의도 따위와 상관없이 희열(Jouissance)을 느끼는 것만으로도 한권의 시집을 읽는 의미는 충분할 것이다. 이승훈의 권유대로 그저 증상을 즐기자!

여기와 거기, 거짓과 진실의 경계에 서기

유안진 시집, 『거짓말로 참말하기』

『거짓말로 참말하기』에서 유안진이 사용하는 언어의 미감은 꾸비지 않은 소박한 맛에서 나온다. 그의 시는 극적인 정서로 우리를 몰아가지도 않으며, 감각적이고 화려한 스타일로 현혹시키지도 않는다. 그의 질박한 문체에는 우리의 주변에 흔하게 널려 있는 것들의 이면을 투시하여 가려져 있는 진정성을 붙잡으려는 시인의 진심이 배어있다.

심안으로 세계를 보는 눅진한 연륜이 묻어 있는 시들이 흔히 과잉된 성찰에 빠지곤 하는 것에 반해 유안진 시에는 관찰과 경이가 오롯이 나타나 있다. 가령 「겁난다」에서 "토막난 낙지다리가 접시에 속필로 쓴다 / 숨가쁜 호소(呼訴) 같다 // 장어가 진창에다 온몸으로 휘갈려 쓴다 / 성난 구호(口號) 같다"는 관찰은 "쓴다는 것은 / 무모한 육필"이며 "몸부림쳐 혼신을 다 바치는 거란 말이지"라는 깨달음으로 이어지지만 이는 진리에 대한 일방적인 설법으로 전환되지 않는

다. 자신의 모든 존재성을 쏟아 부어 감당해야 하는 것이 쓰기의 무게라면 이 앞에서 두려워하는 것이야말로 진솔한 감정의 표출이다. 이에 대해 묵묵히 공감하는 것이 강요된 인식에 동의하는 것보다 편안하고 자연스럽다.

유안진의 시는 극적인 것의 과잉 대신 일상에 이는 소요를 그려낸다. 그의 시심은 요란하게 일렁이기보다는 잔물결이 수런거리는 수면과 같다. 그러나 이는 정적인 분위기를 드러낸다는 말과 거리가 멀다. 멀리서 보기에 잔잔하지만 작은 물결이 끊임없이 일어났다 가라앉기를 반복하는 역동성이야말로 쉽게 보이지 않는 세계의 내면이다.

창유리에 달라붙은 반투명의 아우성
떼지어 엉키며 부풀리며 퍼져나가며
쉴 새 없이 휘돌며 되울리는 메아리조차 자욱하다
고요가 이렇게도 소리칠 수 있다니
고요의 목청이 이렇게도 깊고도 요란할 수 있다니
고요의 목소리가 내설악을 통째로 삼켜버릴 수 있다니
귀를 틀어막고 우왕좌왕하다 보니
먼데 산봉우리 하나가 모가지만 내 놓은 채 허우적거린다
세상은 거대한 안개바다
깊이 모를 대해 밑바닥에서 울려오는 아우성만
끼리끼리 휘돌며 메아리치고 되받아친다

—「고요의 아우성」 부분

시인의 섬세한 관찰은 창밖의 풍경에 머문다. 안개가 자욱이 낀 고요한 내설악의 그윽한 정취와 빨려들 듯 깊은 자태는 신비롭기조차 하다. 하지만 내설악의 그윽한 경치의 묘사로는 액자의 사진으로도 충분할 것이다. 유안진이 그려내는 것은 배경화된 경치가 아니다. 시는 떼 지어 엉키어 부풀리며 퍼져나가는 고요의 소리에 귀 기울이며, 안개가 휘감은 온 설악의 고요해보이지만 고요하지 않은 힘찬 생명력을 포착한다. 고요의 역설에 내재된 역동성, 풍경이라는 말이 지닌 수동성을 박차고 살아 움직이는 자발적 에너지를 시인의 눈은 읽어내고 있다.

기본적으로 시의 미학은 현상에 대한 날카로운 관찰과 깊은 성찰, 감각적 미감이 어우러져서 발현된다고 할 수 있으나 그 출발선에 놓인 것은 세계를 주시하는 시인의 심미안이다. 그러나 단순히 세계의 아름다움을 포착하는 안목보다 시인의 심미안은 더 복합적이고 예리하다. 그림자라고 치부해버렸던 "썩어문드러진 고통의 얼룩"이 "내 넋"임을 고백하는 것과 같이 어둡고, 비뚤어진 부분, 일상이라는 가리개에 가려 쉽게 판별하지 못하는 현실의 부분을 날카롭게 꿰뚫는 것이 시가 요청하는 심미안일 것이다. 유안진 시의 심미안은 현상을 깊게 들여다보는 예리한 눈과 더불어 삐딱한 각도에서 세계를 바라보는 데에서 비롯된다고 할 수 있다. "중심잡기 위해서 기울어져야 했던 피사의 탑처럼 / 삐딱해야 바르다고 / 삐딱해야만 반듯하게 돌아가는 삶이라고"말하는 시(「사시(斜視)로 본다」 중)에서 나타나듯 시인이 감지하는 세상은 중심이 기울어져 있는 곳이다. 이런 삐딱한 세계, 비정상이 정상의 우위에 서 있으며 정상이라는 이름으로 다수의 횡포가 정당화되어 있는 세계(「지극히 정상적인」)를 바르게 보기 위

해서 시인이 감행하는 것은 역설적이지만 삐딱한 시선을 견지하는 것이다.

꿈도 현실 같고 현실도 꿈 같아서
현실은 늘 오늘 여기에 없었다
없음으로 현실은 거기가 되고
여기보다 나은 거기가 기다려주는
울림만 있을 뿐
울림이 경련일고
경련이 몸으로 나타나는
먼 먼 거기가 참 현실이고
내가 있어야 현실이 될 수 있어서
초현실(超現實)에서야 제대로 나다워질 수 있어서
거기의 내일이 진정한 오늘이고
없는 거기가 절실한 현실이고
더 멋진 여기라고 미래라고 믿어온 날마다는
허공을 헤엄치거나 물속을 날아다닌 것 같아라

—「초현실이 더욱 현실이다」 전문

거짓된 세계에서 공인된 거짓을 찾아 헤매는 것은 여기에는 없는 참 현실을 구하는 유일한 법이 된다. 유안진에게 있어 시쓰기는 여기에 있는 현실을 부정하고 없는 거기가 실현되게 하기 위한 노력을 견지하는 것이다. 그러나 이는 그의 시가 여기를 버리고 거기로 뛰어넘으려는 이상적이고 비현실적 초월을 감행한다는 의미를 뜻하

지 않는다. "입구이자 통로이자 출구의 문인 / 내 눈동자 너머의 광활한 허공 / 여기 지금 너머 / 나를 열지 않고는 들어갈 수도 없고 / 나를 닫지 않고는 나갈 수도 없는 훗날의 거기를 / 오늘 여기로 살아야 한단다"(「훗날이 오늘이다」 중)는 성찰처럼 여기의 고통과 어둠을 감내하려하는 견고한 의지가 그의 시에는 배어 있다.

유안진의 시에는 기울어진 세계를 바로 세우려는 역설적 균형감각, 진정한 거짓으로 가짜의 참말을 실현시키기를 꿈꾸며 여기와 저기의 경계를 서성이고 있는 긴장감이 존재한다. 시적 연륜이 세계에 대한 관조의 시선으로 빠지는 여타의 시와 달리 긴장의 역학을 견지하고 있는 것이야말로 세월의 관록을 뛰어넘어 그의 시가 보여주는 젊음의 미학이라 할 것이다.

이별 後 · 소멸의 미학

김명인 시집 『꽃차례』

1. 소멸과 흔적의 응시

사랑은 짧고 후유증은 길다. 이별 후 남은 사랑의 여진(餘震)은 마음을 절망과 자책, 허무와 같은 복잡한 상념으로 어지럽힌다. '벌 받는 것'처럼 아픈 순간을 견디며 '병든 몸이 병과 함께 글썽거리는' 힘겨운 시간을 지내고서야 날뛰는 마음자리들은 가라앉고 소멸한다. 이것은 그 아득한 시간에 대한 처연하고도 아름다운 감각의 기록이다. 한 개인의 마음에 대한 기록을 읽다보면 어느새 생성과 소멸을 반복하다 스러져가는 보편적 운명에 공감하는, 서정의 확장에 닿게 될 것이다.

한때는 왁자지껄 시루 속 콩나물 같았던

꽃차례의 다툼들 막 내려놓고
들리락 말락 곁의 풀 더미에게 중얼거리는 불꽃의 말이
가슴속으로 허전한 밀물처럼 밀려들었다
벌 받는 것처럼 벌 받는 것처럼
꽃 진 자리에 다시 써보는
뜨거운 재의 이름
시든 화판을 받들고 선
저 작은 풀꽃이 펼쳐내는 이별 앞에
병든 몸이 병과 함께 비로소 글썽거리는, 해거름!

—「꽃차례」 중

흐드러지게 피어있는 화려한 꽃들 속에서 떨어진 꽃 한 두 개는 눈에 띄지 않는다. 우리의 무심한 눈길에 꽃의 탄생과 죽음은 그저 반복에 불과하지만, 같은 자리에 두 번 다시 필 수 없는 꽃에게는 흘러가버리는 단 한 번의 순간이다. 이별 후라는 시간이 강렬하게 다가오는 것도 사라진 것, 되돌릴 수 없는 것, 흘러가 버린 사랑에 대한 허무를 감각하도록 하기 때문일 것이다. 사랑과 이별처럼 삶 역시 죽음이라는 소멸을 향해가기는 마찬가지다. 시집 『꽃차례』는 사랑의 소멸을 견뎌야 하는 것처럼 삶의 마지막까지 남은 시간을 겪어내야 하는 존재의 복잡 미묘한 마음자리를 그려낸다.

2. 마음의 감각적 형용들

대개의 서정시들은 인간 주체를 우주적 시간의 순환에 위치시켜 소멸의 두려움을 벗어나려 한다. 거기에는 인간의 한계 시점이 사라져 우주와 하나로 녹아드는 탈주체의 경지를 그리고자 하는 의도가 실려 있다. 이런 거시적 안목이야말로 완전한 동일성을 꿈꾸는 서정시가 도달하고자하는 원대한 이상일지도 모른다. "모든 일몰은 죽음으로 간다, 다시 내장되거나 캄캄하게 태어나는 빛!"(「쌍가락지」)이 말해주듯 김명인의 시에도 우주적 순환을 예시하는 시선이 어렴풋하게나마 내재되어 있는 듯하다. 하지만 굳어진 사상(寫像)으로 나타나기 쉬운 원대한 이상을 그리는 것보다는 오히려 감각적인 탐구가 존재론적 성찰을 수반할 수 있지 않을까? 그의 시는 경계 너머를 사유하기보다는 감각할 수 있는 구체적인 사물과 현상, 자연과 인간의 마음을 섬세하게 형용하며 마음의 내부에서 일어나는 복잡한 상념을 생생하게 전하는 데 온 힘을 쏟아 붓는다.

한동안 나도
그대의 잉여에서 벗어나지 못했다
지금 무슨 돌개바람으로 화장조차 지운
밤 속 고요 들이치겠다는 것이냐?
불면을 잇댄 내 파노라마 위로
팅팅 불어난 발들이
착란을 이끌면서 한꺼번에 뛰어내린다

불빛에 뭉개지는 면목바다에
철철 울면서 누더기 물갈퀴 갈아 신긴다
얼마나 오랫동안 달려왔을까
지상의 강 건너가면서
찢기지 않으려고 캄캄해지는 빗소리들
새벽의 문턱에 당도했으나
어둠 저편에 주저앉아 통곡하는 사람!

—「밤 장대 소나기」 중

밤새 소나기가 무섭게 퍼붓는다. 바람은 휘몰아치고 물위를 세차게 뛰어나니며 끝없이 달리는 소리의 이미지는 묘하게 눈물의 시각적 이미지와 겹쳐진다. 이것은 마음의 한 켠에서 일이나 가라앉지 않고 들끓는 정념과 고통의 강렬한 형상화이다. 물과 몸과 소리가 뒤죽박죽된 시의 이미지들이 밤새 울고 난 뒤의 먹먹하고 얼얼한 통증을 일깨운다.

3. 기억의 편린, 공감의 연대

『꽃차례』에서 그리는 소멸하는 존재들은 지난 세월에 대한 회한과 정념에 끓어오르는 마음을 지니고 있다. 기억의 편린을 떠올리는

것은 삶과 죽음이 동거하는 생의 막바지에 이른 자들이 유일하게 자신을 붙잡는 일이다. 어렴풋하게 이어지지 않는 기억을 떠올리는 일마저 끝이 날 때 우리의 존재성은 완전한 소멸에 도달하는 것인지도 모른다.

우리 기억 어딘가 몰래 파묻은 곡절 있어
끊임없이 풀렸다 되감기는가
차창 밖 자욱한 안개 저편
망각의 가닥들 흩뿌려져 있음을 알게 될 때
아직도 내가 나를 붙들고 있는 이 순간
곡절 혼자 깨어 불안하게 뒤척이며
뒤척이는 나를, 나와 함께 지켜보는 것이리!

—「대추나무와 사귀다」 중

시는 마음 밑바닥에 가라앉아 뒤죽박죽된 기억의 조각들을 끌어올리는 어머니를 통해 자신의 노년을 응시하고자 한다.(인용생략) 막연하게 추상하는 인생의 황혼이란 숙연하고 경건한 시간 같지만 우리가 실제로 목도하는 죽음을 향해 가는 순간들은 그다지 아름답지 않다. 김명인 시에 나타나는 노년이란 시간은 뒤섞인 기억의 잔상을 가라앉히고 정리할 수 있는 시간이 아니다. 여전히 남은 정념의 고통으로 고스란히 마음을 앓고, 뒤죽박죽 얽혀 있는 '기억의 타래를 풀었다 감았다' 지속하며 마지막 기억이 스러질 때까지 견디는 시간이다.

『꽃차례』는 죽음과 소멸을 향하는 존재의 시간들을 묵시하지만

자신을 그 시간 바깥에 두지 않는다. 오히려 자신의 마음을 응시함으로써 보편적인 존재에 대한 성찰에 이르고자 한다. 김명인의 시가 매혹적인 이유는 타인의 생에 쏟아 붓는 불편한 연민이 아니라 공감의 연대에 이르게 하는 여정이기 때문일 것이다.

순명의 시학

나태주 시집 『시인들 나라』

나태주의 시집 『시인들 나라』는 자연과 더불어 살아가는 인간들의 소박한 삶의 모습이 깃들여 있다. 그의 시 속에 나타나는 시적 자아는 자신을 세계를 주관하는 주인으로 내세우려 하지 않는다. 시는 자아를 이슬과 바람, 하늘의 구름처럼 자연스럽게 세계 안에 스며드는 존재로 그려낸다.

네 앞에서 나는 무한히 작아지고
부드러워지고
끝없이 낮아지고 끝내는 사라져버리는 그 무엇이다

네 앞에서 나는 이슬이 되고
바람이 되고 구름이 되기도 한다
보아라, 두둥실 하늘에

배를 깔고 떠가는 저기 저 흰 구름!

—「치명적 실수」

시의 화자는 사랑에 빠진 존재이다. 이런 경우 너라는 존재를 의식하는 나의 자의식은 두드러지고 강해지는 것이 보통인데 시인이 노래하는 것은 나라는 존재의 사라짐이다. 나는 이슬, 바람, 구름이 되어 세계 속으로 잠입해 들어간다. 네 앞에서 완전한 나의 존재성은 지워진다. 이 순간을 이타적 경지라라 할 수 있을 것이다. 이런 순간의 포착은 전통적 서정시가 해낼 수 있는 동일화의 진정한 모습이 아닐까? 대개의 서정시들이 자연을 노래하지만 거기에는 인간 중심적 시선이 깃들여 있는 경우가 많다. 자연과 인간이 서열화 되지 않은 순수 합치를 그려내는 서정시는 의외로 드물다. 여타의 서정시들은 인간을 드러내기 위한 배경으로 자연을 그려내거나, 우주적 차원의 대자연을 상상한다. 근대 이후 세계를 바라보는 절대적 방식이 되어버린 일점원근법 안에는 세계를 투사하는 하나의 시선이 감추어져 있다. 이 시선은 인간을 주체화하는 오만한 눈이다. 진정한 서정시가 지향하는 동일화란 이런 주체 우위의 시선이 거세되고 주체와 인간이 하나로 혼융된 이상적 세계를 그려내는 것을 의미할 것이다.

생강나무 노랑꽃 피자
눈이 내렸다
내리더라도 흐벅지게 내렸다
생강 꽃 더욱 노랗다
꽃이 옹알이 할 것만 같다.

—「봄눈」

인용시는 동일화라는 서정시의 장르적 장점을 극대화시키는 시이다. 이른 봄 날 노랗게 핀 꽃을 주시하는 시인의 시선에는 어떤 이성적 판단도 개입되어 있지 않다. 하얗게 내린 가운데 대비되어 존재성을 빛내고 있는 생강꽃의 아름다움만을 보여줄 따름이다. 이런 시적 자아의 순수 몰입의 경지야말로 인간과 자연과 하나 되는 기적과도 같은 한 순간일 것이다.

편안한 마음으로 나태주의 시를 읽을 수 있는 것은 이처럼 그의 시에 시선의 우월함이 없기 때문일 것이다. 그의 시는 겸허한 자세로 세계를 대하는 시인의 태도를 그려낸다.

하루나 이틀, 누워서, 앓으며, 집에서,
혼자서 산 것도 산 것은 산 것입니다
불치병 걸려 한해나 두해 고통 받으며 산 것도
산 것은 분명 산 것입니다

여전히 감사한 목숨입니다.

—「순명」

시는 생명의 소중함을 일깨워준다. 병에 걸려 고통스러워하는 비루한 삶이라도 감사하는 태도를 지닐 수 있는 것은 그만큼 삶 자체가 고귀하고 소중한 것이라는 삶에 대한 긍정적 인식을 지니고 있다는 뜻이다. 「순명」이라는 제목처럼 나태주의 시는 자연의 법칙을 고

스란히 실천하는 시라 할 것이다.

하지만 자연과의 완전한 동화를 이루는 시, 순하고 착한 시는 하루아침에 이루어질 수 없다. 자연의 법칙을 거스르지 않는 겸허한 자세는 오랜 인생살이의 통점들을 겪어내며 차근차근 쌓아올린 삶의 내력을 통해 육화되는 것이다. 나태주의 시는 그 통점을 겪어내는 기억의 창고 속에서 가족과 추억을 길어 올린다.

> 후룩 후루룩 국밥 한그릇이면 뱃속이 다 든든하여
> 세상이 마냥 내 것인 양 가득하던 시절 있었다
> 그러나 국밥 한그릇 값이 궁해
> 국밥집 구수한 냄새에 쫓겨
> 멀리 골목길을 돌아다니던 시절 있었다
>
> 애야 초곤초곤 잘 씹어서 먹어라
> 지금도 국밥 속 뜨끈뜨끈한 국물 속에는
> 세월 아무리 흘러도 식지 않는 어머니의
> 간절한 음성이 들어 있다
>
> —「국밥」

시는 국밥 한 그릇에 응축된 긍정의 힘을 보여준다. 후룩, 후루룩이라는 청각과 구수한 냄새의 후각을 통해 국밥에 담긴 따뜻하고 소박한 이미지를 담아낸다. 하지만 이 국밥 한 그릇이 누군가가 살아온 특수한 시간으로 치부되어 버리지 않는 것은 그 속에 우리들 마음속에 원형으로 자리잡은 어머니에 대한 보편적 기억을 불러일으

키기 때문일 것이다. 밥에 담긴 훈훈하고 따뜻한 질감의 기억은 "세상이 백번 바뀌어도 변하지 않는" 어머니의 모성에 대한 추억과 동일하다. 이런 기억을 공간으로 환원하고 있는 시가 「먼 곳」이다. "어려서 외할머니와 둘이 / 오막살이집에서 살 때 / 자주 외할머니와 뒷동산에 올라 / 먼 곳을 바라보곤 했다 …… 생각해보니 외할머니와 살던 / 오막살이집이 먼 곳이고 / 외할머니와 함께 올라 먼 곳을 바라보던 / 뒷동산이 먼 곳이었다"라는 시의 구절처럼 어머니의 존재와 등가에 가까운 할머니의 존재를 떠올리는 시인의 시선은 먼곳을 응시한다. 먼 곳은 시간과 공간을 동시에 드러내는 시어이다. '곳'이라는 공간이 추억을 떠올리는 문맥에 놓임으로써 '먼'이라는 부사는 아득한 과거의 시간성을 획득하기 때문이다. 하지만 시는 멀리 지내온 시간에 대한 그리움으로 그치지 않는다. 할머니와 함께 바라보던 시선은 까마득하게 살아온 시간 속에 가족의 존재가 자리하며, 힘겨운 인생의 과정을 지내올 수 있었던 힘의 원천을 기억하게 한다.

언제부턴가 마음속에
어린 낙타 한마리 살고 있었다
날마다 낙타를 몰고 세상 속을 걸었다
타박타박 모래밭, 먼지와 바람의 길이었다

더러는 한모금의 물이 아쉬웠다
내가 낙타였으므로 한 번도 낙타 등에 올라가 본 적은 없고
누군가를 태우거나 무거운 짐짝을 올려놓고 걸었다

가장 많이 올려놓았던 짐짝은 막막한 슬픔과 대책 없는 그리움이었다
무엇보다 그 짐짝을 내려놓고 싶었다

그러나 번번이 쉽지 않은 일
내려 놓으려고 하면 막막한 슬픔과
대책없는 그리움은 살을 파고들었다
오늘도 나는 짐짝을 가득 싣고 세상 속을 떠난다
다만 숨이 가쁘고 다리가 후들거린다.

—「낙타」

하지만 나태주의 시집은 인생의 막바지에 달한 자가 전하는 추억도, 지난 삶을 통해 얻게 된 삶의 지혜에 대한 잠언이 아니다. 그의 시집 속에는 앞으로 우리가 살아가야 할 긴 시간과 고통을 형상화하는 시들이 함께 실려 있다. 가령 우리 앞에 놓여 있는 인생이라는 힘겨운 길을 걸어가야 할 시적 자아의 페르소나를 그려내는 「낙타」가 그렇다. 힘겨운 시간을 낮은 자세로 임하는 낙타를 통해 순명을 실천하는 삶이란 무엇인지를 시는 그려낸다.

나태주의 『시인들 나라』는 긍정적이고 소박한 삶의 태도를 그려내는 따뜻한 시집이다. 그의 시집 속에는 자연과 하나 되는 시적 자아의 겸손한 삶의 자세가 오롯이 배여 있다. 그의 시집을 읽는 시간은 아름다운 자연에 빠져드는 망아(忘我)의 경지를 체험하고, 삶의 주체가 되기만을 고집했던 오만한 시선을 반성할 수 있는 시간을 제공해줄 것이다. 하지만 그것이 어떤 고민없이 획득된 시선이라면 앞으로 남은 긴 시간을 살아가는 데 어떤 도움도 되지 못하는 순간의

안위에 불과한 것이 되어 버릴 것이다. 마지막으로 천천히 낙타의 삶을 반추하며 시집이 전하는 말을 되새겨보자.

깊어져가는 말들

정철훈 시집 『빼쩨르부르그로 가는 마지막 열차』, 황학주 시집 『노랑꼬리 연』

1. 사라짐, 불가능을 꿈꾸다

여행의 마침은 귀환이 아니라 돌아오지 않는 것, 완전한 사라짐을 실현하는 데 있는지도 모른다. 일상의 속박을 벗어던지려는 여행의 목적은 불귀(不歸)를 통해 완벽하게 성취된다. 자아는 영원히 이곳을 떠나 마침내 자유를 얻는다. 예술도 마찬가지다. 나를 소멸시키는 것으로 영원히 완성된다. 그러나 "귀환하지 않는 삶에 대한 가능성"(「로맹 가리를 읽는 밤」)을 실천할 수 있는 것은 "나는 마침내 완전한 나를 표현했다"(「결전의 날」)는 말로 생을 마감한 로맹 가리 식의 완성을 수행할 수 있을 때뿐이다.

정철훈의 시집 『빼쩨르부르그로 가는 마지막 열차』는 불귀의 욕망과 슬픔으로 가득 차 있다. 희망이 없는 세계에 종말은 오지 않고,

퇴락한 혁명의 흔적만이 남아 있다. 이 몰락해버린 것들과 함께 사위어가고 싶은 욕망과 떠날 수 없는 절망 사이에서 서성이는 것이 정철훈의 시집이라고 해도 좋겠다. 그것은 떠나기를 갈망하는 마음만큼 떠나지 못하는 마음의 술회(述懷)이다.

저 달그락거리는 살림살이의 비명에서도
나는 기러기 날개소리를 듣는 것이다
찔리거나 깨지는 한이 있어도
결코 동화되거나 주눅들지 않는 저 늠름한 기러기 날개소리
부엌에서 들려오는 격정을 뒤로하고 요에 단정하게 눕는다
나는 차라리 기러기가 되는 게 낫겠다
이 고장난 생활을 내려다보는 관조의 한순간
그 한순간을 얻기 위해 내가 견뎌야 할 것은 두 번 다시 지상에 내려오지 못한다는 사실이다
그러니 저 달그락거리는 생활의 역설 속에서
끼룩끼룩 기러기 울음이 이토록 선명하게 들리는 것이다
기러기는 역설을 운다

—「기러기의 역설」

시의 화자는 고집스럽다. 가정과 생활로부터 자신을 고립시키고 탈주하려는 요지부동의 각오를 마음에 단단히 새긴다. 그러나 탈주는 실패를 예정하고 있다. 그것은 자유의 비상이 아니라 한순간의 관조와 조망일 뿐이다. 영원한 결별을 벼르는 마음은 그 마음보다 큰 미련을 거느리기에 불가능하다. 끼룩끼룩 기러기의 울음소리가

선명하게 각인되는 것은 우리에게 그만큼 커다란 비애를 전달하는 효과를 가져 온다. 이룰 수 없는 만큼 간절해지는 마음의 역설을 통해 정철훈의 시집은 슬픔의 정조를 더욱 깊어지게 한다.

그러나 시집을 감싸는 비애의 증상을 막연한 존재론적 슬픔이라고 치부하기에 정철훈의 시는 보다 현실적이다. 이 비애를 돋우는 상처의 연원에는 "진부한 진보"만이 남아있는 시대에 대한 좌절감이 자리한다. 그는 "우리는 이미 좌절된 무력함의 시대"(「나의 시대」)를 살고 있다는 존재의 무기력과 영혼의 궁핍을 고백한다. 우리에게 근대화는 폭력과 다를 바 없다. 그것은 "우리의 진보"가 아니라 타자의 진보이기 때문이다. 하지만 역사와 근대의 소외 속에서도 그 부정의 결과에 휩싸이는 것은 정작 나약한 민중에 불과한 우리 자신이다. "내가 직접 맞지 않은 비로 인해 / 내가 걸어온 반세기의 길은 내내 젖어 있었다"(「구정의 상념」)는 구절처럼 세계는 환멸과 모순의 공간이다. 역사의 장에 맞서려는 투쟁이 낡은 혁명의 기억으로 전락한 것은 시인의 비관적이고 비판적인 세계인식을 부추긴다. 하지만 시집이 더욱 가열(苛烈)하게 비판의 대상으로 삼는 것은 시적 자아 자신이라 할 것이다.

노파든 황후든 내가 골똘해질 이유가 없다
피맛골이 뜯기는 것과 나는 아무 상관이 없을 텐데
골똘해지고 있는 내 자신의 강박이 우습다
황후를 지키지 못한 대한제국의 운명처럼
내가 지키지 못하는 것은 무엇일까

가등 아래 행인의 얼굴이 어둡다

검은 물질이 이 골목을 지우고 있다

밖이 어두운 게 나와 상관된 것만 같다

내가 아쉬워한 건 뜯기는 피맛골이었을까, 뒤져도 나오지 않는 천원짜리였을까

내 눈동자 속 흔들리는 추억도 뜯뜯 뜯기고 있다

—「어떤 흐느낌도 멈춘 정지의 한때」

우리가 시로 인해 성찰하게 되는 것은 피맛골에 대한 낡은 추억이 아니라 퇴락한 현재에 사로잡힌 시적 자아이다. 시는 자아의 상념에 초점을 맞춘다. 피맛골의 철거를 아무 것도 아닌 것으로 애써 치부하려는 자아의 상념 속에 뒤죽박죽 섞여 있는 생각의 파편들을 따라가다 보면 천원짜리 지폐를 찾지 못했다고 노파를 그냥 보내는 무심함과 대한 제국 멸망의 역사가 동등한 비중으로 자리잡고 있음을 알게 된다. 시적 자아의 상처의 연원은 실은 시대의 부정성 그 자체보다는 무기력해진 자아로부터 기인하는 게 아닐까? 무력감에 젖어 있는 마음은 불합리한 세계의 타락보다 더 절망적이다. 그것은 불귀의 욕망, 완전한 떠남, 로맹 가리 식 예술의 완성을 영원히 불가능 한 것으로 만드는 무기력이기 때문이다.

아이러니하지만 정철훈 시의 욕망이란 타락한 시대를 비판하거나 바꾸려는 시도에 있는 것 같지는 않다. 그의 시는 "나는 영혼이란 놈이 좀 어두컴컴하게 숙성되기를 / 그 옥외 커피점에 앉아 기다려보는 것이다"(「누에의 꿈」)라는 시의 구절이 가리키듯 비관적 세계관을 내면화하는 데 보다 주력한다. 비극성으로부터 고개를 돌리지 않고 그 비극을 토대로 영혼을 숙성시키려는 노력에 주력하는 것은 예술가

가 지니는 자의식의 극한일 것이다. 정철훈의 시집은 또 하나의 로맹가리가 되기 위해 어두운 영혼을 조금씩 숙성시키는 시간을 펼친다. 영혼이 깊어지는 만큼 깊어지는 그의 외로움이 전해지는 듯하다.

> "슬픔을 삭이는 소소한 움직임이 강을 건너는 것이다
> 안으로 삭여 스스로 흐느끼지 않으면 강은 건널 수 없다"
>
> —「이도백하(二道白河)」

2. 서정의 깊은 그늘

황학주 시는 어떤 깊이를 가늠하게 한다. 숲의 깊이가 만든 그늘이 안으로 드리워진 듯한 그런 질감을 동반한다. 그러나 그것은 어둡고 컴컴한 두려움이 아니라 서늘한 촉감이 주는 위안과 같은 것이다. 척박한 시간이 견딜만 해지는 것은 이런 서늘한 시선 덕분이 아닐까? 그것은 코끝이 시큰해지는 슬픔을 동반한 연민과도 같다. 우리를 향하고 있는 그런 시선을 마주하는 것처럼 황학주의 시집 『노랑꼬리 연』은 평온함을 가져다준다.

가령 그의 시는 여름날 해질 무렵 마당 앞 마루에 드리우는 산그늘이 점점 깊게 드리우는 고향을 떠올린다.(「고향」) 할아버지와 아버지, 나로 이어지는 우리는 산그늘에 속수무책으로 빨려들어가는 존

재이다. 그 비루한 존재성에 대한 작은 물음은 서글픔을 자아내지만 지난 시간에 대한 상념은 어쩐지 따뜻한 시인의 눈초리를 느끼게 한다. 이처럼 황학주의 시는 신산한 기억을 떠올린다. 병든 스승의 쇠락해가는 육체(「큰눈오는 날」), 오십이 되도록 갱을 캐느라 구부러진 어머니의 손목(「갱국」), 지하철 신문지 한 장 깔고 앉아 있는 맹인노파(「겨울비」)를 주시하는 시의 시선은 그 쇠락만큼이나 안으로 깊어져가는 마음의 그늘을 차오르게 만든다.

그러나 황학주의 시는 우리에게 정서를 주입하는 요설을 펼치지도 않으며, 정서의 과잉으로 몰아가는 과도한 감정의 낭비도 없다. 그의 시는 감정적인 발화를 되도록 절제하며 자의식 속에 투영된 영상을 묘사해내려 한다. 고독한 외로움을 강조하는 대신 "개발자국 찍힌 대문 앞이 도롱이처럼 펴지고" "마당가를 따라 젖은 눈 옹이를 여러 개 품은 소나무가 큰 눈 받고 있는"(「큰눈 오는 날」) 형상과 같은 디테일한 미장센을 그리는 데 주력한다.

해가,
묻히듯
갓 익은 복숭앗빛 산 뒤로 넘어간다
하얀 마당의 뒷장을 침 묻혀 넘기면 참 멀리까지 갔다 오는 저 건너편 나비 …… 내가 누구인지도 모르고
제 자신의 바닥까지 휘어진
생의 화장을 고치는 노련한 산그늘

콩밭에 나비 접근하듯

할아버지 아버지 차례로 무릎을 안고
독방 구덩이로 빨려 들어간 참이다
그림자빛 꽃 가까이 간 저녁이다

—「고향」

황학주의 시는 치밀한 묘사력을 지니고 있다. 그것은 자연의 움직임을 놓치지 않는 가운데 어떤 뜻하지 않은 의미의 모호함을 불러일으키는 난해성을 거느린다. 가령 인용 시에서 "하얀 마당의 뒷장을 침 묻혀 넘기면"이란 구절은 애매하다. 1연의 묘사가 일몰의 순간이라는 자연적 현상을 대상으로 하고 있음이 분명한 만큼 2연의 경우 갑작스럽게 추상화가 끼어든다. 4연도 마찬가지다. 내가 누구인지도 모른다는 구절의 나는 시적 자아를 지칭하는 것인가 산그늘인가? 이러한 서술의 방식은 미묘하게 시를 깊게 만든다. 그것은 읽는 이로 하여금 짙은 의미의 그늘만큼이나 오래 시가 만들어내는 파장에 흔들리게 만드는 깊이를 형성한다.

신발 깔창 위로
물에 빠진 밤이 괴어든다

사는 것이 이렇게 고독하다면
발자국은 꼭 살이 떨어져나가도록 걸어가는 것이 아니라
여기서 턱을 괴고 깊어지는 것이다
한 묶음 꽃이 놓이듯이

—「길」

길은 시에서 자주 등장하는 인생의 알레고리이다. 인용 시에서도 마찬가지라 할 것이다. 신발을 바꿔 신기도 하고 떠나는 길 위의 여정은 계속되는 삶으로 환원된다. 그러나 시가 주목하는 것은 신도 아니고, 길도 아니다. 그것은 발자국이 만들어 놓은 깊이이다. 살이 떨어져나가도록 걷다가 돌아보게 되는 한 순간의 성찰. 창가에 턱을 괴고 가만히 깊어지는 발자국을 들여다보는 시간. 그런 멍울과 상처의 시간을 통해 우리의 존재감은 고양되고 웅숭깊어지는 게 아닐까? 황학주의 시는 이러한 깊이의 위안을 전해주는 정서의 두께를 지녔다.

황학주의 시집 『노랑꼬리 연』이 주는 이런 서정의 깊이를 사랑이라고 달릴 칭할 수 있을 것이다. 이 사랑은 어떤 가두리를 만들지 않는 넉넉함을 지닌다. 그는 이방의 땅에서도 고향의 질감을 느끼게 하는 묘한 시인이다. 개밥바라기와 수국, 팽나무, 망상, 고흥과 같이 지극히 토속적인 시어와 장면이 자주 등장하는 전통적 서정의 풍취를 지닌 시가 이방의 땅을 이방의 공간으로 만들지 않는 것은 시인이 지닌 시선의 품이 넉넉한 탓일 것이다. 그의 시에서 땅은 어느 곳이나 고향과 다를 바 없다. 그곳은 그저 우리와 똑같은 상처를 지닌 사람들, 고단한 삶이 무게를 고스란히 이고 가야할 존재를 담고 있는 보편의 공간이기 때문이다.

듬성듬성 나무들이 적막을 수평으로 펴고 나는 곳
똥자루처럼 앉은 듯 만 듯 세워놓은 전통마을은 가위질 당한 세상의 밖이므로
(…중략…)
대낮에도 헤드라이트를 켜야 갈 수 있는

노란 만두처럼 둥근 마을길이
안을 열고 칠흑이다
살짝 굴러 내린 구릉 한쪽에 살아 있는 민들레는
바닥에 바싹 붙어 노란 밥솥을 걸고 있다
민들레 꽃밥 달이 뜬다면 식판으로 받을 수 있는 어딘가에
기다리는 어머니도 있고 다른 날도 있으리라
이름을 고친 소녀들이 도시로 갈 때
트럭 운전사가 외롭지 않도록 한 번 안아 준다

—「회오리 마을」

시는 아프리카의 어느 마을을 그린 듯하다. 아니 아프리카도 좋고 인디오가 사는 곳이라도 좋다. 그곳은 세상의 어느 작은 비루한 공간이다. 그곳의 어린 소녀들은 가족을 떠나는 망향의 존재들이다. 이처럼 세상의 모든 보호받지 못하는 존재는 황학주의 시선에 같은 아픔을 새긴다. 세상의 어느 곳에서도 시인의 눈에 화려하고 아름다운 모습보다는 낮은 민들레꽃이 비치는 것은 마찬가지가 아닐까.

황학주의 시집을 읽는 시간은 보잘 것 없는 나의 생을 위로받는 짧은 순간이었다. 시가 주는 깊은 연민의 시선만큼 잔잔해지는 마음을 통해 나는 오늘을 다시 걷기로 한다. 그의 훈훈한 시선이 보다 먼 세상에까지 미치기를 바라는 마음으로 시집을 덮자. 서정시는 아직 건재하다.

치명적 그녀, 매혹의 스타일

김이듬 시집, 『명랑하라 팜 파탈』

김이듬의 시에서 노골적인 표현들, 거친 독기가 사라졌다. 아니 사라졌다기보다 시의 배면으로 스며들어 정제된 느낌을 준다고 해야 할까. 자극적인 성애의 분위기에 절망과 우울이 세련되게 배어들었다는 말이 좀 더 어울리는 표현일 것이다. 분명한 것은 『명랑하라 팜 파탈』은 그만의 색깔이 조금 더 뚜렷해진 상태로 모습을 드러낸다는 점이다. 치명적인 유혹의 몸짓으로 상대를 파멸로 이끄는 팜므파탈(femme fatale)을 제목으로 내세운 시집에서 파멸의 행위는 세계가 아니라 자기 자신을 향한다. 이 자기파멸의 세계를 명랑하게 걸어가라는 명령조의 제목은 아이러니를 한층 짙게 만든다.

물론 여전히 이 시집에도 비정한 부모, 연민 없는 세상의 바삭하게 말라비틀어진 무관심은 도처에 깔려 있다. 「쿠마리」, 「유니폼은 싫어요」와 같은 시에는 폭력적인 존재에 짓밟히는 시적 화자가 등장한다. 성만큼이나 자본의 논리에 좌우되기 쉬운 게 있을까? 결국

성적 관계는 지배와 피지배의 관계, 폭력과 권력의 문제로 등장한다.

> 유치하게 할아버지는 내가 너무 잘해서 처음이 아니지? 좋아라 하다가 입 닥쳐 뭐가 되려고 이러니 집안일은 밖에 나가서 말하는 게 아닌 법이야 기껏 키워놓았더니 경찰서나 들락거리냐 나는 할아버지의 입을 막으며 뱀으로 변해가네 사자 물불보다 변신이 쉬운 걸로 (…중략…) 순경도 안 입는 유치한 유니폼을 걸치고 고무동력기 같은 걸 쥐고 불화살이니 뭐니 씨부렁대기는
>
> —「유니폼은 싫어요」 부분

시의 화자는 일반적인 관례처럼 희생양의 모습으로 나타나지는 않는다. 발칙하고 당돌한 그녀들은 독한 세계가 그녀들에게 행하는 가해의 주체를 향해 냉소를 뿜는다. 반회의 주세를 보호하게 만드는 시의 스타일은 가해자와 피해자의 위치를 모호하게 뭉개버리며 시의 화자에게 '강하면서도 시니컬한' 개성을 부여한다. "순경도 안 입는 유치한 유니폼을 걸치고 고무동력기 같은 걸 쥐고 불화살이니 뭐니 씨부렁대기는" 같은 구절처럼 별것도 아닌 것들의 어쭙잖은 짓거리라는 냉소야말로 허위의 세계를 향한 반항의 몸짓이다. 이는 자기파멸을 수반한다.

> 발목은 시들어간다
> 걸음을 낭비했다
> 위세척을 하고 넌 더욱 고통스러워하고
> 여름이 제일 추워, 나는 없어질 거야
> 너는 눈물을 흘리며 웃지만

해가 뜰 때까지만 같이 있어줄게
풍선을 불어줄게
날아오르다가 터지겠지
꿀벌은 꽃잎 속에서
고양이는 나무 위에서
너는 내 무릎을 베고

아니, 널 따라하지 않아
왜 남은 날들을 신경 써야 하니
잘하려니까 심장을 멈추고 싶잖아
난 일광을 낭비할 거야 날 낭비할 거야
낮에는 커튼을 치지
많이 걷지 않고 버스에서 곧잘 자
뭘 찾으려고 넌 거기까지 갔었니

내 모닝콜은 거슈윈의 자장가
내일 못 일어나도
여름은 살기 좋은 계절
여름은 죽기 좋은 계절
그럴 리 없지만
물고기는 수면 위를 날고 목화는 익어가는데
아빠는 부자 엄마는 멋쟁이
그러니 아가야 울지 말아라

—『서머 타임』

시에는 아무 개연성 없는 의식들이 순간순간 나타나 타나토스의 욕망을 내뱉듯 표출한다. 지독한 절망만이 감도는 가운데 시적 화자의 내밀한 몽상이 자신을 짓뭉개버리려는 지독한 자의식을 드러낸다. "날 낭비할 거야"라는 말은 자본의 체제, 생산과 소비의 논리에 대한 철저한 반항이며 계획과 절제의 삶 따위와 같은 근대적 기율의 극단에 서 있는 자의 목소리다. 모닝콜을 자장가로 삼는 이율배반 속에는 일어나고 싶지 않다는 자의식, 삶의 동력이나 활력과 같은 생산의 에너지와 무관한 삶을 살고자하는 욕망만이 팽배해있다.

터져버릴 때까지 자의식의 끝으로 자신을 밀어붙이는 방식은 시집 전체에 감도는 시의 스타일이다. 고독의 심연 속을 헤매다 수면으로 떠오르는 의식의 파편들을 두서없이 서술하는 파편적 서사들의 나열은 하나로 관통시키기 힘든 환상의 조각들을 빚어낸다. 이 이중의 파편적 서사가 빚는 환상의 조각을 꿰는 것은 어렵고 불가능해보이지만 지독한 자기 파괴의 욕망, 자기 모순적 감정의 고저변화, 적나라한 감정표현처럼 자아내부의 투쟁과 뒤죽박죽 모순된 여러 가지 욕망들을 표출시키기에 적합한 양식으로 보인다.

이처럼 불투명한 서사가 여러 겹으로 겹쳐져 모호하고 애매한 상황을 자아내는 방식은 시적 파토스를 강렬하게 만드는 묘한 매력으로 작용한다. 「레일 없는 기차」처럼 꿈과 현실의 경계를 묘하게 넘나들거나, 「일요일의 세이렌」이나 「유령 시인들의 정원을 지나」와 같은 시에서 삶과 죽음의 경계에 걸쳐진 유령과도 같이 사라졌지만 사라지지 않고 자아의 주변을 떠도는 수많은 존재성을 감지하게 하는 방식은 현실에 대한 도저한 절망으로, 희망이나 꿈, 이상에 대한 막연한 기대조차 차단한다.

불투명한 난해성을 하나의 막처럼 거느리고 있는 김이듬 시가 더 모호하게 느껴지는 까닭은 배경도 인과성도 없이 불쑥 등장하는 너의 존재성 때문이다. 인용 시 「서머타임」에도 나타나 있는 너는 때로는 나를 파괴하는 자로 때로는 나의 기대를 저버리는 자로 드러나지만, 한편 나의 욕망과 겹쳐 있음으로써 깨진 거울의 조각위로 내비치는 나의 페르소나이기도 하다.

> 나까지 가스에 취했었나 봐 하마터면 둘이 실비아 플라스 흉내 낼 뻔했지 뭐니 만나자마자 말이 통했어 너도 그랬니? 설명서가 필요 없는 재료들처럼 마음대로 쏟아져 반죽됐지 피아노가 그려진 커플 컵에 커피를 담아 우리가 만든 마들렌을 찍어 먹었네 아 먼 곳의 냄새 (…중략…) 냄새를 잊으라고 목소리를 잊고 온몸을 잊으라고 반죽은 말라가나? 심장은 딱딱해지나? 그러나 나는 남았네 체념을 불태우기 위해 태양은 필요없지 가스불 켜고 환풍기를 틀어 망설임의 힘으로 식빵이 부풀어 오르듯 내게 남은 약간의 온기와 빈약한 빛으로 충분하네 지금 내가 그리로 갈게
>
> —「혼돈」 부분

시는 너와 나의 만남에서부터 추억을 되새긴다. 어쩐지 동성애의 냄새를 풍기는 너와 나의 관계에서 눈에 띄는 것은 둘이 분신처럼 닮아있다는 점이다. 그들은 둘 다 먼 곳으로 지시된 막연한 곳을 향한 그리움을 지녔고, 이곳은 자기소멸을 통해서만 도달하는 세계라는 점에서 유사하다. 이 둘은 결국 같은 얼굴이며 김이듬 시집 곳곳에 산포된 수많은 실비아 플라스를 닮은 자화상들이라 할 수 있다. 가스오븐에 머리를 넣고 자신의 삶에 종지부를 찍었던 미국의 여류

시인 실비아 플라스의 생애처럼 김이듬의 시는 자신을 파멸시킴으로써 예술을 완성시키고, 자기 존재의 증명을 끝내려는 예술적 탐닉의 극단으로 향한다.

사랑받지 못하고 이해받지 못하는 자의 자기 파괴의 욕망 동시에 자기로부터 멀리 가고자 하지만 언제나 자기로 회귀하는 지겨움과 절망. 그 이중의 배반. 적당한 타협 따위를 꿈꾸기보다 자발적 고독의 심연에 몸을 담그는 언어들로 예술적 탐닉에 깊게 빠져드는 것이야말로 실체없이 징후만이 떠도는 세계의 이 지독한 아이러니를 견디는 최후의 방식인지도 모르겠다.

투박한 순수로 돌진하는 시

박순원 시집 『주먹이 운다』

화통하고 걸쭉한 입담으로 웃음을 자아내는 박순원의 시집 『주먹이 운다』(서정시학)는 종래의 시와는 다른 낯선 느낌을 자아낸다. 그의 시는 수식 없이 담백한 언어를 거침없이 던지며 때로는 지극히 당연한 말로, 때로는 낯선 비유로 읽는 이를 당혹스럽게 만든다. 가령 "말은 먹을 수 있다 / 어떻게 요리하느냐에 따라 / 맛이 달라진다 / 부드러운 말이 있고 / 거친 말이 있다 / 달콤한 말이 있고 / 쓴 말이 있다 / 쓴 말은 쓴소리라고도 한다 / 상하기 쉬운 말은 / 냉장고에 보관하거나 / 포를 뜬다 / 덜 익은 말은 숙성시킨다 / 아니야라는 말보다 / 아니야 아니야라는 말은 / 훨씬 가볍다 요리하기도 쉽고 / 먹기도 좋다 / 사랑이라는 말은 / 기름기가 많다"(「식언食言」 중)는 시구에서 우리는 어떤 밀도도 느낄 수 없다. 정교하게 다듬은 수사나 문체가 시적 언어가 도달해야 할 가치라고 믿는 사람들에게 그의 시는 비시(非詩)로 느껴질지도 모른다. 그러나 그의 시에서 건져 올릴 수 있는 시적 비

전이야말로 이 날 것의 투박한 언어로 돌진하는 투명한 순수에 있다.

감자에 싹이 나서 잎이 나서
다가오지 마라 나는
살아 있는 사람이다
수분과 기름기가 엉겨붙어
숨을 쉬는 사람이다
순하디 순한 녹말덩어리가
파랗게 살아나서
독을 품고 살아나서
싹이 나서 잎이 나서
모름지기 운칠기삼이다.
나는 개돼지를 막대기로
두들겨 패는 사람이다
태산이 높다 하되 오르고
또 오르는 사람이다
……
차가운 소주를 마시고
달콤하게 쓰러지는 사람이다
삶은 감자처럼 숟가락으로도
으깨지는 사람이다
어른 주먹만한 감자가
어른 주먹이 우는 것처럼

—「주먹이 운다」

재미있는 것은 박순원의 순수하게 꾸미지 않은 어투가 그가 형상화하는 인간형, 언어관, 세계관에까지 미쳐있다는 느낌을 준다는 것이다. 위 시에서 형상화된 '나'는 우리 주위에서 흔히 볼 수 있는 보통 인간의 모습을 지녔다. 순하게 으깨져 버리는 감자의 형상화는 소시민의 유비로 보인다. 어린 시절 흥얼거렸던 가락 "감자에 싹이 나서 잎이 나서"으로 시작되는 구절 뒤 갑자기 돌출된 "다가오지 마라"는 경계어린 어구가 문득 긴장감을 주지만 시적 화자가 품고 있는 독기는 감자 싹이 퍼트리는 독처럼 치명적이지 않다. 시는 "주먹이 운다'는 제목에 내비치는 것처럼 비정한 세계에 대한 인간적 비애를 의도했을 수도 있겠지만, 그보다 나는 화자에게서 볼 수 있는 꾸밈없는 순수에 끌리게 된다. 애꿎은 데 화풀이를 하기도 하지만 모든 일은 운칠기삼이라고 세계의 벽을 그저 인정하고 받아들이는 화자의 순하디 순한 태도야 말로 같은 시대를 살아가는 사람으로서 연민과 공감을 자아내게 만든다.

동시대와 그 시공을 살아가는 인간군상의 모습은 "용문고시텔"의 시편(「친구들」, 「용문고시텔」, 「용문고시텔3」 등)에 잘 나타나 있다. 용문고시텔이라는 익숙하고도 낯선 공간은 우리들, 보통 인간이 지닌 삶의 조건을 나타내는 환유적 공간이다.

이 오래된 건물들은 귀신 천지다
옆방 문이 세게 닫히면
내 방문이 찰칵 열린다
지하에는 노래방 귀신이
새벽 두 시까지 쿵짝거린다

(…중략…)

구두도 열심히 닦고 이를 닦는 것도
몇 번 모았는데 내가 짐짓
안녕하세요 뚝 떨어지는
인간의 말로 인사를 하면 흘깃
귀신의 눈길로 받아준다
제대로 된 귀신이다
이 건물은 많이 낡아서
가벼운 귀신들이 기대고 있기 좋다

—「용문고시텔」3 부분

계단 옆에 조그미한 샤시 문이 하나 있다 창고인 줄 알았는데 고개도 다리도 갸우뚱한 중늙은이가 손목에 노란 수건을 감고 런닝 팬티차림으로 벽 속으로 천천히 빨려들어가는 것처럼 출렁출렁 사라졌다

우산을 잃어버렸다 일하는 아줌마가 '초록색 우산 개인 물건이니 제자리에 가져다 놓으세요'라고 써 붙였다 두 달째 붙어 있다 벽속으로 들어간 사람은 이웃집 지붕을 밟고 멀리멀리 가버렸는지 한 번도 나오지 않았다

—「용문고시텔」 부분

용문고시텔은 귀신들이 출몰하는 공간이다. 아니 정확히 말해서 귀신들만이 사는 공간이다. 귀신들은 생의 이편에서는 쓸모없는 존재들이다. 따라서 술을 마시고 노래방에서 노래를 해대거나, 컴퓨터에 몰두하며 별 비전 없이 살아가는 이 약해빠지고 미미한 존재들을 귀신으로 환원시키는 그의 상상력은 적절해 보인다. 그러나 이 귀신

의 비유는 출구의 비전으로 확장되지 않는다면 그저 그런 익숙한 비유로 평가되었을 것이다.

두 번째 인용 시의 마지막 구절처럼 벽 속으로 출렁출렁 사라져버린 존재의 정황이 완전한 종말로 읽히지 않는 이유는 박순원의 시집 도처에 나타나는 이어짐의 상상력 덕분이다. "내 청춘도 저렇게 지나갔구나 눈가가 뜨거워지고 몸이 자꾸 오그라드는 것 같아 다른 문이 있으면 확 열고 그쪽으로 나가고 싶었다"(「구운몽」 중)는 솔직한 독백처럼 그에게 드러나는 탈주의 욕망은 시집 전체를 관통하는 하나의 욕망이자, 세계의 바깥과 안을 사유하는 우주관의 형상화로 드러난다. 불교의 연기법처럼 그의 시적 세계는 상호의존관계를 갖는다. "내가 사과의 바깥쪽에서 / 사과의 껍질을 벗기고 있을 때 / 사과의 안쪽에서는 / 무슨 일이 일어나고 있을까"는 시집의 자서는 꿈과 현실, 생과 사, 사물과 존재, 언어의 기표와 의미가 하나로 이어져 있는 시의 의미를 읽어내는 하나의 단서로 작용한다. 표면과 이면이 서로 연관되어 있다는 시적 믿음과 보이지 않는 것을 투시하는 시의 시선은 세계내의 삶의 조건을 담담하게 받아들이면서도 허무와 자조로 떨어지지 않는 시적 화자의 태도를 이끈다.

> 간 창자 허파 콩팥 다 내놓고 돼지는 어디로 갔나 돼지가 죽어서 유통되는 동안 돼지는 다른 세상에서 다른 몸으로 태어났다네 내가 다른 세상에서 남기고 온 살을 먹고 있다네 아직 가난하여 여럿이 함께 나누어 먹고 있다네 세상 밖은 공평하다네 서로가 서로의 살을 천천히 섞고 있는 중이라네
>
> —「순대 한 접시」

인간과 자연은 공존, 공생의 관계에 있듯 일체의 모든 존재는 서로가 서로를 살려주는 뗄 수 없는 연기적 동체(同體)의 존재요, 서로가 독자적으로는 존재할 수 없으며 서로가 서로의 존재가 될 수 있는 근거를 제공해 주는 공생의 존재이다. 시는 이러한 대승적 차원의 진리를 "순대 한 접시"로 응집시켜 형상화한다. 그러나 위 시처럼 진리가 완성되는 시는 이 시집에서 극히 드물게 출현한다. 그리고 다행스럽게도 이러한 진리가 완성되지 않는 머뭇거림이 오히려 시적 미감을 극대화시키는 듯하다. 미적 체험과 진리는 미묘하게 서로 어긋나는 도정을 지닌다. 아마도 미적 체험은 그를 향한 서투른 도전과 실패의 머뭇거림이라는 가장 인간다운 감정으로부터 이끌려 나오기 때문이 아닐까?

실존의 비애를 그려내면서도 때론 가장 유쾌하고 대담하게 호기를 부리는 시적 자아야말로 비극과 희극의 기묘한 사이에서 줄타기를 하는 우리 시대의 소시민의 원형이 될 수 있다. 지식인의 가식과 허위를 넘어서는 솔직하고 순수한 페르소나의 등장이야말로 시집 『주먹이 운다』가 지닌 독창적인 매력이라 할 수 있을 것이다.

어느 시인의 외계인 되기

이재훈 시집 『명왕성 되다』

1. 아웃사이더가 될 수 없는 자의 고독

콜린 윌슨이 명명한 아웃사이더들은 어떤 의미에서 행복한 자들이었다. 그들은 적어도 자발적으로 비현실에 처하며 고독과 자유를 누렸다. 그들의 존재에는 젊음과 반항정신, 예술가적 괴벽, 자의식, 개성, 일탈과 같은 모던한 뉘앙스가 깃들어 있었고, 이들의 아웃사이더 기질은 사회의 바깥에서 기성사회를 질타하고, 비판하는 정신으로까지 격상되었다. 핑크플로이드의 노래처럼 '벽의 바깥을 서성이는 자들'인 예술가들과 감상주의자들은 심장을 부딪치며 힘에 부쳐 쓰러져도 언제가 벽을 무너뜨릴 수 있을지도 모르는 가능성을 꽃피웠다.

그러나 우리 시대는 어떤가? 명성을 얻은 예술은 쉽게 대중성과 결탁하거나 자본의 시스템 안으로 편입되어 변질되기 쉽다. 눈에 보이

는 적들은 사라져버렸고 예술가의 의지와는 상관없이 보이지 않는 시스템이 작동하고 내면화되어 그들 안에 스며들어 있다. "조금 일찍 태어났더라면 / 돌을 던지고, 화염병을 던지고 / 울분으로 노래를 부르고 / 세상에 욕을 하고 / 그것으로 명예를 얻고 정치를 하고 돈을 벌고 / 후배들에게 내 아픔의 젊은 날을 얘기할 텐데."(「서태지 세대」 중)라는 시인의 고백은 자조와 혼란으로 가득 차 있다. 위선도 위악도 모두 포즈이며, 정의와 진실도 상대적인 좌표의 어느 쯤에 놓인 정치적 입장의 표명일 뿐인 시대 속에서 시인 또한 자유로울 수 있을까? "내 걸음의 이유를 모르겠습니다." "아무것도 바라지 않는다는 말과 위선에 대해 번민합니다"(「물에 대한 사소한 변론」 중)라는 시인의 고백은 가장 솔직한 심정의 토로이다. 반항의 대상이 분명치 않고 전망이 부재하는 삶에서 눈에 띄는 탈출구의 모색은 불가해 보인다.

이재훈의 시집 『명왕성 되기』는 전망부재의 상황 속에서 쉽사리 뚫고 나갈 삶의 지향을 정하지 못하는 존재의 고독과 방황을 노래한다. 우리 시대 시인이 처한 위치는 복잡하고 애매하다. 예술가로서의 위상보다는 일상인으로서의 무게가 삶을 짓누른다. "시인이었다가 일용근로자였다가 백수건달이었다가 독학자"(「비상」 중)가 되는 다중의 상황에서 온전한 시인으로 살기를 꿈꾸는 것은 불가능하다. 일상의 욕망에서 벗어날 수 없지만 매몰될 수도 없는 자의식을 지닌 존재로서 순전한 예술가 되기란 애초에 인간조건에서 벗어난 존재가 아니고서는 불가능한 것인지도 모른다.

이재훈이 꿈꾸는 온전한 시인은 세계의 변혁을 꾀하는 자이기보다는 차라리 태생부터 인간조건이 결핍되어 있는 외계인에 가깝다. 그들은 지구적 삶에 동참하지 않으려는 의지적 존재가 아니라 애초

에 인간의 욕망이 거세된 DNA를 지닌 다른 존재들인 것이다. 그러나 이재훈의 시가 노래하는 것은 그 완전한 존재에 대한 무조건적인 동경이 아니다. 그의 시는 외계인 되기의 꿈과 모든 욕망이 거세된 텅 빈 허무의 삶 가운데에서 갈등하며 파동친다. 그의 씁쓸한 어조와 생생하게 육화된 고민에 오래 머무르게 되는 까닭은 인간의 보편적 아픔을 건드리는 무언가를 그의 시가 지니고 있기 때문이리라.

2. 인간 조건의 소거와 고독

이재훈의 시에는 목적 없는 행위를 묘사하는 동사들이 자주 등장한다. '달린다'(「언덕의 아들」) '걷는다'(「당나귀」) '밀었다'(「건기의 새」) '누웠다'(「대황하 2」)와 같은 동작들은 현재 진행형이다. 방향도 목적도 없으며 지속되는 행위는 의지가 소거된 실존의 양태와도 같다.

> 도시의 속도에 적응된 발로 허공을 구른다. 메마른 얼굴에 눈물이 흐른다. 그 어떤 상징도 없는 눈물. 활시위에 허망한 글자들을 장전하고 달린다. 타닥타닥 습한 공기 속을 탈방대며 달린다. …… 나는 차가운 바람을 앙모한 걸까. 바람이 짚어가는 저 수많은 그림자를 기다린 걸까. 달린다. 저 허공으로, 바람 속으로 달린다.
>
> ―「언덕의 아들」 중

내면 한가운데에서 끓어오르는 정념이나 욕망 따위와 무관한 동작은 "도시에 적응된 속도"라는 표현처럼 적응이라기보다는 중독이라는 말에 어울릴 것이다. 목적없는 달리기를 끝내고 할 수 있는 일이 아무 것도 없는 자의 허망함이 물씬 배어나오는 이 시에서 시적자아의 행위는 무감하게 하루하루 삶을 버티는 도시의 인간들과 다르지 않다. 그 어떤 이데올로기나 기의와 같은 상징이 거세된 상태, 삶의 표피에 머무르는 이 메마른 풍경이 전해주는 허무는 속도에 적당히 길들인 자에게는 넋이 뽑힌 황홀과 동의어라 할 수 있다. 자의식을 소거해버리고 정신의 텅 빈 심연으로 빠져드는 자만이 느끼게 되는 중독에 몸을 맡기려는 무의지의 지향. 이재훈의 시는 이런 허무의 이면에 심원한 고통의 그림자라는 역설을 드러낸다.

2

방바닥에서 개미를 관찰한다.
뼈도 만져지지 않는 개미의 몸을 뭉갠다.
세상의 모든 형체는 곧 없어졌다.
아버지도 선생도 먼 기억일 뿐.
사람의 뼈로 인형을 만드는 상상을 했다.
가슴에 피부의 기운 자국이 만져졌고
살가운 새소리가 찌륵 찌르륵 들렸다.
귀에서 붉은 물이 흘러내렸다.
아무것도 들리지 않았고
아무 일도 일어나지 않았다.
가끔씩 뜨거운 태양처럼 불쑥 솟아

내 스스로를 뽐내었다.

이미 인간의 시간은 내 몸에 없었다.

3

이 세계를 불 지르고

깊은 땅속으로 들어갈래

엎드려 키득키득 웃을 거야

컴컴한 곳에 누워 집시음악을 들을 거야

나는 천박한 방화자가 될 거야

4

땅속엔

위대한 것이 잠들어 있다고 했다.

애매한 고통과 친숙해지기 위해

내 속의 증오를 만끽했다.

지하철 2호선에서 4호선을 갈아타고

다시 6호선으로 갈아탔다.

아름다운 눈을 가진 인간들

눈은 진보하기에

혹은 거짓이기에

한강철교를 달릴 때쯤 슬쩍

물속에 비쳐지는 눈동자들을 보았다.

—「미궁의 열 두 번째 통로」 중

미궁처럼 얽힌 불투명한 자의식 속에 보편적 인간의 시간은 존재하지 않는다. 아니 존재하지 않는 게 아니라 이질적인 타인의 시간과 같다는 게 보다 적확하다. 시는 세계의 바깥에서 세계를 바라보는 시적 자아의 파편적 사유를 드러낸다. 아버지와 선생이 자리하는 세계의 내부는 체제와 제도, 법이 지배한다. 시는 기억을 자신의 바깥에 두고 오이디푸스의 조건을 벗어나는 순간을 포착한다. 모든 인간의 시간과 기억이 후경화된 자에게 고통은 있으나 고통의 근원은 모호하다. 모든 것이 모호하고 애매해진 가운데 남는 것은 이질감이다. 타자의 시간 속에서 허무의 진보는 근대의 우리에게 거짓된 망상만을 남겼고 과학과 객관 제일주의 속에서 애매한 것들은 남겨두려 하지 않는다. 증오와 고통의 실체는 그래서 더욱 애매한 것일 때 의미를 지니는 게 아닐까. 그러나 자학과 가학으로 비춰지는 욕망의 철저한 부정, 인간이라는 존재가 갖게 되는 보편적 욕망이 사라진 뒤 남게 되는 실존은 어떠한 양상일까?

> 저는 오래전 아버지를 죽이고 자유를 얻었습니다. 그 뒤로 수많은 신들이 제 속에 들어와 소리를 지릅니다. 홀짝 홀짝 살들을 빨아 먹습니다. 가슴이 휑뎅그렁해져서 사다리를 타고 허공 위에 올라갔습니다. 십자가가 네온을 켜고 붕붕 하늘을 날아다닙니다. 오리온을 찾으려고 별자리를 하나씩 짚어 보았습니다. 거인의 눈과 코와 활과 오늬의 도톰한 입에 손가락이 빨려 들어갔습니다.
>
> —「만신전(萬神殿)」

욕망이 거세된 오이디푸스는 어떤 삶을 살아가게 되는가? 이재훈

시의 오이디푸스 콤플렉스는 조금 다른 양상으로 진행된다. 시는 성장의 단계, 아버지에 대한 선망과 동일시의 단계를 자발적으로 파괴시킨 자의 후일담과도 같다. 자아를 조절하는 초자아가 제거된 오이디푸스는 사회적 규율에서 벗어나 상상계에 머무르는 자유를 얻은 자이다. 그러나 사회로부터 벗어난 시적 자아의 내면은 이제 단 하나의 거대존재 대신 온갖 귀신들이 살을 후벼 파는 만신전(판테온Πάν Θειον)과도 같다. 수천 수만의 허상에 사로잡혀 휘둘리는 공허 속에서 탈주하기란 불가능해 보인다. "그러나 나는 오래전에 죽었습니다. 내가 죽으면 사랑이 완성됩니다"(「만신전(萬神殿)」 중)라는 시의 고백은 과거형임에도 불구하고 결코 아직 도달치 못한 미래적 망설임으로 느껴진다.

3. 외계인 되기, 완전한 소멸의 꿈

지구인과 대립되는 외계의 존재는 아래 인용시의 주요 모티프다. 이 외계의 존재는 지구의 문명을 비판하기 위해 대척점에 내세운 존재라 할 수 있겠지만 동시에 시적 자아의 페르소나에 가깝다.

그대들은
나를 외계인이라 불렀지

난쟁이라고도 불렀으며
그냥 '꽃'이라고도 불렀지.
나는 원래 눈이 하나인 키클롭스를 사랑했고
피부가 검은 육체를 사랑했지.
피비린내 나는 이 행성에
착륙하지 말았어야 했는데.
잔혹한 DNA를 가진 종족들을 보고야 말았어.
…… 지구인이라는 종족은 말이야
가끔씩 약속을 어기고 방사능을 누출하곤 하지.
나는 거대한 건물 속으로 몸을 숨겼어.
하얀 가루가 폭발하고
그 가루가 폭발하고
그 가루가 내 몸에 달라붙었지.
해독 크림을 발랐지만 너무 늦었어.
갑자기 사위가 연기로 가득 찼어.
…… 눈을 뜨니
세상은 온통 흰 눈으로 덮여 있었어.
아름다운 북극의 얼음 위에서
지혜의 말들을 외울 거야.
그대들은 나를 북극에 핀 꽃이라 하겠지.
외눈박이 육체를 사랑하는 나를 말이야.

—「안드로메다 바이러스」 중

이 외계인은 난쟁이, 꽃이라 불린다. 지구적 기준에서 볼 때 이들

은 난쟁이처럼 추악한 존재이며, 김춘수의 꽃처럼 어떤 구체성도 부여받지 못한 존재이다. 이들은 태생부터 지구의 DNA와는 무관한 자들이다. 키클롭스의 추악한 외모 속에 숨겨진 서정적 감성을 사랑하며, 욕망이란 애초에 가지고 있지 않다. 그러니까 시가 그려내는 외계의 존재는 시인이 간직한 가치와 동궤에 있는 자라 할 수 있을 듯하다. 그러나 욕망과 돈을 좇는 현실에서 이질적 존재의 가치는 실현 불가능해 보인다. 대신 시는 우리 문명의 파멸, 완전한 소멸이라는 거대한 꿈을 제시한다. 완전한 소멸이 이루어진 뒤 최초 북극의 정점에 서 있는 존재를 상상한다. 이러한 상상력은 「북극의 진화」에서도 찾아볼 수 있다. 시는 모든 것이 제로의 상태에 놓였던 거대한 무의 형상을 북극의 얼음으로 형상화한다. 이 원시의 흐름은 형태를 변형시켰을 뿐 한 번도 사라진 적은 없다. 어지러운 문명과 별개로 자신의 시간을 지속해 온 이 완전한 자연의 흐름이 인간을 덮고 언젠가 완전한 무를 실현하게 될 것인가? 그러나 우리에게 인간의 목소리는 가득하고 남겨진 삶의 시간은 너무 아득하지 않은가.

> 차갑고 텅 빈 사물에
> 쇳물을 들이붓고 싶다.
> 나는 매일 소멸되어야 빛나는
> 뜨거운 강철이었다.
> 꿈을 꾸면
> 붉은 별 하나가 내게 떨어지는 사건이었다.
> 손이 델까 만지지도 못한 별이
> 마당에 내려와 날 또렷이 노려보는

순간이었다.

—「연금술사의 꿈」

시인은 매일 매일 소멸을 꿈꾸는 자이다. 소멸을 통해야만 새로운 존재로 거듭날 수 있다는 가능성을 감지하고 있기 때문이다. 이 소멸의 꿈은 가혹한 고통의 시간이기도 하다. 하늘 위에 빛나는 찬란한 별은 그 존재만으로도 동경의 대상이지만 바로 내 앞에 존재하는 별은 감당하기 어려운 존재이다. 이상과 현실의 간극이라는 그 뜨거운 아픔의 시간을 견디고 시인은 시적 이상을 계속 간직해야만 하는 것이다. 더군다나 그 이상은 세속적 인간이 꿈꿀 수 있는 종류의 욕망을 모두 내려놓아야만 가능해지는 것이다. 보편적 인간과 달라지는 그 지점이란 지독한 외로움을 동반하게 될 것이다. "내 속의 거대한 허무로 걸어 들어갈 자신이 없다"(「명왕성 되기」 중)는 시인의 고백은 그래서 더욱 절실하게 느껴진다.

이재훈의 시집 『명왕성 되기』는 불완전한 존재가 꿈꾸는 불가능한 꿈의 풍경이다. 이 내면의 풍경 속에 자기와의 투쟁을 격렬하게 지속하는 자의 고독이 자욱하게 배어나온다. 그의 숙명적 고독. 꿈을 지속할 수도 멈출 수도 없는 자발적 소외에 함께 슬퍼하는 것만이 우리가 할 수 있는 유일한 공감의 표시일 것이다.

야생과 문명의 경계 지우기

문혜진의 시집 『검은 표범 여인』

예리한 감각으로 세계를 꿰뚫는 통찰력을 드러내는 시가 있다면 그 완성도 높은 미학적 성취에 경탄을 보내야 마땅할 것이다. 하지만 그것이 익숙한 기성의 완성도라면, 날것의 감각을 생동감 있게 표출한 미숙함에 어쩐지 끌리게 된다. 문혜진의 시집 『검은 표범 여인』에서 우리는 포장을 던져버린 날 것의 목소리로 야생의 삶에 대한 이탈적인 욕망을 폭발시키는 힘을 느낄 수 있을 것이다.

섹스가 인간이 추구할 수 있는 원초적 욕망의 절정이라는 사실은 보편적인 인식이며, 젊음의 자유분방함, 섹스의 유희적 삶에 탐닉하는 미치광이의 삶이 자기 파괴로 이어지는 것은 문명과 이성의 허위의식에 대한 대항의 의미를 지닌다. 그러나 문제는 이것이 수없이 많은 문학과 영화에서 반복된 클리셰가 되어버렸다는 데 있다. 이것이 그녀의 시 가운데 도발적인 발칙함을 드러내는 시보다 야생으로 잠입되어 스며드는 과정을 묘사하는 시에 끌리는 이유인지도 모르겠다.

네가 잠든 사이 나는 허물을 벗고 스모키 화장을 지우고 발톱을 세워 가터벨트를 푼다 세상에서 가장 높은 하이힐을 벗어 던지고 사로잡힌 자의 눈빛으로 검은 표범의 거처에 스며들 거야 단단한 근육을 덮은 윤기 흐르는 검은 벨벳, 흑단의 전율이 폭발할 때까지 이제 동굴보다 깊은 잠을 자야지 도마뱀자리 운명, 진짜 내 목소리를 들려줄까?

—「검은 표범 여인」 부분

검은 표범 여인과 같이 동물의 야수성과 인간이 하나로 결합되어 있는 이중의 이미지는 이번 시집 전체를 관류하는 시의 모티프다. 정돈되지 않은 거친 문체로 시는 야생적인 것의 뿌리에 내재되어 있는 원초적 에너지를 뿜어내고자 한다. 물론 시의 배면에 깔려 있는 것은 문명이 만들어낸 비뚤어진 세계의 모습에 대한 회의이다. 인용 시에도 스킨헤드와 같은 극우 민족주의의 폭력이 모습을 드러낸다. 하지만 그녀의 시가 도식의 상투적 상상력으로 떨어지지 않는 것은 인간과 야생이라는 두 개의 다른 이질적 존재가 하나로 겹쳐지며 모호한 경계를 오가는 그녀만의 독특한 상상력의 세계를 펼치고 있기 때문이다. 가령 「루왁」에서 "커피가 석유만큼 대접받는 시대 하루 25억 잔의 커피가 소비되는 동안 수마트라의 아이들은 일당 500원을 받고 키가 자라지 않는다"는 자본의 원리에 대한 비판적 언술은 야생의 관능적인 감각이라는 성적 분위기 속에 묻혀 인식은 살아 있으면서도 직설화법이 주는 거북함은 희석되는 효과를 갖는다.

던져진 채 구르고 굴러 풍화를 겪는 게 바위뿐이겠는가 몽상하며 깊어지는 개울물 소리 불그레한 달빛 두꺼비를 삼킨 흰 뱀의 여름 이끼가 촉촉

이 몸을 덮었고 수리부엉이가 둥지를 틀기도 했다 눈 내리는 날 첫발자국을 찍고 날아간 노랑지빠귀의 유혹 얼어붙은 채 겨울을 나기도 했다 늪에서 질척일 때 폭풍이 그를 멀리 날려 주었고, 내면의 건기와 우기를 겪으며 나무바위는 마침내 부패하는 유기체의 희열을 느꼈다

강줄기를 따라 깍이고 닳아져 나무인지 바위인지 정체성도 잊은 채 다만 흐르고 흘렀다 어느 날 모래언덕 위의 마지막 대면 후 다시는 그를 볼 수 없었다 허구와 모래톱을 뒤졌지만 헛수고였다 바다로 나아간 나무이거나 바위, 낯선 경이와 보이지 않는 불구를 간직한 채 어디서나 존재하거나 존재하지 않는 나의 나무바위

—「나무인지 바위인지」 부분

시는 떡갈나무를 바위로 조각한 작품을 대하는 시인의 사유를 드러낸다. 나무에 바위를 조각한 것은 바위이기도 하고 나무이기도 하다. 두 물성의 성질이 혼융된 나무바위의 두 번째 생을 시는 주목한다. 나무이면서 바위인 존재에게 새겨지는 시간의 흔적은 바위처럼 풍화되며 나무처럼 부패하여 결국 사라진다. 그러나 이 사라짐은 우리의 유한한 시계에 한한 것일 뿐 시인의 내면에 남아있는 존재성과는 무관하다. 이렇게 두 물성의 경계 틈 사이를 잠입하여 자유롭게 오가는 시적 상상의 구도는 바슐라르가 말한 것처럼 자유롭게 부유하는 물질적 상상력의 세계로 우리를 이끈다. 단단하게 경계지워진 것들의 견고한 고정성을 꿰뚫는 시인의 시선은 세계가 지닌 자기 중심적 인식을 부수고 이탈할 수 있는 자유에 대한 기대로 우리를 이끈다.

『검은 표범 여인』의 또 다른 독특한 특성은 예술에 대한 시적 형

상화의 작업을 감행하고 있다는 것이다. 이는 물질의 질료에 형상화를 입히는 것이 예술이라는 일반적인 생각을 전도시키고 예술이야말로 물질의 질료를 변화시켜 새로운 생명을 불어넣는다는 시적 믿음을 구현한다.

> 1979년 뉴욕, 한 번 보면 누구나 호기심이 솟구치는 바커바르트의 붉은 소파. 세계의 유랑객, 영혼들이 쉬어 가는 마법의 왕자. 세계를 여행하며 전 인류의 비밀스런 이야기를 주술처럼 쏟아 내고 싶었다. 무수히 쌓인 돌들의 신전을 지나 태양이 지지 않는 바다의 내면과 만날 때까지 비행기 격납고에 숨죽이고 있었지만, 수피에 감싸인 촉촉한 생나무의 기억과 인조모피를 덧씌웠던 바느질의 아픈 순간을 소중히 여겼다.
>
> 모든 것은 음악처럼 통했다.
>
> 라플레시아, 생장점이 한계에 달했을 때 지독한 악취와 함께 폭발하는 거대한 열대의 꽃. 캐나다 숲에서 방금 사냥한 흑곰과 사냥꾼이 붉은 소파에 앉았다. 죽음의 순간 흑곰의 눈 뒤에는 어렴풋한 빛이 있었고, 그 너머의 세계는 알 수 없었다. (…중략…) 그들을 통해 붉은 소파는 최선을 다해 에너지를 소비하고 성장하며 진화해 갔다.
>
> ―「붉은 소파, 생물학적 연대기」 부분

시는 바커바르트의 사진집 『붉은 소파』에서 모티프를 가져온 것이다. 트렁크에 붉은 소파를 싣고 다니면서 일상에서 만나는 모든 사람과 물건을 기록으로 남긴 이 작품은 평등의 상징이다. "일상에 고요

히 몰입한 인간을 고귀하게 만드는 마법의 오브제"라는 평처럼 『붉은 소파』에는 신분의 귀천과 직업의 선호를 뛰어넘어 모든 삶의 궤적에 대한 경탄과 존경의 시선이 담겨있다. 시는 이러한 바커바르트의 예술정신에 대한 경이의 오마쥬이기도 하며 동시에 시인 스스로 갖고 있는 시적 믿음에 대한 실천을 보이고 있는 것이라 할 수 있다.

문혜진의 두 번째 시집의 도처에 미만해 있는 정신을 야생과 문명의 경계 지우기라고 해도 지나치게 멀리 나아간 것은 아닐 것이다. 문명의 이편으로 야생의 건강하고 생기 넘치는 에너지를 끌어와 사회의 부조리와 불합리를 지우는 것이야말로 시가 또는 예술이 추구해야 할 도리임을 그녀의 시는 밀고 나아간다.

소년, 지구 종말의 날까지 분열하라

서효인 시집 『소년 파르티잔 행동 지침』

1

> 지구처럼 돌아가는 월세, 지구처럼 냄새나는 음식물 쓰레기, 지구처럼 막히는 싱크대, 곧 멸망할 작은 행성을 뒤로하고 우주를 향해 눈꺼풀을 밟고 고래는 푸른 등을 돌린다 // 푸른등돌고래는 갈 곳 없는 포유류가 되어 강물에 몸을 담근다 위험한 가정에 등을 돌리지 못하는 고래 한 마리 브래지어에 너를 매단다 언젠가는 멸종하겠지만 고래는 그런 것이고 너는 흐를 것이다
>
> —「고래를 잡는 아이를 위한 안내서」 중

세상은 결국 파국을 향해 간다. 당연하게 멸망은 예정되어 있고, 우리는 흐를 것이다. 정규와 비정규, 주류와 비주류, 일류와 삼류가 뚜렷하게 구분된 세상 속에서 혁명은 무력하고 광장은 추억이 되었

다. 우리는 가면을 쓰고, 환상을 내면화하며 지겨운 시간을 견딘다. 종말을 향한 불안한 예감, 불길한 전조 속에서 우리에게 가능한 일이란 지루하게 화석화되고 무기력하게 시간을 죽이는 것뿐. 그밖에 선택이란 없어 보인다.

서효인 시의 화자들은 대부분 그렇게 무기력하다. 세계의 불합리와 부조리를 체득한 자의 무미건조한 발성이 시집을 가득 채운다. 찢기고 구워져 마요네즈에 찍힌 오징어처럼 아스팔트에 구워져 바퀴에 깔리는 환경미화원의 최후(「목격자」), 구운 토스트가 된 채 이틀간 방치된 할망구의 죽음(「냄새나는 사람」)을 읊조리는 목소리는 연민조차 거세되어 냉소를 자아낸다. 냉소란 본래 자조를 동반하기 마련이다. 시에서 삼류인생들이 사물로 환치되는 것은 자본의 부조리한 체제가 뼈속까지 내면화된 수동성에 대한 적절한 은유이다.

그렇지만 서효인 시를 읽는 즐거움은 이런 날카로운 비판적 사회학을 발견하는 것에 한정되지 않는다. 그의 어떤 시들은 의외의 전개로 상황을 밀고나가는 미성숙한 도발을 그려낸다. 시를 읽어가다 번쩍 눈이 뜨이는 순간은 바로 그런 똘끼를 발견하게 됐을 때이다. 그것은 지루한 시간을 이탈시키는 경쾌한 해방감이며 카타르시스를 맛보게 한다.

서효인의 시가 전하는 즐거움은 시집의 정교한 배열을 주시할 때 더욱 강렬해진다. 시집은 '1 분노의 시절', '2 잭슨빌의 사람들', '3 단 하나의 사람', '4 마스크'의 4개의 장으로 구성되어 있다. 장에 따라 아이에서 성인으로 변화하는 시적 페르소나는 그의 시를 성장문학의 하나로 읽게 만든다. 상처의 시간을 딛고 견고해지며 어른으로 자라나는 통과의례는 성장문학이 거치는 당연한 수순이다. 재미있

는 것은 그의 시선이 성장문학에 대한 여타의 방식을 뒤집는다는 것이다. 시에서 어설픈 미성숙의 시간이야말로 존재감이 최고조로 고양된 순간으로 격상된다. 2장의 시선을 확보한 뒤에 다시 읽는 1장은 반항적 소년기에 했던 행동이야말로 청년이 되어버린, 비겁해진 시적 자아가 취해야 할 행동 지침이라는 생각을 일으킨다. 3장의 성인이 된 아이의 무기력을 거쳐, 4장 '마스크' 연작은 성인이 된 후에도 우리에게 남은 미성숙의 페르소나를 다시 한 번 이끌어낸다. 이런 서사적 배치는 강렬한 메시지가 깔린 의도적 행위인 듯하다. 혹 우리가 감지하는 것 이상으로 서효인의 시는 불온한 전복의 수사학으로 무장된 건지도 모른다. 막연한 의혹을 해결하기 위해 그의 시에 천천히 젖어들기로 하자.

2

먼저 표제 시 「소년 파르티잔 행동 지침」에 대해 말해야 할 것 같다. 이 시는 서효인 시를 읽어가는 하나의 가이드라인을 제시한다.

> 무거운 가방에 매달려 참고서를 완주하던 당신, 바로 당신, 붉은 엉덩이를 치켜들고 만국의 소년이여, 분열하세요. 배운 대로, 그렇게.
>
> (…중략…)

생뚱한 바람이 거대한 치마를 들어 올려 아이스크림 한 입 베어먹기 전까지 우리의 항전은 끝나지 않아요. 근엄한 얼굴로 인생의 진리를 논하는 정규군의 향연에 더 이상 뒤를 댓지 않을 테니 그리 알아요. 부릉부릉 분열하는 파르티잔들이 습격을 거듭하는 이상한 트랙에서, 소년들이여, 등에 누운 참고사 아래에서 붉고 뜨거운 바람의 계곡을 기억해요. 그리고 궐기해요. 배운 대로, 그렇게, 뿡.

—「소년 파르티잔 행동 지침」 중

파르티잔은 지극히 정치적인 단어이다. 흔히 알려져 있듯이 우리식으로 빨치산으로 음차되며, 비합법적인 비정규군을 지칭한다. 파르티잔의 조건은 태생적으로 익힌 지정학적 정보를 지닌 자들이어야 한다는 것. 몸으로 체득한 정보의 완전한 우위를 토대로 그들은 뜻밖의 시간, 뜻밖의 장소에 출몰한다. 이 우연성과 지정학적 우위를 토대로 그들은 존재감만으로 두려움을 주는 자들이 된다. 서효인의 시도 그렇다. 뒤통수를 후려 맞은 듯 감정을 증폭시키거나 예상밖의 쾌감을 제안한다. 물론 시의 수사는 직설적이고 명령적이다. 이것은 행동 지침이기 때문이다. 다만 지극히 일상화된 삶에 내리는 사소한 행위에 불과하지만 그것이 대단한 항전이라도 된다는 듯 화자는 심각하게 도발한다. 그 도발에 따른 마지막 "뿡"의 경쾌한 리듬을 따라 시의 분위기는 순식간에 반전된다. 정규군이 주도하는 세계, 엄숙한 진리를 설파하는 세상 속 주류를 위한 세상에 섞이지 않겠다는 비주류의 대항마는 이렇게 경쾌하고 도발적인 태도로 진행된다. 진지함이나 진리의 역겨운 설파 따위는 상대하지 않는 무심함은 세계가 흘러가는 흐름을 가르는 분열의 행위로 격상된다.

> 손바닥이 대걸레가 되는 오늘, 작성된 시나리오에 따라 오른손을 귀 옆에 붙여 들고 발표를 하는 친구 옆에서 깔깔깔, 공부 잘하는 친구 뒤에서 깔깔깔, 온종일 네발짐승처럼 궁둥이를 들고 빛나게 닦은 복도, 장학사가 무심히 지나갈 복도, 우리의 타액이 깔깔깔, 부서지는 아밀라아제, 젖은 운동자를 그득 채운 물풍선이 깔깔깔, 던져 맞추기에 알맞은 둥그런 표적, 장학사의 완강하고 깔끔한 뒤통수가 깔깔깔깔깔,
>
> —「장난치기 좋은 날」 중

아이들은 배면에 숨겨진 자본의 논리를 인식하기 이전의 존재다. 다만 짖고 까부는 행위는 세상의 체계에 물들기 이전의 자연스러운 본성이다. 세계가 규정해 놓은 자신의 위치나 타자성 따위는 아랑곳하지 않는다. 기성의 규율은 결손을 감추기 위해, 자신들이 정리 정돈해 놓은 질서 이면의 불안함을 들키지 않으려는 엄격함으로 무장되어 있으나 미숙함은 어찌해볼 도리가 없는 틈이다. 그 틈 사이로 터져 나오는 깔깔깔이라는 유쾌한 의성어 앞에서 정규군의 무기는 먹히지 않고 무력화되기 십상이다.

서효인 시는 어찌 보면 일상 속으로 파고드는 게릴라전을 위한 지침서와 다르지 않다. 전복이라는 단어조차 거북하게 들릴 정도로 비정치적인 행위의 정치성을 일깨우는 것이야말로 시집이 전하고자 하는 가장 강력한 메시지일지도 모르겠다. 그럼 이대로 의미를 종결하고 결론을 내려도 될 것인가? 물론 서효인은 그렇게 낙관적 태도를 보일만큼 순진하지 않다. 학원 땡땡이치기, 장학사 뒤통수를 가격하는 물풍선 공격 따위의 도발이 기성의 기율을 부수리라는 기대 따윈 애초부터 없을지도 모른다. 시의 도발이 경쾌할수록 묘하게 우

리의 아픈 통점을 자극하는 패러독스를 동반하는 것은 그러한 연유에서 기인하는지도 모른다.

> 선생은 그들을 향해 벌레 같은 놈들아 기어라 기어, 했지만 그들은 좀 더 섬세하고 세련된 은유를 거친 날벌레였다 천장에 매달리고 기둥을 오르고 더러운 창에 머릴 박았다 (…중략…) 선생이 무차별로 구타하던 엉덩이와 허벅지 사이 3인치의 틈에서 하이얀 도포 같은 날개가 돋았다 이제 검은 우주의 날렵한 품 안을 날을 수 있는 것이다 선생은 거룩한 음모 속 파리지옥에서 고독한 날들을 보낸다 분노를 되씹으며 한국 놈들은 맞아야 정신 차린다고 이를 부드득 갈며 이를 잡아 죽이며 이글이글한 분노의 원심력을 당구 큐대나 야구방망이나 담양대뿌리 등에 부착해 허공에 휘두른다 그렇게 지나간 시절에 입술을 내민다 날벌레들은 도대체 한 번을 맞지 않고, 우주를 날아다닌다 분노의 시절이 가고 있다
>
> —「분노의 시절-분노 조절법 중급반」 중

'분노 조절법 초, 중, 급'이라는 부제를 달고 있는 「거리의 싸움꾼」, 「분노의 시절」, 「밀레니엄 송가」 연작들은 악동이 사회의 패배자로 변해가는 과정에 대한 보고라 할 수 있다. 이전 시에서 날것의 존재였던 아이들은 어떻게 되어 가는가에 대한 일종의 후일담 같은 느낌을 준다. 이들 시는 시간의 흐름에 따라 자신이 타자임을 예감하는 아이들의 내면에 패배의식이 어떻게 각인되는지를 펼쳐 보인다. 가령 인용 시에서 아이들은 날벌레로 은유된다. 하필이면 엉덩이와 허벅지 사이에 솟구친 날개는 비상해도 비상할 수 없는 불구성을 암시한다. 날벌레의 효용이란 기껏해야 그 역시 타자에 불과한

선생을 향해 윙윙거리는 응전을 하는 것 이외에 무엇이 있겠는가.

3

도발적 소년기에 대한 추억담을 거쳐 2장과 3장 사이 서사는 비주류 인생에 완전히 젖어든 청년이 바라본 세계에 대한 목격담으로 흐른다. 교통사고를 당한 다방 레지를 쟁반이라는 사물과 동일한 가치로 바라보는 세계의 무심한 시선(「한없이 시끄러운 쟁반」), 화장실에 쭈그려 앉아 장기 매매 광고를 보며 자신의 몸을 돈의 수치로 환산해보는 사나이의 모습(「내려가는 사람」) 바코드가 찍힌 회전초밥이 되도록 꼬마에게 질서를 강요하는 녹색어머니회의 모습(「녹색어머니회에서 알림」)에는 무기력이 미만(彌滿)해 있다. 시에서 포착하는 세계의 군상들은 이미 자본이 주도하는 절차와 가치에 뼈속까지 젖어들어 있는 존재들이다. 그들에게 날벌레의 윙윙거림이라는 사소한 도발과 반항은 사라져 흔적도 없다. 시의 페르소나는 비극의 원인을 자기 능력의 불완전성과 존재의 불구성에서 찾는다. 견실한 노동을 할 수 없는 뚱뚱한 몸을 탓할지언정 가난의 근본적 원인을 체제 내에서 찾으려 하지 않는다.

다음 시의 페르소나는 돈키호테처럼 돌진하는 캐릭터를 형상화한다. 인물의 적극성만큼이나 실패의 가능성이 커져가는 실패와 대응 사이의 간극이 만들어내는 낙차는 비극성을 두드러지게 한다. 싸

움의 근본적 방향부터 틀어져 있는 인물이 벌이는 한판 블랙코미디를 살펴보자.

사람의 키가 작아진 왕국에서 태어난 그는
어둠의 성채에서 버섯처럼 차분한 살을 가진 여자와
깊은 구멍을 파기 시작했어
구멍의 끝에서 불꽃을 터뜨리고 최후의 버섯을 캤단다
마리슈퍼, 구멍 뚫린 마리오의 버섯
주인공이 변신하는 동안의 불문율을 지키러
사람들은 천장이 높은 마트로마트로간다간다간다간다
왕국 사람들의 키는 자꾸만 낡아 간단다

(…중략…)
하이퍼바이오닉크리스탈에너지
그것을 감싸는 일수 대금과 명함판 대출 광고의
방어력증강붐붐매트릭스파워업
히어로를 향한 마리오의 변신은
사라진 단골과 마트의 대물을 넘고 넘어
날짜 지난 우유처럼 느리고 치명적이지
속에 품은 독버섯 심장을 꺼내 던지면
오래된 슬픔으로 연금한 마법 수류탄이
분노의 파편을 퍼킹, 퍼킹, 퍽, 퍽, 퍽
사람들을 구할 테니 두고 봐라

—「슈퍼 마氏」 중

이 시는 투쟁에 대한 것이다. 동네의 작은 슈퍼가 거대 자본의 대형마트를 상대로 벌이는 한판 결전에 대한 투지로 시는 가득 차 있다. 어린 시절 지하로 파고들어가 왕국을 구해냈던 슈퍼마리오 게임의 캐릭터처럼 왕국 사람들의 삶을 비루하게 만드는 마트라는 적을 상대로 우리의 주인공 슈퍼 마씨는 결전의 힘을 기른다. 하이퍼바이오닉크리스탈에너지를 득템하며 능력을 확장시킨다. 그러나 그 득템의 실체란 일수와 대출금이다. 그의 가난은 투쟁으로 인해 더욱 심화될 것이다. 슈퍼마리오와 슈퍼 마씨는 글자 하나의 차이에 불구하지만 슈퍼마리오가 될 수 없는 한계를 지니고 있다는 사실을 우리의 주인공 캐릭터는 모른다. 단조로운 의지적 문장들, 퍼킹 퍼킹 퍽퍽 퍽과 같은 파열음의 폭발이 몰입의 공허를 극대화한다.

이 시에서 가장 눈에 띄는 것은 바로 캐릭터가 몰입하고 있는 환상 그 자체다. 환상은 사회적 장이 구축될 때 중심이 되는 적대관계, 근본적인 분열을 은폐하는 상상적인 시나리오가 된다고 지젝이 말하지 않았는가. 서효인의 시는 환상에 사로잡힌 우리 인식이 기만이며 착각이라는 사실을 꼬집는다.

> 높은 천장과 깨끗한 조도를 가진 우주.
> 건담은 평화를 사랑한다. 거대한 서사의 시작은 늘 명징한 평화.
>
> 휴먼은 우주의 항로를 돈다. 조화롭게 진열된 별들을 우주선에 담는다. 무수한 별들의 쓰임을 모두 알 수는 없는 일. 그들은 혼돈을 즐긴다. 휴먼의 입맛에 맞게 가공된 숱한 은하들의 노선이 입맛대로 흐트러진다. 별들의 질서를 바로잡는 건담.

(…중략…)

광활하고 신비한 우주에서 봉지에 별을 담는 정도는 스스로 해야 할 일. 썩지 않는 물질이 허공을 떠돈다. 봉지가 무겁다. 건담은 거대한 평화에 눌려 종아리가 붓고 발바닥이 딱딱하다. 어쨌든,

우주의 서사에서
건담은 늘
서 있으니까.

—「일어서, 건담」 중

명징한 평화를 칭송하는 어조로 시는 어린 시절 우주를 지키는 최대의 영웅이었던 건담 서사와 쇼핑몰 마트의 직원을 하나로 결합시키고 있다. 쾌적한 삶을 보장해주는 거대한 쇼핑센터의 안락한 기쁨에 젖어든 사람들의 시선에 비치는 건담은 그야말로 평화를 위한 영웅이다. 기껏해야 그들이 하는 일이야 흐트러진 과자를 재진열하고, 바코드를 긁어 계산을 효율화하는 일이지만 그야말로 가장 시급하고 필요한 일이다.

건담과 휴먼의 기계적 호칭, 슈퍼 마씨의 투쟁은 우리의 내면으로부터 아로새겨진 자발적 복종, 사회의 구조에 길들여진 습성을 은유한다. 기계적 몰입의 행위를 순전한 기쁨으로 알며, 고통의 원인을 사회적 성취에 도달하지 못하는 부족한 능력에서 찾는 것은 사회의 요구에 따라 재구조화된 인식, 현재의 삶의 방식을 따르며 성취하는 것이 진리이며 기쁨이라는 환상에 절어 있는 현대 우리의 자화상이다.

4

바깥의 구조가 내부의 인식으로 맞물려 돌아가는 사고의 습성은 마치 안과 밖, 처음과 끝이 모호한 뫼비우스의 띠, 클라인 씨의 병처럼 모호하다. 세계의 비극은 시작과 끝이 맞물린 이야기로 재편되고, 끝이 끝이 아닌 것, 끝없이 회귀되는 비극과 관계된다. 세상의 모든 서사는 시작과 끝이 모호하고, 원인과 결과가 맞물려 있으며, 적과 아군의 구별이 없다.

이제 서효인 시집의 서사는 종국에 도달한 것 같다. 그러나 마지막 최후의 반전, 이것이 과연 반전이 될 수 있을까에 대한 확신은 할 수 없으나 아무튼 가능성의 트임을 다시 한 번 서효인의 시는 열어놓는다.

> 혈관을 타고 흐르는 부정과 부정의 비속어들이 내 근육의 전부다 일그러진 얼굴을 마스크 속에 감추고 각본에 따라 반칙을 일삼는다 손가락으로 눈알을 찌른다 철제 의자를 등뒤에 꽂는다 나의 악행이 극렬해질수록 관색들은 호불호를 판별할 수 없는 환호성을 뱉는다 시원하게 세상에 나온 가래가 되어 점액질의 기분으로 주위를 둘러보면 누가 악역인지 헷갈리 때가 많다 결국 나는 헐크로 변한 호건의 밑구멍에 깔려 카운터를 맞이할 뿐이다 헷갈리는 사이에 원 투 쓰리, 그는 손목을 뱅뱅 돌리며 자신의 귀에 환호를 담고 있다 순간, 내 안에서 모든 약물이 춤을 춘다 곧 사인이 없는 돌발적 상황이 생길 것이다
>
> —「마스크 1」 중

마스크 X는 처음부터 지도록 프로그램이 짜여 있는 존재이다. 악행을 일삼다 헐크호건에 의해 제압당하는 룰은 기성의 규율이며, 세계의 확고부동한 법칙이다. 마스크 X의 소임은 마치 세계 내에서 실패자를 담당하는 소시민의 역할과 상동을 이룬다. 이러한 질서 속에서 헐크의 중요부위를 물어뜯는 돌발행위는 본인도 놀라게 한 무의식적으로 터져 나온 반응이다. 이것은 기성의 규율을 위반하는 반칙이며 세계를 놀라게 한 위반의 행위이다. 이때의 위반은 체제의 근간을 흔드는 위협적 가능성을 지닌다. 그것은 소년, 파르티잔 행동지침과 동궤에서 경쾌한 트임의 놀라운 순간으로 비약될 가능성을 동반한다. 예측가능한 행위로부터의 일탈은 분열을 가져오며, 끝없는 분열의 행위는 세계 내에 고정되는 것을 벗어날 수 있다. 이처럼 서효인의 시는 일탈과 돌발성을 세계가 부여한 소외, 타자의식을 벗어버릴 유일한 가능성으로 감지한다. 하지만 사회적 제약과 주체가 정해놓은 세계 내 역할로부터 벗어나는 것은 녹록치 않다. 「마스크 2」는 이 분열이 마스크라는 익명성을 뒤집어 쓸 때만 나타나는 이중성을 제시한다.

> 마스크 X를 쓰면 그는 마스크 X
> 반칙과 이빨에 대한 충성으로 아이들은 얼굴을 감추었다
> 인형 안은 컴컴하고 그의 얼굴은 점점 없어지고 숨이
> 카운트를 샜다 원, 투, 쓰리 반칙처럼 일정치 않았다
> (…중략…)
> 아저씬 대체 누구
>
> —「마스크 2」

마지막 아이들의 질문처럼 서효인의 시는 우리에게 하나의 질문을 던지는 듯하다. 영화 반칙왕의 마지막처럼 가면을 벗어던지고 세상 속에 자신의 얼굴을 보일 것인가?, 가면 속으로 숨어들어 가면마저 또 다른 군중들의 유희로 다시 태어나게 할 것인가?

누군가의 첫 시집을 읽는 일은 새로운 탄생을 지켜보는 것처럼 설레는 일이다. 여기 저기 흩어져 있던 그의 조각들이 모여, 하나의 인격으로 발산되기 때문이다. 한편 한편으로 만났던 서효인의 분신들은 발랄했지만, 이들이 하나로 응집된 서효인의 시집은 생각보다 견고하고 탄탄한 세계를 구현하고 있었다. 확고한 시선을 가진 젊은 시인의 응전이 더욱더 감각적으로 펼쳐지기를 기대한다.

죽은 세상에 던지는 견고하고 단단한 비유의 언어들

하린 시집 『야구공을 던지는 몇 가지 방식』

1. 유리 감옥에 갇힌 시체들의 풍경

하린의 시는 '시는 비유'라는 믿음을 철저히 실천한다. 그의 단단한 비유들은 사회적 삶을 실천하는 자아의 밑바닥에 침전된 응어리를 토해내는 구질(球質)들이다. 그것은 아직까지 획일화되지 않고 다양한 방식으로 실험되는 구질과도 같이 통일되어 있지 않다. 때로는 알레고리처럼 확고한 비유를 토대로 안간힘을 다해 살아내는 다양한 인간 군상들의 모습을 포착하거나(「야구공을 던지는 몇 가지 방식」), 때로는 일인칭의 어지러운 현기를 형상하는 비유적 묘사에 주력한다(「바람의 부르튼 심장처럼」). 또한 이인칭과 삼인칭의 시점에서 자아와는 거리를 둔 풍자적 어조를 만들기도 한다(「관을 말하다」). 명확한 것은 그의 시는 직설법보다는 여러 비유들을 형상화하는 데 몰두한다는

점이다. 그의 한 편의 시 안에는 명료한 상징이나 모호한 은유, 이미지들이 가득하다. 실제 포착하려는 사유 또는 대상들과 근거리에 있건 혹 먼 거리에 있건 비유들은 암시성을 토대로 하기에 늘 모호함이나 중층의 복잡함을 거느린다. 시에 가득한 비유들이야말로 언어로 포착할 수 있는 자아와 세계의 밑바닥까지 재현하려는 시인의 치열함과 성실성을 증명한다고 할 수 있다.

시적 화법이나 비유가 다양하다는 것이 세계를 응시하는 자아의 시선이 혼란스럽다는 의미는 아니다. 그의 시에는 비교적 확고부동한 세계관이 깔려 있다. 부정적 현실 속에 흔들리는 사람들을 재현하려는 시는 재현 그자체로 세계와 응전하는 부정의 정신을 드러내고 있다 할 것이다. 가령 하린에게 세계란 투명한 감옥과 같다. 모래를 가두는 모래시계의 유리처럼 세계와 우리의 관계는 규정된다. 세계는 보이지 않는 유리의 감옥이며, 우리는 버석거리는 마른 모래처럼 의미 없이 반복되는 건조한 삶을 살아간다. "멈춘 시계를 본다 / 여전히 난 갇혀 있다 / 유리의 감옥, 안은 뜨겁다"(「유리는 나쁘고 모래는 착하다」 중)는 구절처럼 우리들은 보이지 않는 견고한 체제의 안에 갇혀 버거운 실존의 살을 살아간다.

이쪽과 저쪽을 가르는 세계의 경계는 투명한 유리처럼 뚫려 있는 것으로 착각하게 하지만 가로지를 수 없는 거대한 장벽과도 같다. 이 장벽을 우리의 세계는 계급과 계층의 차이, 궁극적으로는 자본의 논리가 만들어 놓은 분배방식의 차이라 규정짓는다. 그 차이를 뚫고 나아가려는 방식이 무엇이든 실패는 이미 예정되어 있다. 하린의 시집 『야구공을 던지는 몇 가지 방식』이 형상화하는 것은 이런 규율을 모르는 인간들의 안간힘, 모래인간들의 버석거림이다. 유리의 안쪽

에서 살아가는 우리의 가족들은(이들은 특정인의 가족이 아니라 보편화된 우리 서민들 모두의 가족, 전형적인 가족으로 여겨도 무방하리라) 늘 바깥으로 통하는 공을 던지고자 안간힘을 다하는 존재이다. 시가 포착하는 가족들의 비유는 우리 서민들에게 쉽게 발견할 수 있는 행동양상의 유형화에 다름 아니다. 가령 아버지는 정직하게 눈에 빤히 보이는 "직구만을 던지던 습성"을 지닌 그리하여 "시즌 내내 홍행 없이 끝나고 말" 존재로 환원되며, 형은 일류대생임에도 불구 느린 포크볼을 구사하다 "면사무소 말단직원"으로 떨어지는 존재다. 경쟁의 무한체제의 바깥에서 삶의 고민과 철학적 사유 따위는 2군으로 밀려나기 쉬운 쓸데없는 짓거리에 불과하다. 유리의 안쪽에서 살아남는 법을 익힌 유일한 어머니만이 변화구를 구사하며, 승승장구한다. 그러나 이 승승장구란 것도 결국은 유리의 안쪽에서만 가능할 뿐이다.

하린은 유리막 안쪽의 세계와 그곳을 살아가는 인간의 모습을 포착한다. 예정된 세계 속에서 예정된 삶을 살아가는 무기력한 존재들이 만들어내는 것은 황량한 죽음의 풍경과 다를 바 없다. 시집을 읽어갈수록 우리는 이런 죽음의 풍경을 전체에서 목도(目睹)하게 된다.

2. 거세된 아버지와 억압의 새로운 주체: 어머니 콤플렉스

하린의 시집 1장은 가족을 위한 대단원이라 명명해도 지나치지

않을 것이다. 유리의 안쪽을 살아가는 가족 간의 구도는 우리 일반의 보편적 가족이 지닌 관계를 응집하고 있다. 가족의 문제는 늘 우리에게 뜨거운 감자다. 무한한 애정의 관계 속에 놓여 그 애정의 속박으로 인해 우리는 억압당한다. 이런 애증의 복합적 메커니즘 때문인지 가족은 시든 소설이든 상관없이 늘 문학에 등장하는 모티프이다. 재미있는 것은 하린의 시에 등장하는 가족 간 구도는 80년대와 확연히 변화한 모습을 보여준다는 점이다. 그의 가족들은 80년대와는 변별된 가족 내 서열의 변화, 권력의 위치변동을 확인하게 한다.

1980년대를 대변하는 시인 이성복의 경우 가족은 한반도 상황의 유비에 다름 아니다. 그이 시에 등장하는 아버지는 권력의 상징이며, 개새끼로 규정된다. 그 아버지는 거대 권력의 주체로 등장하거나, 아무런 힘도 없는 나약한 존재일 따름이다. 무력한 아버지의 법안에서 보호받지 못하고 살아가는 어머니와 누이는 연민의 대상이며, 어쩔 수 없는 운명에 의해 창녀가 되었거나 곧 될 존재로 규정되었다. 반면 하린의 시집 속에 묘사된 아버지는 거세되었을 뿐 아니라, 죽은 존재, 존재성이 사라진 존재이다. 그러나 어머니와 누나는 더 이상 연민의 대상만으로 존재하지는 않는다. 그녀들은 시적 자아에게는 기묘하게도 아버지의 자리를 대신한 또 다른 억압의 주체이거나 현실과 타협하며, 가장 빠르게 세계의 부정성에 순응하는 존재들이다.

> 소읍의 쇠약해져 가는 학교 앞에서
> 유리를 팔던 어머니는 그 당시
> 틈을 가장 잘 이용하는 마술사였다
> 한동안 학교의 유리는 주기적으로 깨어졌고

보수적인 태엽만 돌리던 교장 선생의 훈계는
머릿속에서 이미 파열된 상태였다
어설픈 청춘들이 자해하듯 담뱃불을 자꾸 지졌다
날을 세우고 싶던 아이들은 틈 하나씩 만들고 사라졌고
어머니는 환상의 빈자리가 커지기 전에 새 유리를 끼웠다
포개진 유리 사이로 공업용 다이아몬든 칼이 지나가면
유리들은 모범생 흉내를 내며 일렬횡대로 갈라졌다
그렇게 틈의 배후엔 유리가 있었고
문을 열 때마다 위선(僞善)으로 가득 찬 어머니가 드르륵거렸다
직접 유리를 잘라 보고 싶었다
하지만 할 수 있는 건 깨진 유리를 가지고
만취한 아버지를 매일 도려내는 일뿐이었다
화학 물질 가득한 신발공장에서
유리 구두를 신고 날아오르고 싶다던
누이의 유언이 연서(戀書)용 편지지를 타고 날아왔고
어머니는 더 이상 유리를 자르지 않았다
마네킹처럼 변한 내가 자라는 것을 거부한 채
어머니가 만든 쇼윈도 안에서 박제된 채 살아가고 있었다

—「유리상자」 전문

시는 틈과 유리의 상징성을 기본 모티프로 한다. 하린의 몇몇 시에 등장하는 유리는 이 시에서도 보이지 않는 감옥의 상징이며, 틈은 반항이 만들어내는 전복의 가능성이다. 시에서 유리는 결국 우리 사회의 기율들이며 보이지 않는 조절과 차단의 힘을 의미한다. 중요

한 것은 어머니가 조절과 차단의 대변인으로 강력하게 등장한다는 데 있다. 시에서 아버지는 만취한 존재이며, 무능력한 아버지의 자리를 대신하는 어머니는 보수적인 체계의 시스템을 가장 안정적으로 견고하게 다지는 작업을 하는 존재이다. 시의 생략된 부분에 누이의 죽음으로 인해 어머니가 더 이상 유리를 자르지 않게 되는 서사가 등장하지만 이는 시적 자아에게 유리가 사라진 세계의 출현을 의미하지 않는다. 오히려 어머니에 의해 만들어진 쇼윈도 안에 완벽하게 갇혀 버리는 감금의 계기가 된다.

> *무거운 군장처럼 달라붙은 어머니 등 뒤에서 제발 내려와 주세요 시도 때도 없이 토해내는 신음 소리 벗고 싶어요*
>
> —「자유로에서」 부분

어머니의 연약함은 시적 자아에게는 기묘한 억압의 방식으로 등장한다. 일반적으로 아버지의 권력이 만들어내는 강력한 힘에 저항하는 오이디콤플렉스의 서사는 많지만, 어머니에 대항하는 서사는 거의 찾아보기 힘들다. 특히 우리의 정서에서 어머니는 보호의 대상이며, 모성이 만들어 낸 인고와 희생의 삶에 대한 애잔함을 불러일으키는 존재이다. 하린의 시는 이런 어머니에 대한 부정적 시선과 더불어 억압의 주체로서 시적 자아를 짓누르는 고통의 원인으로 묘사된다. 평생을 짊어질 어머니에 의해 나는 고래를 잡는 자유를 실천할 수 없다. 어머니는 "주기도문을 귓속에 쑤셔 박"으며(「사막 속에 고래가 산다」 중) 우리 사회가 부과하는 대로 기율을 따르는 삶을 강요한다.

하린의 시에 등장하는 가족들은 사회의 시스템 안에 박제된 가족들이다. 고래를 꿈꾸고, 바람처럼 살았던 아버지와 형이 거세되고 사라진 세계 속 시적 자아는 어머니라는 대리 존재에 의해 기율된 세계에 옴짝달싹 못하게 고정된 존재이다. 하린의 시에 나타나는 이 박제된 상태의 가족들은 특정인들을 드러내는 데 국한되지 않으며, 우리 사회의 보편적 상징으로 확장된다.

3. 박제된 가족들의 죽음, 시체의 삶

박제된 가족들은 우리 사회 유비의 하나라 할 것이다. 박제된 가족의 확장, 건조한 사람들의 풍경을 하린의 시는 시집 전체를 통해 뼈, 거세된 고양이, 바코드가 찍힌 방부제, 시체, 관과 같은 죽음의 이미지로 그려낸다. 그러나 이런 죽음의 이미지는 정서의 절제와 더불어 무미건조한 방식으로 나타난다. 이는 시집의 앞부분과는 확연히 달라진 색채라 할 것이다. 하린의 시집 『야구공을 던지는 몇 가지 방식』 1,2장에 나의 저항, 세상의 속임수에 바람 같은 저항의 흔적을 아로새기고 있다면, 3, 4장은 완전히 박제된 사람들이 살아가는 삶의 풍경을 비교적 거리를 둔 채 서술한다. 1,2장이 시적 자아의 고민과 고통의 정서가 비교적 강렬하게 배어나온다고 하면 3.4장의 경우 비교적 절제되어 있다. 때로는 풍자의 화법으로 때로는 대상에 거리

를 두고 관조적 시선을 던지는 방식으로 시는 냉소를 자아낸다.

가령 앞부분의 시들이 「바람의 부르튼 심장처럼」에서 "개가 그을 리는 지도 모르고 / 난 아랫목에 누워 '플랜더스의 개'를 봤다. // 뱃속에서 녹은 고깃국은 토해지지 않았다"고 토로하듯 시의 화법은 독자로 하여금 세상의 이중성에 조롱당하는 시적 자아의 상처에 반응하도록 한다. 반면 뒷부분의 시들은 이인칭이나 삼인칭의 서술 시점을 통하여 파토스를 자제한다.

바람이 묘지에서 울고 간다
너는 건조한 뼈를 내민다
불결한 소문이 도시로부터 전해지는 밤
도시 안엔 낡은 고향이 있다
썩지 않아 역겨운 방부제 속 고향
죽기 전 네가 불던 낭만적인 휘파람은
서러운 자폐아가 되어 여전히 네거리를 떠돈다
멸종 직전인 너의 이상은 얼마나
추방당하기 좋은 순진함으로 헐떡거렸던가
텍스트를 거부하던 주관적인 몸부림
그날 너는 맥박이 불규칙한 자동차를 타고
속도제한이 없는 고속도로 위를 날았다
도시의 등에 칼을 꽂으면
환락의 피가 벌컥벌컥 쏟아질 것 같은
오염된 금요일 밤에 유서를 쓰듯 스키드마크를 그렸다

—「시체들의 밤」 부분

시의 구도는 다분히 이분법적이다. 시에서 너는 묘지의 삶의 사는 시체의 존재이다. 죽음의 이전과 죽음 이후를 가르는 것은 헐떡거리는 몸부림, 거부의 몸짓으로 살아 있음을 보였던 순간이다. 시에서 죽음 이후의 너는 바람의 눈물과 대비되는 건조한 뼈로 묘사된다. 죽어도 썩지 않는 방부제의 고향을 역겨워하던 존재의 최후는 그렇게 변함없는 시체, 영원히 썩지 않는 삶을 살아가는 존재로 환원된다.

자동차가 시속 100킬로로 늙어가는 것을 바라보다
불면증 걸린 인간들이 유령이 되어
진열된 상품을 간택하는 마임만 즐기면 돼
너는 바코드가 찍힌 방부제야
움직일 수 없는 성기를 가진 마네킹처럼 유리문 안을 견디면 돼

—「아웃사이더」 부분

인용시의 제목 아웃사이더는 이방인이 아니다. 오히려 평범한 삶을 실천하며 살아가는 너와 나, 우리이다. 방계인으로서 정상적인 일상의 삶을 거부하고 저항의 삶을 실천하는 존재로서의 아웃사이더는 더 이상 하린의 시에 존재하지 않는다. 그들은, 우리는 시체와 가면의 페르소나를 쓰고 살아가는 환멸의 자의식과 바람의 고통을 외면한다. 움직일 수 없는 존재가 되어 바코드가 찍힌 방부제처럼 어제도 오늘도 변함없이 시스템이 기율하는 그대로 움직이는 시체들과 다를 바 없다. 하린의 시집 『야구공을 던지는 몇 가지 방식』은 철저한 절망의 노래이다. 그러나 그것이 세상을 향한 궁극적 절망에서 비롯된 것이라 생각되지는 않는다. 그것은 세상을 바꿀 의지가

없는 우리들, 유리의 안쪽에 안전하게 안착된 마네킹과 같은 삶을 살아가는 무기력한 우리 존재들에게 다시 한 번 삶의 의지를 일깨우기 위한 철저한 부정의 전략으로 채택한 비유들이다.

하린의 시는 가능성으로 가득하다. 무엇보다 비유의 언어들은 자기를 객관화하는 적당한 거리를 확보하고자 한다. 때로 과잉의 비유들이 흘러넘쳐 원심력이 강해지는 경우가 있지만 그의 시는 무기력한 세계의 부정성을 응시하는 날카로운 상상력을 벼리기 위해 비유적 형상화를 단행한다. 다소 산발적으로 뻗어가는 다수의 비유들이 시의 전체를 관통하는 구심점을 적절하게 찾아낸다면 앞으로 그의 시는 더욱 날카로운 상상력으로 빛나게 될 것이다.

JN410742